प्रगतिशील आंदोलन के इतिहास-पुरुष

प्रगतिशील आंदोलन के इतिहास-पुरुष

खगेन्द्र ठाकुर

वाणी प्रकाशन

वाणी प्रकाशन का 'लोगो'
विख्यात चित्रकार मक़बूल फ़िदा हुसेन की
कूची से

वाणी प्रकाशन

4695, 21-ए, दरियागंज, नयी दिल्ली 110 002

शाखा

अशोक राजपथ, पटना 800 004

फ़ोन: +91 11 23273167 फ़ैक्स: +91 11 23275710

www.vaniprakashan.in
vaniprakashan@gmail.com

PRAGATISHEEL AANDOLAN KE ITIHAS-PURUSH
by Khagendra Thakur

ISBN : 978-81-8143-882-9
Criticism

प्रथम संस्करण 2008
आवृत्ति संस्करण 2014

मूल्य : ₹300

पूजा ऑफ़सेट, दिल्ली-110 093 में मुद्रित

वाणी प्रकाशन का लोगो मक़बूल फ़िदा हुसेन की कूची से

अग्रज तुल्य मित्र और साथी
राजीव सक्सेना की
स्मृति को सादर...

प्रस्तावना

यह पुस्तक अपने प्रकाशित लेखों की फाइलों को खँगालने के क्रम में अनायास ही तैयार होती दिखाई पड़ी, तो मैंने इन्हें एक जगह कर दिया और यह पुस्तक तैयार हो गयी। यद्यपि ऐसी किसी पुस्तक की योजना को ध्यान में रखकर ये लेख नहीं लिखे गये फिर भी पाठक मानेंगे कि समय-समय पर लिखे गये ये लेख एक जगह हो जाने पर एक योजना का स्वरूप लेते दिखे। इसीलिए यह संकलन छपाने का निर्णय हमने किया।

डॉ. नामवर सिंह, अरुण कमल, डॉ. ब्रजकुमार पांडेय आदि ने इस संकलन के बारे में जानकारी देने पर इसे प्रकाशित कराने पर जोर दिया। नामवर जी ने एक सुझाव दिया—संकलन से एक लेख नामवर सिंह वाला हटा दीजिए, तो पुस्तक और अच्छी हो जाएगी। जाहिर है कि उनका यह सुझाव मेरे लिए मानने लायक नहीं था।

एक जगह संकलित हो कर भी ये लेख प्रगतिशील आंदोलन का इतिहास नहीं बनते, लेकिन सामान्य पाठक हों, या प्रगतिशील आंदोलन के अनुसंधानकर्त्ता अथवा साहित्य के विद्वान् वे मानेंगे कि इन लेखों में इतिहास है। किसी वस्तु या विषय के विकास की विभिन्न अवस्थाओं के आपसी सम्बन्धों की व्याख्या से या उन्हें प्रकाशित करने से इतिहास की धारा बनती है। इस पुस्तक में संकलित लेखों के माध्यम से प्रगतिशील आंदोलन की विकास-धारा प्रच्छन्न रूप में ही सही, कुछ-न-कुछ तो दिखाई पड़ती ही है। इतिहास नहीं, इतिहास का आभास भी पाठकों को मिल जाए तो मुझे खुशी होगी। प्रगतिशील आंदोलन और उसमें व्यक्तियों की भूमिका के बारे में लगातार बहस होती रही है, वाद-विवाद होते रहे हैं। इन लेखों में ऐसी बहस और वाद-विवाद को ध्यान में रखा गया है, उन पर विचार किया गया है। मैं यह नहीं कहना चाहता कि इनमें एतत्संबंधित बहस और विवाद का समाधान करने की कोशिश की गयी है। ऐसा करना न जरूरी है और न मेरे बूते की बात है यह, किंतु उन बहसों और विवादों को समझने में कुछ मदद मिल जाए, तो यह पुस्तक सार्थक होगी। 'आलोचना' और 'प्रगतिशील वसुधा' में जब ये लेख छपे थे, तो कई अग्रज लेखकों और मेरे

मित्रों ने इस दृष्टि से इन लेखों की उपयोगिता का जिक्र अपने लेखों में किया था, उनमें कमलेश्वर और मुरली मनोहर प्रसाद सिंह मुख्य हैं। इन लोगों की प्रकाशित प्रतिक्रियाओं ने मुझे ताकत दी। सच पूछिए तो इन्हें एक जगह संकलित करने की प्रेरणा ऐसी प्रतिक्रियाओं से ही मिली।

एक बंधु ने सुझाव दिया कि इस पुस्तक में पाँच ही लेखकों पर लिखने से पुस्तक अधूरी लगती है, और भी बड़े प्रगतिशील लेखकों को इसमें जोड़िए। मैंने कहा—"यहाँ इन पाँच लेखकों की आंदोलनात्मक भूमिका का ही जिक्र मैंने किया है। उनके रचनात्मक या साहित्यिक अवदान की समीक्षा यहाँ नहीं की गयी है। अतः किसी और को जोड़ने की जरूरत नहीं है।" मैं नहीं जानता कि वे बात को समझ पाये अथवा नहीं, लेकिन इसके बारे में मेरी समझ साफ है। यदि संगठन और आंदोलन का क्रमिक विवेचन किया गया होता, तब भी और लोगों का जिक्र करना जरूरी होता, जैसे डॉ. अब्दुल अलीम, किशन चंदर, राजीव सक्सेना आदि। इसमें चर्चित लेखकों के व्यक्तित्व ने इतिहास को अपने में समेट लिया है, इतिहास को उजागर भी किया है। वे प्रगतिशील आंदोलन के इतिहास-पुरुष इस अर्थ में हैं कि वे इतिहास के विकास में व्यक्ति की महत्त्वपूर्ण भूमिका के ज्वलंत दृष्टांत तो हैं ही, ऐतिहासिक अनुभवों को भी अपने में समेटे हुए हैं और इस रूप में वे प्रगतिशील आंदोलन के अग्नि-पथ को प्रकाशित भी करते हैं और दूसरों को लगातार उस पथ पर चलने की ताकत भी देते हैं। इस दृष्टि से उन पर लिखे ये लेख अलग से प्रासंगिकता पा रहे हैं।

अंत में सामान्य पाठकों और विद्वानों से क्षमा माँगते हुए मैंने प्रगतिशील आंदोलन में काम करने के अपने अनुभव भी लिखे हैं। मैंने महसूस किया कि ऐसा करना गलत नहीं होगा। प्रगतिशील लेखक संघ से मैं जुड़ा और उसे बनाया और चलाया भी। शायद इसी क्रम में मैंने उपर्युक्त इतिहास पुरुषों पर लिखा। प्रेमचन्द, रामविलास शर्मा और भीष्म साहनी पर तो नामवर जी के आग्रह पर ही मैंने आलोचना में लिखा। सज्जाद ज़हीर और नामवर जी पर डॉ. कमला प्रसाद के आग्रह पर 'प्रगतिशील वसुधा' में लिखा। मेरे एक मित्र ने शायद विरोधभाव से अपनी एक टिप्पणी में लिखा—"खगेन्द्र ठाकुर बिहार में प्रगतिशील आंदोलन के पर्याय हो गये हैं।" और डॉ. चंद्रभूषण तिवारी ने एक बार जनवादी लेखक संघ की राष्ट्रीय कार्य समिति की बैठक में रमेश कुंतल मेघ से कहा—"जनवादी लेखक संघ को एक खगेन्द्र ठाकुर की जरूरत है।" ऐसी चर्चाओं ने मुझे एक हमराही की कथा लिखने और पुस्तक में जोड़ देने का साहस दिया। यदि और कुछ नहीं तो आजकल नीचे से इतिहास लिखने की जो प्रवृत्ति लोकप्रिय हो रही है, उसी का एक उदाहरण इसे समझें, तो क्या हर्ज है।

प्रगतिशील आंदोलन का इतिहास लिखने की कोशिशें की जाती रही हैं, इस

प्रसंग में सकारात्मक-नकारात्मक प्रवृत्तियाँ व्यक्त होती रही हैं। मैं निःसंकोच कह रहा हूँ कि यह पुस्तक नकारात्मक प्रवृत्ति वाले लेखकों को सकारात्मक रुख अपनाने को मजबूर नहीं तो प्रेरित जरूर कर सकती है। यदि ऐसा हुआ तो मुझे प्रसन्नता होगी। एतत्सम्बन्धी प्रतिक्रिया और सुझाव पाकर मुझे और भी खुशी होगी।

वाणी प्रकाशन के स्वामी श्री अरुण माहेश्वरी पुस्तक की सामग्री देखते ही प्रकाशन के लिए राजी हो गये, इसके लिए उन्हें धन्यवाद। जो पाठक इस पुस्तक को पसंद करेंगे, वे भी उन्हें धन्यवाद दें।

—खगेन्द्र ठाकुर

क्षितिज
जनशक्ति कॉलोनी
पथ संख्या-24
राजीव नगर
पटना 800024

अनुक्रम

प्रगतिशील आंदोलन के इतिहास-पुरुष

1

प्रगतिशील आंदोलन : 1936-2005

इतिहास में पहल करने का बड़ा महत्त्व है। पहल किए बिना कोई व्यक्ति या समुदाय नेतृत्व करने का महत्त्वपूर्ण अवसर नहीं पा सकता। पहल करने का अर्थ कोई काम पहले करना या किसी काम की शुरुआत करना भर नहीं है। पहल करने का वास्तविक अर्थ शुरुआत करने के साथ ही अगुआई करना भी है। इतिहास की इस सच्चाई को हम बड़ी गहराई और आत्मीयता से सज्जाद ज़हीर के प्रसंग में महसूस करते हैं। प्रगतिशील आंदोलन के इतिहास के प्रसंग में सबसे पहले और सबसे अधिक याद किए जाते हैं सज्जाद ज़हीर; क्योंकि उन्होंने इसके लिए पहल की और इसकी अगुआई भी की। जिन दिनों उन्होंने यह काम किया, उन दिनों इस आंदोलन का रास्ता आरामगाह से निकलकर जेल की ओर जाता था। फ़ैज़ के शब्दों में—

मुकाम फैज़ कोई राह में जँचा ही नहीं
जो कू-ए-यार से निकले तो सू-ए-दार चले

सज्जाद ज़हीर ने यह रास्ता अपनाया। उनके पिता धनाढ्य परिवार के तो थे ही, अंग्रेजी राज में ऊँचे अधिकारी भी थे। इसी आधार पर तो वे बैरिस्टरी पढ़ने इंग्लैंड भेजे गये थे। लेकिन सज्जाद ज़हीर का हाल यह था बैरिस्टरी पढ़ लेने के बावजूद ध्यान कहीं और था। इंग्लैंड में रहते हुए देश की आजादी के लिए, साथ ही जनतंत्र और मनुष्यता के लिए, बोलने और लिखने की आजादी के लिए दुनियाभर में चल रही लड़ाइयों में दिलचस्पी लेने लगे, कम्युनिस्ट बन गये और जीवन का नया रास्ता खोजने लगे। स्वदेश लौटने पर 1935 के दिसंबर में इलाहाबाद में अपने अब्बा के बंगले में उन्होंने लेखकों की एक बैठक बुलाई, जिसमें प्रेमचन्द के साथ मुंशी दयानारायण निगम भी थे। इस प्रसंग में सज्जाद साहब लिखते हैं—''वह (निगम जी) हमारे ड्राइंग रूम के कालीन की तारीफ करते हुए मेरी तरफ आँख मारकर बोले—'भाई, अगर हमारे पास भी ऐसे बढ़िया कालीन होते तो हम भी मजदूरों और किसानों के राग अलापते।' उनके इस तड़ाक से कसे हुए फिकरे पर सब हँस पड़े

और मैं काफी शर्मिंदा हुआ।" (रौशनाई, पृ. 31) सज्जाद ज़हीर का शर्मिंदा होना कुछ यों ही नहीं था; क्योंकि वे समझ चुके थे कि बंगला-कालीन और किसान-मजदूरों का राग एक साथ ज्यादा दिन नहीं चलने वाला है। वे 'यादें' में लिखते हैं–"सन् 1935 अजीब साल था। मैं उस जमाने में लंदन में अपने विद्यार्थी जीवन के आखिरी दिन गुजार रहा था। विद्यार्थी जीवन क्या था, वह जिंदगी, जिसमें कुछ ही महीनों के बाद मैं पड़ने वाला था, एक तरह से शुरू हो गयी थी। कानून, जिसे पढ़ने मैं लंदन में ठहरा था, मेरे लिए एक छोटी-सी चीज होकर रह गया था, बिलकुल गैर-मामूली, गैर-जरूरी और अहमियत से खाली। असली बात तो यह थी कि मेरी आँखों के सामने यूरोप में खास तौर पर और आम तौर पर सारी दुनिया में जो दिन-ब-दिन परिवर्तन हो रहे थे, यह तो मालूम होता था कि एक जमाना मिट रहा है और एक दूसरी जिंदगी के पैदा होने के लक्षण हैं, इसका नक्शा हर घड़ी रहता था।" (रौशनाई, पृ. 327) उस जमाने में अपने देश में बैरिस्टर होना बड़ी बात थी, लेकिन जब सज्जाद ज़हीर की चेतना इतिहास की प्रक्रिया से जुड़ गयी, तो बैरिस्टरी उनकी नजर में छोटी चीज हो गयी। इससे स्पष्ट है कि उनकी मनोदशा कैसी हो गयी थी और उनके जीवन का उद्देश्य क्या हो गया था। वे लंदन में रहते हुए ही इतिहास का निर्माण करने के संघर्ष में शामिल होने का दायित्व अंगीकार कर चुके थे। उनकी नजर परिस्थिति और इतिहास में हो रहे परिवर्तन पर थी। वह परिवर्तन अपने आप नहीं हो रहा था, उसके लिए भयानक संघर्ष छिड़ा हुआ था। जर्मनी में हिटलर की नाजी पार्टी सत्ता पर कब्जा कर चुकी थी और तानाशाही कायम कर चुकी थी। जो कोई भी उसके रास्ते में आता, उसका निर्ममतापूर्वक सफाया किया जा रहा था। कम्युनिस्टों और तमाम जनतंत्र प्रेमियों का बर्बर दमन किया जा रहा था। "फासिज्म के जुल्म की दर्द भरी कहानियाँ हर तरफ सुनाई देती थीं। जर्मनी में स्वाधीनता-प्रेमियों और कम्युनिस्टों को पूँजीपतियों के गुंडे तरह-तरह के शारीरिक कष्ट पहुँचा रहे थे। वह हौलनाक तस्वीरें जिनमें जनता-जनार्दन के प्यारे नेताओं की पीठ और कूल्हे कोड़े के निशानों से काले पड़े हुए दिखाई देते थे। वे खौफनाक घटनाएँ जो समय-समय पर जल्लाद के हथौड़े से किसी बड़े कम्युनिस्ट लीडर के सरकलम होने के बारे में अखबारों में छपतीं, वह विषादपूर्ण अँधेरा जो ज्ञान और विज्ञान की उस चमकदार दुनिया से, जिसका नाम जर्मनी था, फैलता हुआ सारे यूरोप पर अपनी डरावनी परछाइयाँ डाल रहा था। इन सबने हमारे दिल-दिमाग की भीतरी निष्ठा और चैन को मिटा दिया था।" (रौशनाई, पृ. 328) जाहिर है कि सज्जाद ज़हीर एक संवेदनशील व्यक्ति थे और उनकी संवेदना का दायरा अत्यन्त व्यापक था, उसमें अपने देश की स्वतंत्रता से लेकर दुनिया के तमाम राष्ट्रों की स्वतंत्रता और अपने देश की शोषित-पीड़ित जनता से लेकर पूरी दुनिया की शोषित-पीड़ित जनता के जीने के अधिकारों तथा अपने और तमाम लेखकों और बुद्धिजीवियों के सोचने, बोलने और लिखने के अधिकारों

की रक्षा को वे अपना दायित्व मानने लगे। मानने ही नहीं लगे, उनकी रक्षा की कार्रवाई करने को बेचैन भी होने लगे। इसी बेचैनी ने उन्हें महान् ऐतिहासिक प्रक्रिया में शामिल कर दिया।

सज्जाद ज़हीर की इस बेचैनी के उन दिनों में एक तरफ साम्राज्यवाद था, जो दुनिया के अधिकतर राष्ट्रों को गुलाम बनाकर उनका शोषण कर रहा था, तो दूसरी तरफ आजादी के लिए लड़ाई भी चल रही थी। यह असल में दुनिया को बदलने की लड़ाई थी। जर्मनी, इटली, जापान जैसे विकसित पूँजीवादी राष्ट्र दुनिया के बाजार पर अपना कब्जा जमाने के लिए उपनिवेशवादी राष्ट्रों (अमेरिका, इंग्लैंड, फ्रांस आदि) से लड़ने की तैयारी में थे। दूसरे विश्वयुद्ध के बादल दुनिया पर मँडरा रहे थे। उधर सोवियत संघ था, जो समाजवादी निर्माण के रास्ते पर तो दृढ़ता से बढ़ ही रहा था, एक शक्तिशाली राष्ट्र के रूप में और स्वतंत्रता एवं जनतंत्र की लड़ाई के भरोसेमंद मददगार के रूप में भी उभर रहा था। यूरोप के विभिन्न देशों में जनतांत्रिक समाजवाद का सिद्धांत और नारा उछालने वाले सोशलिस्ट लोग तो कहीं साम्राज्यवाद के साथ और कहीं फासीवाद के साथ हो रहे थे। इंग्लैंड की समाजवादी पार्टी (लेबर पार्टी) ने तो भारत का साम्राज्यवादी शोषण किया ही। यही कारण था कि उस दौर में बड़े पैमाने पर लेखक, बुद्धिजीवी, जनतंत्र प्रेमी और स्वतंत्रता के दीवाने मार्क्सवाद और कम्युनिस्ट आंदोलन की ओर आकृष्ट हुए। स्टीफेन स्पेंडर जैसे लेखक ने साफ-साफ लिखा है कि उनके जैसे लेखक ने अनुभव किया कि फासीवाद के खिलाफ लड़ाई में कम्युनिस्ट अत्यन्त निष्ठावान तो थे ही, वे जनतंत्र की रक्षा और फासीवाद से लड़ते हुए कुर्बानी दे रहे थे। इसी तरह इंग्लैंड के कम्युनिस्ट ब्रिटिश साम्राज्य विरोधी अभियान चला रहे थे। डॉ. राममनोहर लोहिया ने इस बात को दर्ज किया है कि भारत से जो लोग पढ़ने इंग्लैंड जाते थे, वे कम्युनिस्ट बनकर लौटते थे, उनमें कोई सोशलिस्ट बनकर नहीं लौटा। स्वयं सज्जाद ज़हीर लंदन में रहते हुए जो अध्ययन-गोष्ठी चलाते थे, उनमें राल्फ फॉक्स, डेविड गस्ट, मॉरिस कार्नफोर्थ जैसे मार्क्सवादी लेखक और विद्वान आया करते थे। वहीं रहते हुए अपने अध्ययन के क्रम में सज्जाद ज़हीर ने अनुभव किया था कि टी. एस. इलियट की कविताएँ कुंठा फैला रही थीं, जो मनुष्य के पुरुषार्थ के प्रतिकूल थीं। इन सबने सज्जाद ज़हीर को लेखकों से लेकर आम जनगण को संगठित करने के दायित्व से लैस कर दिया। ध्यान देने की बात है कि 1935 में पेरिस में संस्कृति की रक्षा के लिए लेखकों का जो अंतर्राष्ट्रीय सम्मेलन हुआ, उसके संयोजकों में रोम्यां रोलां, मैक्सिम गोर्की जैसे लेखक थे, जो किसी कुंठा के शिकार नहीं थे और समझते थे कि आम जनता की लड़ाई से अलग होकर अपने मूल्यों, अभिव्यक्ति की स्वतंत्रता और मानवीय संस्कृति की रक्षा नहीं कर सकते। उसी क्रम में सज्जाद ज़हीर ने भी महसूस किया कि "साहित्य का सबसे बड़ा उद्देश्य राष्ट्र में मानवता और स्वतंत्रता की भावना और एकता पैदा करना है। अत्याचार

का विरोध करना है। मेहनतकश अवाम की तरफदारी करना है, जनतंत्र की स्थापना के प्रयास करना है, और अज्ञानता, रूढ़िवाद व अबौद्धिकता को समूल नष्ट करना है।'' (रौशनाई, पृ. 31) 'करना है' यह वाक्यांश लेखकीय प्रतिबद्धता को क्रियाशील बनाता है, संकल्प को व्यावहारिक रूप देता है। कबीर ने कथनी और करनी की एकता की जो बात कही थी, उसे चरितार्थ करता है। हमारे देश की परिस्थिति भी उन दिनों यूरोपीय अनुभव के बिना भी यही माँग कर रही थी। और यह परिस्थिति भारतेंदु के समय से ही स्पष्ट हो गयी थी। भारतेंदु से शुरू हुई लेखकीय परंपरा केवल लिखने से संतुष्ट होने की नहीं, बल्कि लेखक के उद्देश्य को सरजमीन पर उतारने की रही है। जनता और लेखक के बीच गहरा सम्बन्ध कायम करने की रही है। सज्जाद ज़हीर उर्दू के साथ-साथ हिंदी-साहित्य की इस महान् परंपरा से परिचित थे।

प्रेमचन्द का इस राष्ट्रीय-अंतर्राष्ट्रीय अभियान में शामिल होना कुछ आकस्मिक नहीं था। उल्लेखनीय है कि सन् 1936 में ब्रुसेल्स में विश्वशान्ति सम्मेलन आयोजित था, जो युद्ध-विरोधी सम्मेलन था। उसके भी संयोजकों में रोम्यां रोलां थे। हेनरी बारबूज भी थे। उस सम्मेलन में प्रेमचन्द, रवींद्रनाथ ठाकुर, रामानंद चट्टोपाध्याय, नंदलाल बसु, प्रफुल्ल चंद्र राय, जवाहरलाल नेहरू जैसी हस्तियों के हस्ताक्षर भारतीय प्रतिनिधि के रूप में उसमें शामिल भी हुए थे। उपर्युक्त अपील में कहा गया था—''महायुद्ध की प्रेतछाया सारी पृथ्वी पर मँडरा रही है। फासिस्ट तानाशाही खाने के बदले अस्त्र-संग्रह करके और संस्कृति के सुयोग के बदले साम्राज्य गठन के प्रलोभन को पकड़कर अथवा सैनिकवादी रूप दिखला रही है। बड़ी-बड़ी साम्राज्यवादी शक्तियों की प्रतिद्वंद्विता और परस्पर विरोध, संकीर्ण राष्ट्रीयतावादी मनोवृत्ति को मनचाहा बढ़ावा, लड़ाई के सामानों में तेज वृद्धि—ये सब संकटमय परिस्थिति की पूर्वसूचना की ओर से दूसरे देशों के जनसाधारण के स्वर में स्वर मिलाकर कहना चाहते हैं कि हम युद्ध से घृणा करते हैं और चाहते हैं कि युद्ध का रास्ता छोड़ा जाए, युद्ध में हमारा कोई भी हित नहीं है। किसी भी साम्राज्यवादी युद्ध में भारतवर्ष के योगदान के हम घोर विरोधी हैं, क्योंकि हम जानते हैं आगामी युद्ध में सभ्यता का विध्वंस हो जाएगा।'' (प्रगतिवाद और समानांतर साहित्य—रेखा अवस्थी—में उद्धृत, पृ. 10) भारत के इन देशभक्त लेखकों, बुद्धिजीवियों और नेताओं की अपील में भारतीय स्वाधीनता-संग्राम और मजदूर-किसान आंदोलन से निकली हुई आवाज मुखरित हुई है। सज्जाद ज़हीर और मुल्कराज आनंद जैसा युवा लेखक पेरिस के सम्मेलन में जिस संस्कृति-चेतना को स्वीकार करते हैं, और यूरोप में फासीवाद के उदय को देखकर जिस चिंता से बेचैन थे, वही चिंता और बेचैनी हम भारत-भूमि से उपर्युक्त लेखकों के द्वारा जारी की गयी अपील में पाते हैं।

अपने देश में स्वाधीनता-संग्राम लगातार अधिकाधिक गहरा होता गया और वह फैलता भी गया। प्रथम महायुद्ध के बाद से एक तरफ जनता की हालत खराब

होती गयी, किसानों को भी आर्थिक मंदी और साम्राज्यवादी शोषण की मार झेलनी पड़ी। स्वाधीनता-संग्राम के साथ किसान-मजदूर-आंदोलन भी संगठित होने लगे। 1925 में कानपुर देश के विभिन्न मजदूर-केंद्रों में पनपे कम्युनिस्ट-जत्थों को मिला था। कम्युनिस्ट ट्रेड-यूनियन कांग्रेस की स्थापना 1920 में ही हो गयी थी। पंजाब, उत्तर प्रदेश, बिहार, तमिलनाडु आदि राज्यों में किसान-आंदोलन छिड़ रहे थे और जहाँ-तहाँ संगठन भी बन रहे थे। क्रांतिकारी आंदोलन भी भगत सिंह, चंद्रशेखर आजाद आदि के नेतृत्व में एक बार फिर नये उभार की ओर बढ़ा। ब्रिटिश सरकार ने उन सबका बर्बर दमन भी किया। जेल-सेल, फाँसी आदि के दरवाजे खुल गये। इन सबका सम्मिलित आग्रह यह था कि देश की नयी पीढ़ी पर, राष्ट्रीय आंदोलन का, स्वयं राष्ट्रीय कांग्रेस पर वामपंथी दृष्टिकोण का प्रभाव तेजी से बढ़ रहा था। सन् 30-37 के नमक-सत्याग्रह के विफल हो जाने के बावजूद जनता की संघर्षशीलता बढ़ती गयी। यह आकस्मिक नहीं था कि सन् 1934 में कांग्रेस सोशलिस्ट पार्टी का गठन किया गया और उन्हीं दिनों राहुल जी ने 'साम्यवाद ही क्यों' और जयप्रकाश नारायण ने 'समाजवाद क्यों' नाम की पुस्तकें लिखीं। दिनकर जी ने यों ही नहीं लिखा था—

रे रोक युधिष्ठिर को न यहाँ
जाने दे उनको स्वर्ग धीर
पर, फिरा हमें गांडीव, गदा
लौटा दे अर्जुन भीम वीर।

देश की तत्कालीन मनोदशा को समझने वाले आसानी से समझ सकते हैं कि युधिष्ठिर और भीम-अर्जुन के निहितार्थ क्या हैं। उर्दू के युवा कवि फैज़ ने भी उन्हीं दिनों लिखा था—

"मुझसे पहली-सी मुहब्बत मेरी महबूब न माँग।"

साहित्यकारों की रचनाओं से यह नयी आवाज सुनाई पड़ रही थी, जो जन-चेतना को ही व्यक्त कर रही थी। यही आवाज थी जो सन् 1936 में कांग्रेस अध्यक्ष जवाहरलाल नेहरू के भाषण में भारत में समाजवादी समाज के निर्माण के उद्घोष के रूप में सुनाई पड़ी। उसी वर्ष किसान सभा की स्थापना स्वामी सहजानंद की अध्यक्षता में हुई। इन सबके सांस्कृतिक प्रतिनिधि के रूप में लेखकों ने, राष्ट्रीय विवेक के प्रवक्ताओं ने अपने आपको संगठित कर अपनी नयी भूमिका निर्धारित की, जिसका ऐतिहासिक रूप है प्रगतिशील लेखक संघ।

जिस आर्थिक, राजनीतिक, सामाजिक और सांस्कृतिक पृष्ठभूमि में प्रगतिशील लेखक संघ की स्थापना सज्जाद ज़हीर की पहल पर हुई, उसे उन दिनों अनेक गंभीर रचनात्मक एवं वैचारिक प्रश्नों से उलझना पड़ा। खुशी की बात यह है कि 'रौशनाई'

को पूरी तौर पर पढ़ने से यह अनुभव होता है कि सज्जाद ज़हीर उस युवावस्था में भी न केवल समर्थन और सहानुभूति का भाव रखने वाले, बल्कि विसंगतियों की ओर से भी उठने वाले प्रश्नों के बारे में कतई उलझन में नहीं थे। साहित्य और उसके प्रगतिशील आंदोलन की समस्याओं और प्रश्नों के उत्तर के लिए उन्होंने अच्छी तैयारी की थी, ऐसा लगता है। उसके साथ भारत के इतिहास और परंपरा का भी अध्ययन उन्होंने किया था।

आज जब हम सज्जाद ज़हीर की जन्मशती के उपलक्ष्य में उनके कर्तृत्व और कृतित्व पर विचार कर रहे हैं, तो परिस्थिति बुनियादी तौर पर बदल गयी है। समस्याएँ बदल गयी हैं, नये-नये प्रश्न उठ रहे हैं। हमें उन पर नये सिरे से सोचना है। लेकिन एक यह बात हम याद करते हैं और लेखक मित्रों तथा बुद्धिजीवियों के सामने पेश करना चाहते हैं--"पहले तो यह कि प्रगतिशील साहित्यांदोलन का रुख देश की अवाम की ओर, मजदूरों, किसानों और मध्यवर्ग की ओर होना चाहिए। उन्हें लूटनेवालों और उन पर अत्याचार करनेवालों का विरोध करना, अपने साहित्यिक प्रयासों से अवाम में चेतना, सक्रियता, कर्म का उत्साह और एकता का भाव उत्पन्न करना। उसके साथ ही साथ उन तमाम प्रवृत्तियों का विरोध करना जो जड़ता, प्रतिगामिता और पराजयबोध को जन्म देती हैं, हमारा पहला फर्ज ठहरा--प्रगतिशील साहित्यकार के मन में मानव मात्र के प्रति अनुराग और गहरी हमदर्दी जरूरी है। मानव-मैत्री, भक्ति-आकांक्षा और जनवादी सोच के अभाव में प्रगतिशील साहित्यकार होना संभव नहीं है। इसीलिए हम खुलकर और जानबूझकर प्रगतिशील साहित्यांदोलन का रिश्ता, आजादी और जनतंत्र की तहरीकों से जोड़ना चाहते थे। हम चाहते थे कि प्रगतिशील लेखक, बुद्धिजीवी, मजदूरों, किसानों और गरीब व शोषित अवाम से मिलें। उनके राजनीतिक और सामाजिक जीवन का हिस्सा बनें।" (रौशनाई, पृ. 70) आधुनिक युग के प्रारंभ के साथ साहित्य में जो नयी शुरुआत हुई थी वह और विकसित हुई और उसे सुसंगत वैचारिक एवं सैद्धांतिक रूप प्रगतिशील आंदोलन के दौर में दिया जा रहा था। इस प्रयत्न के साथ आंदोलन को कई साहित्येतर समस्याओं और कठिनाइयों का मुकाबला करना पड़ा था। सरकार इस आंदोलन पर खुफिया नजर रखे हुए थी। इससे भय और आतंक का वातावरण बनाकर लेखकों को आंदोलन से अलग करने की कोशिश की जा रही थी। समाज के प्रतिगामी और रूढ़िवादी लोग प्रगतिशील आंदोलन के खिलाफ जेहाद छेड़े हुए थे। इसे राजनीतिक आंदोलन की संज्ञा देकर लेखकों को इससे अलग रहकर अपने को साहित्य तक सीमित रखने की बात प्रचारित की जा रही थी। इस आंदोलन को परंपरा-विरोधी और मजहब-विरोधी बताकर आम जनगण को उससे अलग रखने का अभियान चलाया जा रहा था। पूँजीवादी घरानों के अखबारों और पत्र-पत्रिकाओं के द्वारा भी प्रगतिशील आंदोलन के खिलाफ अभियान तेज कर दिया गया था। इन अभियानों के द्वारा जो बातें प्रचारित

की जा रही थीं, उनका सार-तत्त्व यह था कि प्रगतिशील लेखक-आंदोलन असल में कम्युनिस्ट इंटरनेशनल की साजिश है, इसके जरिए वह भारत के बुद्धिजीवियों को अपने जाल में फाँसना चाहता है। इसका उद्देश्य फसाद फैलाना, हुकूमत का तख्ता पलट करना, देश में घृणा फैलाना और मजहब, धर्म तथा नैतिकता को नष्ट करना है। भारत की आध्यात्मिक परंपरा का तकाजा है कि इस आंदोलन को यहाँ न पनपने दिया जाए। उस दौर में प्रगतिशील आंदोलन को इन समस्याओं का सामना करना पड़ा। इस संघर्ष में परिस्थिति ने, राष्ट्रीय आंदोलन में वामपंथ के बढ़ते हुए सम्मान ने, साम्राज्यवादी दमन-उत्पीड़न से पैदा हुई ऊब ने और हिटलरी फासीवादी आतंक के प्रभाव ने प्रगतिशील आंदोलन की मदद की। बेशक सोवियत संघ की तत्कालीन भूमिका भी उसमें मददगार थी, क्योंकि भारत के तमाम बड़े लेखक सोवियत संघ का स्वागत कर चुके थे, उनमें विश्वकवि रवींद्रनाथ, सुब्रह्मण्यम भारती, प्रेमचन्द आदि शामिल थे। डॉ. इकबाल के विचार प्रगतिशील आंदोलन की मान्यताओं से मिलते थे। दिनकर जी ने अपने एक निबंध में रवींद्रनाथ के भाववादी विचारों की तुलना में डॉ. इकबाल के यथार्थवादी विचारों का पक्ष लिया है। न डॉ. इकबाल मार्क्सवादी थे और न दिनकर, लेकिन यथार्थ अंतर्वस्तु को अधिक महत्त्व देते थे। इसका मतलब यह कि प्रगतिशील आंदोलन के माध्यम से यथार्थवाद का जो पक्ष लिया गया, वह समाज और साहित्य दोनों के विकास-क्रम की उपलब्धि है।

आज सन् 2005 में प्रगतिशील लेखक संघ के आदि संगठनकर्त्ता सज्जाद ज़हीर को जब हम उनकी जन्मशती के उपलक्ष्य में याद कर रहे हैं, तो वास्तव में यह एक व्यक्ति को नहीं, बल्कि उनके बहाने एक ऐतिहासिक प्रक्रिया को याद करना है। इस प्रसंग में सबसे पहले जो बात मेरे ध्यान में आती है, वह यह है कि प्रगतिशील आंदोलन की शुरुआत करते हुए सज्जाद ज़हीर उस समय देश में विभिन्न भाषाओं के बड़े लेखकों के हस्ताक्षर घोषणा-पत्र पर पाने की कोशिश कर रहे थे, और प्रेमचन्द, मौलाना हसरत मोहानी, रवींद्रनाथ, डॉ. इकबाल जैसे बड़े लेखकों का समर्थन पाकर उन्होंने आंदोलन को ताकत और प्रतिष्ठा दिलाई। ऐसा समर्थन देश भर में उन्हें मिला। लेकिन आज हम जब उलटकर देखते हैं, तो इस बात से गौरवान्वित होते हैं कि खुद प्रगतिशील आंदोलन ने फैज़ अहमद फैज़, जोश मलीहाबादी, फ़िराक़ गोरखपुरी, मजाज, अली सरदार जाफ़री, गुलाम रब्बानी ताबाँ, साहिर लुधियानवी, कैफी आज़मी, कृशन चंदर, सआदत हसन मंटो, राहुल सांकृत्यायन, नागार्जुन, शमशेर बहादुर सिंह, मुक्तिबोध, केदारनाथ अग्रवाल, त्रिलोचन शास्त्री, यशपाल, डॉ. रामविलास शर्मा, डॉ. भगवत शरण उपाध्याय, शिवदान सिंह चौहान, डॉ. नामवर सिंह जैसे बड़े व्यक्तित्व उपलब्ध किए। बंगला में ताराशंकर बन्धोपाध्याय, माणिक बन्धोपाध्याय, विष्णु दे, सुभाष मुखोपाध्याय आदि अनेक बड़े लेखक सामने आये। इसी तरह भारत की सभी भाषाओं में प्रगतिशील लेखकों की कतार है, जिन्होंने साहित्य के इतिहास को

गौरवान्वित किया है। ऐसे लेखकों ने भारतीय साहित्य की मुख्यधारा का निर्माण किया। आधुनिक युग में साहित्य की यही मुख्यधारा है, जिसने भारतीय साहित्य की प्राचीन अथवा मध्यकालीन परंपरा का नवीकरण किया और उसे समृद्ध भी किया। इसी धारा की रचनाशीलता है, जिसकी उपलब्धियों ने गोर्की, मायकोव्यस्की, शोलोखोव, नाज़िम हिकमत, लोर्का, पाब्लो नेरूदा, लू शुन, रोम्यां रोलां, रिल्के आदि के साथ अंतर्राष्ट्रीय बिरादरी का निर्माण किया। साहित्य के पाठकों को यह महसूस करने का अवसर दिया कि लेखकों की विरासत पूरी मनुष्यता की होती है।

प्रगतिशील आंदोलन के इतिहास और विरासत को याद करते हुए हम देख रहे हैं कि राष्ट्रीय-अंतर्राष्ट्रीय परिदृश्य आज विस्मयकारी ढंग से बदल गये हैं। सज्जाद ज़हीर के जीवन-काल में इस आंदोलन में अनेक उतार-चढ़ाव आये, फिर भी आंदोलन सक्रिय रहा। यह दुखद और आश्चर्यजनक है कि हमीं से छिटककर अलग हुए हमारे कुछ साथी वर्ग-दुश्मन से लड़ने के लिए लश्कर मुहैया करने के बदले प्रगतिशील लेखक संघ को ही विसर्जित एवं विघटित घोषित एवं साबित करने में लग गये। यहाँ मैं उनकी कोशिश का जवाब देने में जगह नहीं घेरना चाहता, लेकिन उनसे इतना जरूर कहना चाहता हूँ कि इतिहास को वस्तुगत ढंग से देखें, आत्मगत ढंग से या इच्छापूर्ति के साधन के रूप में नहीं। यह प्रगतिशील लेखक संघ की सक्रियता है, ऐतिहासिक विरासत को विकसित करने का रचनात्मक एवं वैचारिक संघर्ष है, लगातार आनेवाले नये लेखकों से उसका गहरा लगाव है कि प्रगतिशील लेखक संघ को विसर्जित या विघटित घोषित करनेवाले संगठन पनप नहीं सके। मैं यहाँ उनकी कार्यनीति के बारे में कुछ नहीं कहना चाहता, लेकिन उन्हें भी इतना तो देखना ही चाहिए कि जनता की चेतना को प्रगतिशील या जनवादी स्वरूप देने के रास्ते में बाधक बननेवाले संगठन संप्रदायवाद, रूढ़िवाद, सनातनवाद, ब्राह्मणवाद, जातिवाद, उत्तर-आधुनिकतावाद आदि का प्रचार भले कर लें, लेकिन किसी महत्त्वपूर्ण और बड़े लेखक को अपने साथ नहीं कर पाए, पैदा करने का तो उनके लिए प्रश्न ही नहीं है। यह भी ध्यान देने योग्य है कि पूँजीवादी घरानों और दक्षिणपंथी और प्रतिक्रियावादी संगठनों की पत्र-पत्रिकाएँ प्रगतिशील लेखकों के लेखन और व्यक्तित्व को अपने हमले का मुख्य निशाना बनाते हैं। यह हमारे काम और सिद्धांत के दुरुस्त होने का एक प्रमाण है।

सज्जाद ज़हीर की जन्मशती का आयोजन जिस दौर में हो रहा है, वह सोवियत संघ के विघटन के बाद का दौर है। सन् 1917 में रूसी क्रांति के बाद के दौर को लेनिन ने एक नये युग का प्रारंभ कहा था और उसे परिभाषित करते हुए पूँजीवाद से समाजवाद में संक्रमण का युग कहा था। 24 दिसंबर 1991 की रात बारह बजे गोर्वाचोव ने तत्कालीन अमेरिकी राष्ट्रपति को फोन करके कहा—"मैंने अपना ध्येय पूरा कर लिया है", और अगली सुबह वे क्रेमलिन से बाहर हो गये अथवा येल्तसिन के द्वारा बाहर कर दिए गये, तो युग की प्रक्रिया उलट गयी। रूस में उसके बाद

से समाजवाद से पूँजीवाद की ओर अंतरण का दौर शुरू हो गया। युग का यह प्रतिगमन 1917 की क्रांति से अधिक विस्मयकारी है। इतिहास में उलट जाने के कारणों की खोज करते हुए अब तक बहुत लिखा गया है, आगे भी यह खोज जारी रहेगी और संभव है विस्मयकारी तथ्य भी सामने आयें, लेकिन इतना तो तथ्य है कि सोवियत संघ के रहते हुए दुनिया में विश्व पूँजीवाद और विश्व समाजवाद का जो अंतर्विरोध और टकराव था, वह आज नहीं है। इस दौर को आज साम्राज्यवाद की भाषा में शीतयुद्ध के बाद की दुनिया कहा जा रहा है। मैं समझता हूँ कि शीतयुद्ध आज भी जारी है। बीसवीं सदी की दुनिया के शक्ति-संतुलन के अनुभवों के आधार पर शीतयुद्ध के निम्नलिखित चार पहलू देखे गये थे—(1) वैचारिक नफरत, (2) राजनीतिक अविश्वास, (3) खुफियागिरी और (4) सैनिक प्रतिस्पर्धा या हथियारों की होड़। अब सोवियत संघ और वारसा-संधि-संगठन का अस्तित्व समाप्त हो गया है। इसलिए साम्राज्यवादी देशों, खासकर अमेरिका और सोवियत संघ के बीच जो हथियारों की होड़ थी, वह नहीं है। लेकिन हथियारों के बूते पर आर्थिक, राजनीतिक और वैचारिक वर्चस्व कायम करने का साम्राज्यवादी अभियान समाप्त नहीं हुआ है, बल्कि कुछ ज्यादा ही आक्रामकता से जारी है। हथियारों का व्यापार भी जारी है। साम्राज्यवादी स्वार्थों पर चोट करनेवाले विचारों के प्रति नफरत फैलाना साम्राज्यवादी एजेंसियों का काम है। राष्ट्रों के बीच कूटनीतिक हमलों के जरिए अविश्वास फैलाकर उन्हें लड़ाते रहना अमेरिकी साम्राज्यवाद की राजनीति का प्रमुख अंग आज भी है। भारत-पाक सम्बन्धों में सुधार नहीं हो पाने का एक बड़ा कारण यह है। खुफियागिरी तो साम्राज्यवादी कूटनीति का केंद्रीय तत्त्व है ही। फर्क इतना ही पड़ा है कि ये सारे अभियान आज तमाम स्वतंत्र राष्ट्रों के खिलाफ चल रहे हैं। उन राष्ट्रों के खिलाफ खासकर जो किसी भी तरह अमेरिकी दादागिरी को कभी चुनौती दे सकते हैं। गोर्वाचोव के ग्लासनोस्त ओर पेरेस्त्रोइका ने अपनी भूमिका पूरी कर ली, समाजवादी विश्व समाप्त हुआ और उदारीकरण तथा भूमंडलीकरण का दौर शुरू हो गया; जो वास्तव में वित्तीय पूँजी का विश्व-विजय का अभियान है। यह दौर कल्याणकारी राज्य की अवधारणा के परित्याग का है। उत्पादन की प्रक्रिया और बाजार तंत्र से मनुष्य और उसके श्रम के निष्कासन का दौर है। इस प्रक्रिया ने मनुष्य को या तो यंत्र बना दिया है या मात्र उपभोक्ता। उसकी रचनात्मक और सृजनशील मेधा एवं क्षमता की आवश्यकता न तो आज के अर्थतंत्र को है और न राजसत्ता को। राजसत्ता के स्वार्थ ने इतिहास का निर्माण करनेवाली और जनतंत्र को जन्म देनेवाली जनता को मात्र मतदाता बनाकर छोड़ दिया है। जनता को विचारधारा, मानव-मूल्य, भविष्य की रचनात्मक कल्पना एवं योजना आदि से मुक्त अथवा वंचित कर देने का अभियान चलाया जा रहा है।

हम अपने देश पर नजर डालते हैं या अपने जीवन के अनुभवों पर गौर करते हैं, तो देखते हैं कि उपर्युक्त बातें तो यहाँ हैं ही, और भी खतरनाक बातें घटित

हो रही हैं। देश पर, सत्ता के भीतर या बाहर, जो राजनीतिक शक्तियाँ होती हैं, वे देश को अमेरिका के पीछे ले जाकर खड़ा कर देने को उतावले हैं। यह असल में हमारे देश के इजारेदार पूँजीवाद के स्वार्थ की राजनीतिक अभिव्यक्ति है। देश के अर्थतंत्र ,और बाजार पर बहुराष्ट्रीय कंपनियों का प्रभाव बढ़ता जा रहा है। इस तरह तीसरी दुनिया के राष्ट्रों का भारत समेत, नव उपनिवेशीकरण हो रहा है। यह वास्तव में वाशिंगटन-सहमति के कार्यान्वयन का दौर है। इस दौर में हमारी राष्ट्रीय संप्रभुता खतरे में है, संसद की सर्वोच्चता का अवमूल्यन हो रहा है। यह वास्तव में तानाशाही का नया दौर है।

''वित्तीय पूँजी और बाजार तंत्र की इस व्यवस्था की रक्षा का उपाय वे सिद्धांत और विचार करते हैं, जो वर्गीय चेतना एवं वर्ग-संघर्ष से दूर ले जाते हैं। फुकुयामा जब इतिहास के अंत के बारे में लोगों को समझाते हैं और नव उदारवाद अथवा उदार जनतंत्र की महिमा का गुणगान करते हैं, तो वास्तव में यह प्रचलित कर रहे होते हैं कि मानव-समाज के विकास का भाग अब निर्णायक रूप से अमेरिकी पूँजीवादी व्याख्या और उसी की राजनीतिक प्रणाली के मार्ग में पहुँच गया है और उसके आगे अब कोई राह नहीं है। यह यथास्थितिवाद है, यह पूँजीवाद को, नवउपनिवेशवाद को विकल्पहीन बताना है, इस प्रकार यह एक नये प्रकार की तानाशाही के स्वागत की मानसिकता तैयार करता है। यह है बुद्धि पर, सोच-विचार की प्रक्रिया पर पूर्णविराम लगाना। यानी इतिहास के अंत को स्थापित करने के लिए विचार और विचारधारा ही नहीं, चिंतन का ही अंत कर दिया जाए, यह प्रयत्न है। यह है उत्तर-आधुनिकता का सार-तत्त्व, जिसका शोर इन दिनों हमारे देश में है।'' (लेखक की पुस्तक—'आज का वैचारिक संघर्ष और मार्क्सवाद' से, पृ. 167) यह है परिवर्तन की प्रक्रिया को रोक देने का प्रयत्न, परिवर्तन के इतिहास का अंत कर देना। कार्ल मार्क्स ने शोषण के इतिहास का अंत कर देने की योजना बनाई थी, जिसे रूसी क्रांति और द्वितीय विश्वयुद्ध में फासीवाद की पराजय ने कार्यान्वित करने के ऐतिहासिक अवसर दिए थे। अब उस प्रक्रिया को उलटकर उसे ही शाश्वत बनाने का प्रतिगामी संघर्ष जारी है।

सज्जाद ज़हीर जब काम कर रहे थे, तब यूरोप में फासीवाद का प्रभुत्व कायम हो रहा था और वह यूरोप से निकलकर दुनिया भर के लिए खतरा बना हुआ था। आज हमारे अपने देश में फासीवादी शक्तियाँ मानवीय सभ्यता, संस्कृति और जनतंत्र के लिए खतरा बनी हुई हैं। अभी पाँच-छह वर्षों तक केंद्रीय सत्ता में रहकर उन्होंने फासीवादी योजना को क्रियान्वित करने की कोशिश की। अभी सत्ता से हटा दिए जाने के बाद भी फासीवादी शक्तियों की आक्रामकता कम नहीं हुई है। बीसवीं सदी के चौथे-पाँचवें दशक में अमेरिका, इंग्लैंड, फ्रांस आदि फासीवाद के खिलाफ थे। उन्होंने फासीवाद के खिलाफ सोवियत संघ से मोर्चा भी बनाया था। तमाम राष्ट्रीय

मुक्ति-आंदोलन फासीवाद के खिलाफ था। आज फासीवाद ने अंतर्राष्ट्रीय स्वरूप ग्रहण कर लिया है और अमेरिका उसका सरगना है। वह फासीवाद का निर्यात करता है। नये आजाद देशों यानी तीसरी दुनिया के देशों पर दबाव डाला जा रहा है कि वे सभी राष्ट्र अपनी अर्थव्यवस्था और कानून-व्यवस्था को अंतर्राष्ट्रीय मापदंड यानी अमेरिकी मापदंड के अनुसार बना लें। वित्त, व्यापार, टैक्स आदि के नियम-कानून शिथिल करने हैं। उन्हें अपनी राजनीति और संचार माध्यमों को भूमंडलीकरण यानी बहुराष्ट्रीय कंपनियों के स्वार्थों के अनुसार मोड़ लेना है। राष्ट्रीय एवं स्थानीय शासन को भी इसी तरह ढाल देना है। देश की शिक्षा-पद्धति, संस्कृति, सोच-समझ आदि को भी भूमंडलीकरण की जरूरत के मुताबिक बदलना है। हेनरी किसिंगर ने अपनी पुस्तक 'द डिप्लोमेसी' में लिखा है कि भाषा और क्षेत्रीय विशिष्टता के आधार पर सांस्कृतिक पहचान की बात करना पिछड़ापन है। उन बातों की पृष्ठभूमि में परेशानी यह है कि आज संस्कृति की रक्षा का कोई अंतर्राष्ट्रीय अभियान नहीं है, कोई राष्ट्रीय मुक्ति आंदोलन नहीं है। हमारे लिए परेशानी की बात यह है कि हमारे देश में जो जनतान्त्रिक शक्तियाँ समझी जाती रही हैं, वे भी भूमंडलीकरण की प्रक्रिया को विकल्पहीन मानकर देश को उधर ही ले जाने की कोशिश कर रही हैं। इसलिए सुसंगत जनतंत्र और मानवीय संस्कृति की रक्षा के लिए फासीवाद के खिलाफ लड़नेवाली शक्तियाँ देश में भी कमजोर हुई हैं। ध्यान देने की बात यह है कि पूँजीवादी व्यवस्था में जो जनतांत्रिक अंतर्वस्तु और मूल्य कभी महसूस होते हैं, तो जनता के संघर्षों के कारण, मजदूरों और किसानों के संघर्षों के दबाव के कारण, देशभक्त और प्रगतिशील बुद्धिजीवियों के संघर्षों के कारण, शोषितों, पीड़ितों और दलितों के सिर उठाने के कारण। लेकिन आज स्थिति यह है कि यह जनता कहीं संप्रदायवाद के चंगुल में, कहीं राजनीतिक जातिवाद के चंगुल में, कहीं रूढ़िवाद और पुनरुत्थानवाद के चंगुल में है, इसलिए पूँजीवादी राजनीति में अधिनायकवादी रुझान मजबूत हुए हैं। इस रुझान को अफसरशाही और राजनीति में अपराधकर्मियों का बढ़ता हुआ दखल मजबूती प्रदान कर रहे हैं।

समाज में अराजकता की प्रवृत्ति बढ़ी है। जनता की संघर्षशीलता खासकर वर्गीय दृष्टि से कमजोर पड़ी है। सभी राजनीतिक दल एक जैसे हैं, यह समझ मजबूत हुई है, जिससे विकल्प की प्रक्रिया कमजोर पड़ी है। उग्रवादी गतिविधियों और आतंकवादी कार्रवाइयों के कारण जनतांत्रिक संगठन और जनतांत्रिक आंदोलन कमजोर हुए हैं। लाभ-हानि की दृष्टि से हर काम को तोलने से जीवन बड़े उद्देश्य और मूल्य से मुक्त हो गया है। सत्ता की ओर से फैलाया गया प्रलोभन का जाल उनको भी लुभा रहा है, जो क्रांति का कारवाँ लेकर चले थे। जीवन जीने की कठिनाइयों और राजनीतिक अस्थिरता ने मध्यवर्ग को या तो तात्कालिक चेतना में बाँध दिया है या फिर से अतीतवादी बना दिया है। ये सारी बातें समाज में ऐसा वातावरण बना रही

हैं, जिसमें सामान्य जनतांत्रिक, बौद्धिक या सांस्कृतिक कर्म बहुत मुश्किल हो गया है। हमारा आज का साहित्यिक माहौल भी इससे प्रभावित है। दलितवाद, स्त्रीवाद अथवा ऐसे ही अन्य सवाल, जो वर्गीय चेतना और व्यापक सामाजिक चेतना को खंडित करते हैं, प्रगतिशील, जनवादी सर्जनात्मक चेतना को कमजोर करते हैं। ऐसी ही परिस्थिति में आज प्रगतिशील आंदोलन काम कर रहा है। वह काम कर रहा है, यह अवश्य बड़ी बात है। लेखक आज के इन प्रश्नों से जूझ रहे हैं। प्रगतिशील लेखक आज भी देश भर में संघर्षशील हैं। आज के रचनाकारों का लेखन साम्राज्यवाद, संप्रदायवाद, रूढ़िवाद आदि के खिलाफ बड़े पैमाने पर संवेदनशील और विचारोत्तेजक सामग्री दे रहा है। लेकिन गौर करने और समझने की जरूरत है कि केवल लेखक-आंदोलन अपने बूते पर समाज को बदलने का काम नहीं कर सकता, उसे जनता के संगठनों और संघर्षों का साथ तो अवश्य ही लेना-देना है।

ऐसा नहीं है कि दुनिया वीर-विहीन हो गयी है। आज भी दुनिया में संघर्ष जारी है, "एक दूसरी दुनिया संभव है" का नारा गूँज रहा है। यह नारा आज किसी सरकार का नहीं, बल्कि आम जनता का है। प्रगतिशील आंदोलन को सुगबुगाती हुई जनता की चेतना से बल मिल रहा है, आगे भी मिलेगा। लेकिन राजनीतिक आंदोलन के मजबूत आधार के बिना प्रगतिशील चेतना का आंदोलन आगे नहीं बढ़ सकता। हमारा इतिहास गौरवपूर्ण है, हमारी उपलब्धियों का कोष समृद्ध है, हमारी विरासत स्पष्ट और आकर्षक है। उन सबको लेकर हम आगे बढ़ें। जनता की बेचैनी में हमारी शक्ति का स्रोत है। हमें शक्ति पाने के लिए उस स्रोत में डूबकर निकलना होगा, राह दिखाने के लिए आगे चलना होगा। जनतंत्र और संस्कृति की लड़ाई लड़ने के लिए हमें कबीर के शब्दों में "काम क्रोध मद लोभ मोह ते जूझना, मचा घमासान तन खेत माहिं।" इस लड़ाई के बिना हम प्रगतिशील आंदोलन के योग्य वारिस नहीं बन सकते। फैज़ अहमद फैज़ की एक नज्म का यह टुकड़ा पेश करते हुए मैं अभी अपनी बात समाप्त कर रहा हूँ–

चलो फिर से मुस्कराएँ
चलो फिर से दिल जलाएँ
जो गुजर गयी हैं राहें
उन्हें फिर जगा के लाएँ
जो बिसर गयी हैं बातें
उन्हें याद में बुलाएँ
चलो फिर से दिल लगाएँ
चलो फिर से मुस्कराएँ

बड़े उद्देश्य और ध्येय से संचालित कोई आंदोलन जनता का उत्सव होता है,

इसलिए वह आंदोलनकर्ताओं के होठों पर मुस्कराहट लाता है। लेकिन आंदोलन संघर्ष है, उसमें कष्ट होता है, व्यक्तिगत महत्त्वाकांक्षाओं को दबाना पड़ता है, कष्ट झेलना पड़ता है। उसमें दिल जलता है। कबीर ने तो घर ही जलाने की घोषणा कर दी थी। आज यह बड़ा मुश्किल काम है। अक्सर लोग सुविधाओं के कारण दुविधा में रहते हैं। और दुविधा में उलझा मानस आंदोलन नहीं खड़ा कर सकता है। हम तो देख रहे हैं कि हमारे प्रगतिशील या जनवादी सांस्कृतिक आंदोलन के अनेक मित्र साक्षात्कार अभियान और एन. जी. ओ. (गैर-सरकारी स्वयंसेवी संगठन) के कार्यक्रम में ज्यादा दिलचस्पी ले रहे हैं। और ये स्वयंसेवी संगठन सरकारी अथवा विदेशी धन से अपनी सेवा ज्यादा करते हैं और बड़े पैमाने पर लोगों में व्यक्तिगत स्वार्थ पैदा करते हैं, इस तरह आज के पूँजीवाद के लिए नया जनाधार बनाते हैं। यों, यह भी सही है कि इतनी साजिशों के बावजूद लड़नेवालों की कमी नहीं हुई है। हकीकत तो यह है कि आज एक साथ दुनिया भर से आवाज उठ रही है। इस आवाज में जो ताकत है, वह प्रगतिशील आंदोलन के लिए महत्त्वपूर्ण है। नये सिरे से इन प्रश्नों, समस्याओं और आज के यथार्थ के अंतर्विरोधों पर विचार करने की जरूरत है। हम तो यह भी देख रहे हैं कि संघर्ष और बदलाव की आवाज में वे भी अपना स्वर मिला रहे हैं, जो वास्तव में बदलाव के खिलाफ हैं। रावण ने तमाम पौधों के नीचे दीप जला दिया है, ताकि कोई हनुमान संजीवनी बूटी को पहचान नहीं सके। पौराणिक हनुमान की तरह पूरा पहाड़ उठाने के बदले पौधों और दीपों में सही और गलत का फर्क करने का विवेक विकसित करना होगा। यह विवेक यथार्थवादी लेखकों के पास होता है। इस विषम परिस्थिति में भी कुछ सकारात्मक पहलू हैं, जैसे—(1) आम जनता बदलाव चाहती है, वह उसके लिए परेशान है, (2) आम जनता, खासकर शिक्षित जनता में सांस्कृतिक प्रदूषण के प्रति, मानव-मूल्यों के ह्रास के प्रति, अपनी सांस्कृतिक परंपरा के मिटते जाने के प्रति गहरी चिंता में है, (3) अमेरिकी साम्राज्यवाद की हरकतों के प्रति जनता में विरोध और प्रतिरोध की भावना है, (4) जनता की दृष्टि में राजनीतिक नेतृत्व की साख गिर जाने के बावजूद संस्कृतिकर्मियों और लेखकों एवं बुद्धिजीवियों की साख बची हुई है। इन बातों को पकड़कर आज हमारा आंदोलन आगे बढ़ सकता है। आज तो हमारे पास फैला हुआ संगठन है, एक समृद्ध परंपरा है, उसकी प्रशंसा करनेवाले लोग हैं। घर से अकेले निकलकर कारवाँ नहीं बनाना है, कारवाँ बना हुआ है। उसे आगे ले चलने की जरूरत है। सज्जाद ज़हीर या प्रेमचन्द या फैज़ या राहुल सांकृत्यायन जैसों को याद करने का मतलब ऊपर की जवाबदेही कबूल करना है। कबूल तो हमने किया ही है, उसे सरजमीन पर उतारना है। फिर फैज़ के शब्दों में—

यूँ ही हमेशा उलझती रही है ज़ुल्म से खल्क
न उनकी रस्म नयी है न अपनी रीत नयी।

2

प्रेमचन्द और प्रगतिशील आंदोलन

जिस प्रगतिशील साहित्यिक आंदोलन से महान भारतीय कथाकार प्रेमचन्द के सम्बन्ध पर हम विचार कर रहे हैं, वह आज फिर साहित्य की मुख्य धारा बन गया है, जो वास्तव में आज प्रगति और प्रतिक्रिया की शक्तियों के बीच विभिन्न क्षेत्रों में चल रही लड़ाई के नये स्तर पर पहुँच जाने का इजहार है। आज के हिंदी-साहित्य पर नजर डालने से यह अच्छी तरह दिखाई पड़ जाता है कि प्रयोगवाद, नयी कविता की पतनशील प्रवृत्ति, अकविता आदि की स्वाभाविक मौत ऐतिहासिक परिस्थिति के धक्के से हो गयी है। प्रयोगवाद के प्रवर्त्तक अज्ञेय की वह घोषणा कितनी गलत साबित हो गयी, जो उन्होंने 1943 में की थी कि प्रगतिवाद मर गया। साहित्य के ऐतिहासिक विकास की सही परख करनेवाले आचार्य हजारी प्रसाद द्विवेदी ने प्रगतिशील आंदोलन में जो संभावना देखी थी, वह सही साबित हुई है। उन्होंने 'हिंदी साहित्य : उसका उद्‌भव और विकास' में प्रगतिवाद का मूल्यांकन करते हुए कहा था—"प्रगतिशील आंदोलन बहुत महान उद्देश्य से चालित है। इसमें सांप्रदायिक भाव का प्रवेश नहीं हुआ तो इसकी संभावनाएँ अत्यधिक हैं। भक्ति-आंदोलन के समय जिस प्रकार एक अदम्य दृढ़ निष्ठा दिखायी पड़ी थी, जो समाज को नये जीवन-दर्शन से चालित करने का संकल्प वहन करने के कारण अप्रतिरोध्य शक्ति के रूप में प्रकट हुई थी, उसी प्रकार यह आंदोलन भी हो सकता है।" जिस प्रकार भक्ति-आंदोलन ने मध्यकाल में जनता को नया जीवन-संकल्प दिया, साहित्य के इतिहास में नये युग का प्रवर्त्तन किया और काव्य को नयी ऊँचाई प्रदान की, उसी प्रकार प्रगतिशील आंदोलन ने भी आधुनिक युग में लेखकों और साहित्य को नयी चेतना और नयी गरिमा दी। यह यदि इतिहास-बोध से संपन्न आचार्य द्विवेदी ने आज से प्रायः तीस वर्ष पहले देख लिया था, तो अवश्य उस आंदोलन में दम था। प्रेमचन्द का इस आंदोलन से जुड़ा होना इसकी शक्ति का इजहार था। प्रगतिशील आंदोलन से प्रेमचन्द का सम्बन्ध भावना, चेतना, उद्देश्य और संगठन के स्तरों पर इतना गहरा था कि वास्तव में 8 अक्तूबर, 1936 को उनके निधन के बाद भी उनका व्यक्तित्व एवं कृतित्व प्रगतिशील

आंदोलन के लिए प्रेरणा और शक्ति का स्रोत बना रहा। समय बीतने के साथ ज्यों-ज्यों हमारा सामाजिक संकट गहराता जाता है, ज्यों-ज्यों क्रांतिकारी परिवर्तन के लिए हमारा संघर्ष तीव्र होता जा रहा है, त्यों-त्यों हमें महसूस होता है कि प्रेमचन्द हमारे साथ चल रहे हैं, हममें 'प्रगति', 'संघर्ष' और 'बेचैनी' भर रहे हैं। अतः प्रेमचन्द और प्रगतिशील आंदोलन के सम्बन्ध के आधार एवं स्वरूप पर विस्तार से गौर करना जरूरी है।

इतिहास की सामाजिक-भौतिक परिस्थिति : कुछ लोग समझते हैं और दूसरों को भी समझाते हैं कि प्रगतिशील लेखक संघ का भारत में गठन विदेशी प्रेरणा से यानी सोवियत संघ की प्रेरणा से कम्युनिस्टों के द्वारा किया गया और प्रेमचन्द का प्रगतिशील लेखक संघ के प्रथम लखनऊ अधिवेशन की अध्यक्षता करना एक आकस्मिक संयोग था। कुछ लोग प्रगतिशील लेखक संघ के गठन और उससे प्रेमचन्द के सम्बन्ध को तो स्वाभाविक मानते हैं, लेकिन उसके आदि संगठनकर्त्ताओं के बारे में उनकी राय है कि उनका भारत की साहित्यिक परंपरा से कोई सम्बन्ध नहीं था।

विदेशी प्रेरणा का आरोप साहित्य क्षेत्र में अकेले प्रगतिशील आंदोलन को नहीं झेलना पड़ा है। छायावाद पर भी कुछ लोगों ने यही आरोप लगाया था। वास्तव में ऐसे लोग किसी घटना या घटना-क्रम या प्रवृत्ति के पीछे काम करने वाली इतिहास की सामाजिक-भौतिक परिस्थिति की भूमिका को या तो देख नहीं पाते या उसके विरुद्ध खड़े रहते हैं। भारत में प्रगतिशील लेखक संघ का संगठन राष्ट्रीय दृष्टि से उन शक्तियों, प्रवृत्तियों और मूल्यों का मंच बनकर सामने आया, जो प्रथम महायुद्ध के बाद की भारतीय परिस्थिति में स्वाधीनता-संग्राम में साहित्यिक, सांस्कृतिक एवं बौद्धिक स्तर पर उभर कर आये थे। वास्तव में चेतना के स्तर पर प्रगतिशील लेखक संघ ने इतिहास की एक राष्ट्रीय सांस्कृतिक आवश्यकता की पूर्ति की। इस रूप में उसे एक नयी भूमिका अदा करनी थी। यह काम उस समय मौजूद कोई दूसरा संगठन नहीं कर सकता था।

अंतर्राष्ट्रीय स्तर पर प्रगतिशील लेखकों का आंदोलन फासीवादी तानाशाही के खिलाफ जनतांत्रिक स्वतंत्रता एवं मानवीय विकास तथा उसकी उपलब्धियों की रक्षा का लेखकीय अभियान था। इस प्रसंग में यह कहना ज्यादा सही होगा कि जो लेखक इस आंदोलन एवं अभियान में शामिल हुए वे प्रगतिशील कहलाये। कोई लेखक पहले से बना-बनाया प्रगतिशील या प्रतिगामी नहीं होता। उसका प्रगतिशील या प्रतिगामी होना इस बात से निर्धारित होता है कि वह किस प्रकार की सामाजिक शक्तियों एवं इतिहास के किन मूल्यों से जुड़ा हुआ है। इनमें से किसी से लेखक का जुड़ना मूलतः लेखन के जरिये होता है। चौथे दशक में जो लेखक जनतांत्रिक अधिकारों, मानव-मूल्यों एवं मानव-सभ्यता की उपलब्धियों तथा कलम की आजादी की हिफाजत के लिए फासीवादी तानाशाही के खिलाफ संघर्ष में खतरे की उपेक्षा कर कूद पड़े,

वे निश्चय ही प्रगतिशील थे। जो लेखकों को इस संघर्ष से अलग रखना चाहते थे, वे फासीवाद की मदद जाने-अनजाने कर रहे थे।

फासीवाद का खतरा अंतर्राष्ट्रीय स्तर पर था, क्योंकि वह वित्तीय पूँजीवाद के मुनाफे की वृद्धि के लिए नये बाजार की खोज में विश्व विजय की दुरभिसंधि रच रहा था, जिसे बाद में अमली रूप देने के लिए उसने द्वितीय विश्वयुद्ध ही छेड़ दिया। फासीवाद का खतरा राष्ट्रीय स्तर पर भी था, क्योंकि उसकी विजय हो जाने पर हर राष्ट्र की स्वतंत्रता का अंत हो जाता। यूरोप और एशिया के कुछ देशों को तो कुछ वर्षों तक हिलटर-मुसोलिनी-तोजो की दुरभिसंधि के फलस्वरूप गुलामी और तानाशाही का विकराल रूप झेलना भी पड़ा। इसलिए प्रगतिशील लेखक आंदोलन के लिए राष्ट्रीयता एवं अंतर्राष्ट्रीयता दोनों एक-दूसरे से जुड़ी हुई हैं, अभिन्न हैं। लेखकों ने अंतर्राष्ट्रीय स्तर पर महसूस किया कि फासीवाद राष्ट्रीय स्वतंत्रता के लिए भयानक खतरा था, जनतंत्र का दुश्मन था, मानव-सभ्यता एवं संस्कृति का भी शत्रु था। इस रूप में बौद्धिक स्वतंत्रता भी उससे सुरक्षित नहीं थी। लेखकों की सर्जनात्मक प्रतिभा फासीवादी आतंक की छाया में काम नहीं कर सकती। उसके लिए स्वतंत्रता, जनतंत्र और सौहार्दपूर्ण, सद्भावनापूर्ण मानवीय परिस्थिति अनिवार्य है। यही कारण है कि जब कुछ लेखकों ने फासीवाद से मानव समाज की रक्षा के लिए संगठित प्रयत्न करने के उद्देश्य से 1935 में पेरिस में लेखकों का अंतर्राष्ट्रीय सम्मेलन किया, तो उन दिनों लंदन में मौजूद कुछ युवा भारतीय लेखक एवं बुद्धिजीवी भी उसकी ओर आकृष्ट हुए, क्योंकि वे भी भारतीय स्वतंत्रता की समस्या से जूझ रहे थे। सज्जाद ज़हीर, मुल्कराज आनंद आदि ने 1935 में भारतीय प्रगतिशील लेखक संघ का संगठन खड़ा करने का पहला आयोजन लंदन में किया तो इसलिए कि परिस्थिति के तकाजे को पहले-पहल उन्होंने समझा, उनके मन में यह विचार आया और वे उन दिनों लंदन में थे। पेरिस, लंदन या कहीं और से स्वतंत्रता और प्रगति के अपने संघर्ष के लिए प्रेरणा या शक्ति प्राप्त करने को जो गलत मानते हैं, वे क्या भारतीय स्वाधीनता संग्राम के लिए काबुल, बर्लिन, पेरिस, सिंगापुर तथा अन्य अनेक जगहों में काम कर रहे प्रवासी भारतीय क्रांतिकारियों के संघर्ष और बलिदान को भी गलत मानते हैं? यदि मानते हों, तो ताज्जुब नहीं, लेकिन तब उनकी राष्ट्रीय और अंतर्राष्ट्रीय प्रतिबद्धता के चरित्र पर भी विचार करना होगा, लेकिन यहाँ उसका प्रसंग नहीं है।

जो लोग लंदन में भारतीय प्रगतिशील लेखक संघ का गठन करनेवालों को भारतीय परंपरा से अनभिज्ञ कहते हैं, उन पर थोड़ा विचार कर लेना चाहिए। हंसराज रहबर कहते हैं कि "ये नौजवान देश की परिस्थितियों से अवगत नहीं थे, इसके विपरीत वे यूरोप के सांस्कृतिक और राजनीतिक आंदोलन से अधिक प्रभावित थे।" रेखा अवस्थी की पुस्तक 'प्रगतिवाद और समानांतर साहित्य' में ऐसे कुछ उदाहरण दिये गये हैं। ऐसे लेखक कह रहे थे कि "हिंदुस्तान के लेखकों के सामने रचनात्मक

स्तर पर समस्याएँ क्या थीं—इनसे भी इनका ऐसा वास्ता नहीं था।" क्या मतलब है इन मंतव्यों का? क्या पेरिस लेखक सम्मेलन ने फासीवाद के जिस खतरे से मानवता को आगाह किया और सांस्कृतिक स्वतंत्रता के लिए संघर्ष करने का जो आह्वान किया, वह भारत के लिए प्रासंगिक नहीं था? लंदन के घोषणा-पत्र में सज्जाद ज़हीर ने जो मूल प्रश्न लेखकों के लिए उठाया वह भारत के लेखकों के लिए सार्थक नहीं था? इन्हीं प्रश्नों की रोशनी में सज्जाद ज़हीर आदि के उस प्रयास को देखना चाहिए। उनकी अपनी सीमाएँ तो अनेक हो सकती हैं, लेकिन उनका प्रयत्न भारत की राष्ट्रीय आवश्यकता से जुड़ा हुआ था। यदि ऐसा नहीं होता तो भारत में बैठे प्रेमचन्द उनके प्रयत्न का अभिनंदन नहीं करते।

भारतीय युवा लेखकों ने लंदन से प्रगतिशील लेखक संघ का जो घोषणा-पत्र जारी किया था, उसमें एक स्थल पर कहा गया—"आज हमारे साहित्य में भक्ति और वैराग्य की भरमार हो गयी है। भावुकता का ही प्रदर्शन हो रहा है, विचार और बुद्धि का एक तरह से बहिष्कार कर दिया गया है।" तत्कालीन भारतीय साहित्य के बारे में इस धारणा के आधार पर भी कहा जाता है कि उन भारतीय नौजवान लेखकों को भारतीय साहित्य की धारा का ज्ञान नहीं था। लेकिन ध्यान देना चाहिए कि यह केवल हिंदी-साहित्य को दृष्टि में रखकर नहीं कहा गया है। दूसरे, घोषणा-पत्र की आगे की पंक्तियों से जाहिर है कि पिछले दो सौ वर्षों के साहित्य को ध्यान में रखकर उपर्युक्त धारणा बनायी गयी थी। तीसरी बात यह कि उपर्युक्त कथन की मुख्य बात यह है कि साहित्य में भावुकता के प्रदर्शन और विचार एवं बुद्धि के बहिष्कार पर चिंता व्यक्त की गयी। दो सौ वर्षों का जिक्र देखकर हमारा ध्यान इस ऐतिहासिक तथ्य पर जाना चाहिए कि इस अवधि के बड़े भाग में देश अँग्रेजों का गुलाम रहा, जनता को जनतांत्रिक अधिकार नहीं थे, हमारी सांस्कृतिक परंपरा नष्ट की जा रही थी। लेकिन स्वाधीनता संग्राम के तीव्रतर होते जाने से जो सामाजिक एवं वैचारिक संघर्ष छिड़ा था, उसे भी घोषणा-पत्र के लेखकों ने देखा था, जिसे उन्होंने पहले दो वाक्यों में ही कहा : "भारतीय समाज में बड़े-बड़े परिवर्तन हो रहे हैं। पुराने विचारों और विश्वासों की जड़ें हिलती जा रही हैं और एक नये समाज का जन्म हो रहा है।" प्रेमचन्द ने भी तो उस समय के हमारे साहित्य के बारे में वैसी ही राय जाहिर की थी, जैसी लंदन-घोषणापत्र में। उन्होंने प्रगतिशील लेखक संघ के लखनऊ-अधिवेशन में भाषण करते हुए कहा था—"कला नाम था और अब भी है संकुचित पूजा का, शब्द-योजना का, भाव-निबंधन का। उसके लिए कोई आदर्श नहीं है, जीवन का कोई ऊँचा उद्देश्य नहीं है—भक्ति, वैराग्य, अध्यात्म और दुनिया से किनाराकशी उसकी सबसे ऊँची कल्पनाएँ हैं। हमारे उस कलाकार के विचार से जीवन के चरम लक्ष्य यही हैं। उसकी दृष्टि अभी इतनी व्यापक नहीं कि जीवन-संग्राम में सौंदर्य का परमोत्कर्ष देखे। उपवास और नग्नता में भी सौंदर्य का अस्तित्व है, इसे

कदाचित् वह स्वीकार नहीं करता।" प्रेमचन्द के बारे में तो यह नहीं कहा जा सकता कि भारतीय परिस्थिति से उसका सम्बन्ध नहीं था।

प्रगतिशील लेखक संघ के लखनऊ-अधिवेशन में जो घोषणा-पत्र स्वीकृत हुआ, उसमें भी तत्कालीन साहित्य के बारे में उसी तरह की राय जाहिर की गयी, जैसी लंदन घोषणा-पत्र तथा प्रेमचन्द के उपर्युक्त कथन में। कोई कह सकता है कि तत्कालीन हिंदी साहित्य या भारतीय साहित्य के बारे में उपर्युक्त घोषणा-पत्रों या प्रेमचन्द के कथन की समझ पूरी तरह सही नहीं है। लेकिन गौर करने की जरूरत है कि उनकी समझ का मूल तत्त्व क्या है? प्रेमचन्द चाहते थे कि लेखक "जीवन-संग्राम में सौंदर्य का परमोत्कर्ष देखे" और घोषणा-पत्र का उद्देश्य साहित्य को जनता की ओर मोड़ना था। यह आवश्यक इसलिए था कि देश गुलाम था और गुलामी के खिलाफ लड़ाई चल रही थी। जो लड़ाई में शामिल होता है, वह सीधी बात कहता है, वह प्रकारांतर वाली शैली से संतुष्ट नहीं होता और निजत्व को तो वह लड़ाई के लक्ष्य के प्रति समर्पित कर ही देता है। लड़ने वाले की इस मनोदशा से उपर्युक्त धारणा की परख की जाए तो वह असंगत नहीं मालूम पड़ेगी।

नया राष्ट्रीय सामाजिक यथार्थ–प्रगतिशील आंदोलन नये राष्ट्रीय सामाजिक यथार्थ की आवश्यकता से उत्पन्न और विकसित हुआ। प्रेमचन्द से उसके सम्बन्ध का आधार भी यही था। इसे जरा मुड़कर देखना होगा। दूसरे-तीसरे दशक में मध्यकालीन चेतना के खिलाफ खड़े होकर ही हिंदी में, खास करके हिंदी-कविता में, जो लिखा गया, वह भारतीय स्वाधीनता-संग्राम के नये दौर में विकसित जनता की जनतांत्रिक आकांक्षा को पूरी तरह संतुष्ट नहीं कर पा रहा था। राष्ट्रीय काव्यधारा के प्रमुख कवि मैथिलीशरण गुप्त ने राष्ट्रीयता का स्वर अवश्य मुखरित किया था लेकिन उनमें पुनरुत्थानवाद की प्रवृत्ति प्रमुख थी, इसलिए, मजदूर-किसान-संघर्षों से स्वाधीनता-संग्राम में जो नयी सामंत-विरोधी चेतना और नयी आकांक्षा जगी थी, उसके लिए उनमें बहुत जगह नहीं थी। छायावादी काव्य तत्कालीन राष्ट्रीय एवं सामाजिक परिस्थिति से विकसित हुआ था, लेकिन वह मुख्यतः आत्माभिव्यक्ति एवं व्यक्ति-स्वातंत्र्य का काव्य था। समाज-विकास की दृष्टि से मैथिलीशरण गुप्त आदि का काव्य प्राचीन भारतीय समाज का गौरव प्राप्त करने की ललक व्यक्त करता था और छायावाद वर्तमान पूँजीवादी समाज की वैयक्तिक्ता को। प्रथम महायुद्ध के बाद के भारतीय समाज की परिस्थिति का एक स्वर है छायावादी काव्य में और दूसरा प्रेमचन्द के कथासाहित्य में। दोनों की भिन्नता का कारण तत्कालीन समाज के अंतर्विरोध की व्याख्या से ही समझ में आ सकता है। उस अंतर्विरोध की सही व्याख्या से ही हम प्रगतिशील आंदोलन से प्रेमचन्द के सम्बन्ध की पृष्ठभूमि भी समझ सकते हैं।

प्रथम विश्वयुद्ध (1914-1918) की समाप्ति के साथ ही भारतीय समाज में नयी-नयी साभाजिक शक्तियों की प्रत्यक्ष भूमिका शुरू हो जाती है, जो देश की राजनीति

को और साहित्य को भी प्रभावित करती है। सन् 1918-19 ही से मजदूर और किसान अपने हितों के लिए लड़ने लगे थे। मजदूरों की हड़ताल का जो सिलसिला 1918 से शुरू होता है, वह अटूट चलता रहता है, समय के साथ और भी गहराता जाता है। बम्बई, मद्रास, कलकत्ता, कानपुर, लाहौर आदि मजदूर-आंदोलन के केंद्र बनकर उभर गये। इन्हीं संघर्षों के दौरान 1920 में मजदूरों के पहले वर्गीय संगठन अखिल भारतीय ट्रेड यूनियन कांग्रेस का गठन हो जाता है। पंजाब, अवध और आंध्र में किसानों के संघर्ष भी शुरू हो गये थे। 1920-21 का स्वाधीनता-संग्राम इस घटनाक्रम से गहरे रूप में प्रभावित था, लेकिन इसे स्वाभाविक परिणति तक नहीं पहुँचा सका। महात्मा गाँधी ने सिर्फ एक जगह, बारदौली में लगानबंदी का सत्याग्रह करने का कार्यक्रम बनाया। वे वास्तव में सांकेतिक संघर्ष करना चाहते थे। वे यह जरूर चाहते थे कि ब्रिटिश सरकार को यह जरूर दिखाया जाए कि किसान भी स्वाधीनता संग्राम में आने लगे हैं। लेकिन यह नहीं चाहते थे कि संपूर्ण किसान समुदाय को लड़ाई के मैदान में उतार दिया जाए। फिर भी देखने की बात यह है कि 1920-1922 में किसान संघर्ष पूरे देश में फैल गया, वह सांकेतिक नहीं बना रहा। उसी क्रम में जब उत्तर प्रदेश में चौरी-चौरा कांड हो गया, जिसमें किसानों के हुजूम ने थाने को घेरकर उसमें आग लगा दी, और ग्यारह सिपाही जलकर मर गये, तो गाँधीजी ने 'हिंसा-हिंसा' कहकर आंदोलन छेड़ने के ही अपने आह्वान को 'हिमालय-जैसी भूल' कहा और असहयोग आंदोलन को स्थगित कर दिया। उस स्थगन ने देश की जनता के उभरते असंतोष को एक तरफ कुंठित किया, दूसरी तरफ जनता के एक हिस्से में नेतृत्व के प्रति क्षोभ उत्पन्न किया।

उसी समय मजदूर-किसान-आंदोलन फूट पड़ने का कारण था प्रथम विश्वयुद्ध के दरम्यान भारतीय जनता और ब्रिटिश साम्राज्य का सम्बन्ध। ब्रिटिश सरकार ने युद्ध का भारी खर्च जनता पर लाद दिया, युद्ध कोष के लिए चंदा वसूल किया गया, नये-नये टैक्स लगाये गये, करीब दो करोड़ टन अनाज सिर्फ 1914 में भारतीय किसानों से वसूल कर इंग्लैंड ले जाया गया। किसानों की हालत बहुत खराब हो गयी। फौज में भी उन्हीं के बेटे भरती करके इंगलैंड की तरफ से लड़ने के लिए यूरोप की धरती पर भेजे गये। युद्ध की अवधि में भारत में कुछ नये उद्योग-धंधे खुले, जिससे मजदूरों की तादाद बढ़ी। लेकिन उन्हें भी मिहनत का पूरा दाम नहीं मिलता था। इस तरह प्रथम महायुद्ध का भयानक आर्थिक नतीजा भारतीय मेहनतकश जनता को भोगना पड़ा। इसीलिए उनकी चेतना सरकार के खिलाफ उबल रही थी।

इसी दरम्यान 1917 में रूसी सर्वहारा क्रांति हो गयी और मजदूर-वर्ग के नेतृत्व में मेहनतकश जनता का राज वहाँ हो गया। इस युगांतरकारी घटना की खबर से भारतीय जनता को नयी प्रेरणा मिली, उसमें नया उत्साह और नयी आशा का संचार हुआ।

भारत की भौतिक परिस्थिति का यह नयापन वास्तव में एक नया राष्ट्रीय एवं

सामाजिक यथार्थ था, जिसने देश के हर क्षेत्र को, हर तबके को, हर वर्ग को प्रभावित किया। इस नये यथार्थ से बुनियादी सम्बन्ध न तो छायावादी कवियों का था और न पुनरुत्थानवादी या रूमानी राष्ट्रीयता के कवियों का। इस यथार्थ को सबसे पहले प्रेमचन्द ने समझा और पकड़ा। 'ज़माना' के फरवरी 1919 के अंक में प्रकाशित लेख 'पुराना जमाना : नया जमाना' में प्रेमचन्द ने कहा था—''क्या यह शर्म की बात नहीं कि जिस देश में नब्बे फीसदी आबादी किसानों की हो उस देश में कोई किसान सभा, कोई किसानों की भलाई का आंदोलन, कोई खेती का विद्यालय, किसानों की भलाई का कोई व्यवस्थित प्रयत्न न हो।'' प्रेमचन्द जमाने की रफ्तार और दुनिया की हवा को समझ ही नहीं रहे थे, उसके साथ भी थे, इसीलिए वे उसी लेख में कहते हैं—''आनेवाला जमाना अब किसानों और मजदूरों का है। दुनिया की रफ्तार इसका साफ सबूत दे रही है। हिंदुस्तान इस हवा से बेअसर नहीं रह सकता। हिमालय की चोटियाँ उसे इस हमले से नहीं बचा सकतीं।'' हिमालय की चोटियों के उस पार से वे किस तरह के हमले की बात कर रहे थे, और भारतीय जनता की शक्ति में उनकी कितनी आस्था थी, यह भी उसी लेख की इन पंक्तियों में देखिये—''जनता की इस ठहरी हुई हालत से धोखे में न आइये। इन्कलाब के पहले कौन जानता था कि रूस की पीड़ित जनता में इतनी ताकत छिपी हुई है?'' प्रेमचन्द ने इसी दृष्टि के जरिये भारतीय जीवन में मचे उथल-पुथल के मुख्य तत्त्व को पकड़कर 'सेवासदन' और 'प्रेमाश्रम' का सृजन किया। देश की मुक्ति के साथ नारियों की मुक्ति, किसानों की मुक्ति यानी शोषण से मनुष्य-मात्र की मुक्ति का सवाल प्रेमचन्द ने असहयोग आंदोलन से पहले ही उठाया। उनकी यह दृष्टिमूलक जागरूकता उनमें लेखकीय जीवन के प्रारंभ से ही थी। यहाँ उनके संपूर्ण विकास का जिक्र जरूरी नहीं है, लेकिन सिर्फ दो उदाहरण देना चाहता हूँ, ताकि क्रम स्पष्ट हो जाए। 1907 के मार्च में प्रेमचन्द ने 'ज़माना' में 'चित्रकला' शीर्षक से एक लेख लिखा, जिसमें चित्रकला का विवेचन करते हुए उन्होंने कविता से उसकी तुलना करते हुए कहा—''कविता की तरह उसका कर्तव्य भी आदमी को इन्सान बनाना है। कभी-कभी कविता की तरह चित्रकला भी जमाने की बुराइयों पर कोड़े लगाती है।'' आदमी को इन्सान बनाना और जमाने की बुराइयों पर कोड़े लगाना शुरू से ही प्रेमचन्द का उद्देश्य रहा है। 1909 में 'ज़माना' में ही उन्होंने 'अकबर की शायरी पर एक नजर' नाम से एक लेख लिखा, जिसमें अपने युग के विचारों और आवश्यकताओं का सही अंदाजा लगाने के लिए उन्होंने अकबर की तारीफ की है। लेखकों-कलाकारों की, उनके कला-सृजन की इस भूमिका के बारे में यह मान्यता बराबर अमल में विकसित होती रही और 1920 तक वह संघर्ष में पहल करने की हद तक स्पष्ट एवं पुष्ट हो जाती है। इसीलिए चौरी-चौरा कांड के बाद जब गाँधीजी ने असहयोग आंदोलन स्थगित कर दिया, तो प्रेमचन्द ने लिखा था कि यदि असहयोग सचमुच स्थगित हो गया है, तो शर्म की बात है।

इन बातों से स्पष्ट है, कि प्रेमचन्द का चिंतन किस दिशा में जा रहा था। यहाँ हमारा उद्देश्य प्रेमचन्द के चिंतन का पूरा विकास-क्रम रेखांकित करना नहीं है, लेकिन उनके चिंतनक्रम का स्वाभाविक एवं अनिवार्य सम्बन्ध प्रगतिशील आंदोलन के साथ उनके लगाव से है। इसीलिए मैंने इतना जिक्र यहाँ किया।

पूर्ण स्वाधीनता की घोषणा और साहित्यिक परिस्थिति : सन् 1930 आते-आते देश का जनमानस अभूतपूर्व ढंग से उबलने लगा। पिछले असहयोग आंदोलन को गाँधीजी ने भले ही हिमालय-जैसी भूल समझा हो, लेकिन जनता ने, खासकर के मजदूर-किसान जनता ने, वैसा नहीं समझा। बाद के वर्षों में भारतीय कम्युनिस्ट पार्टी, कृषक मजदूर पार्टी, कीर्ति पार्टी आदि के गठन, मजदूरों की हड़ताल, किसानों के आंदोलन तथा पूर्ण स्वाधीनता के लक्ष्य की स्वीकृति के लिए लगातार कांग्रेस के भीतर वामपंथियों के संघर्ष ने, साथ ही क्रांतिकारियों के संगठित अभियान ने भी देश के चिंतन को व्यापक रूप से प्रभावित किया। 1929 में पूर्ण स्वाधीनता के लक्ष्य की स्वीकृति, जवाहरलाल नेहरू का कांग्रेस-अध्यक्ष के रूप में, सुभाषचंद्र बोस का अखिल भारतीय ट्रेड यूनियन कांग्रेस के सचिव और गणेश शंकर विद्यार्थी का अखिल भारतीय हिंदी साहित्य सम्मेलन के अध्यक्ष एवं बेनीपुरी जी का प्रचार-मंत्री के रूप में चुना जाना वामपंथी विचारों के चतुर्दिक बढ़ाव का ही इजहार था। प्रेमचन्द चूँकि जमाने की रफ्तार के प्रति जागरूक थे, इसलिए गौर से इन घटनाओं को देख रहे थे, वैचारिक रूप से तथा लेखन के जरिये उनमें भाग भी ले रहे थे। पूर्ण स्वाधीनता की घोषणा का उन्होंने स्वागत किया और डोमिनियन स्टेटस की बात करनेवालों की भर्त्सना भी की। इसी दौर के उनके अनुभवों और चिंतन की रचनात्मक अभिव्यक्ति 'कर्मभूमि' में हुई है। उन्होंने 1930 में 'विशाल भारत' के एक अंक में कहा था—"इस समय सबसे बड़ी अभिलाषा यही है कि हम अपने स्वतंत्रता-संग्राम में सफल हों। मैं दौलत और शोहरत का इच्छुक नहीं हूँ। खाने को मिल जाता है। मोटर और बंगले की मुझे हविश नहीं है। हाँ, यह जरूर चाहता हूँ कि दो-चार उच्चकोटि की रचनाएँ छोड़ जाऊँ, लेकिन उनका उद्देश्य भी स्वतंत्रता-प्राप्ति ही हो।" गौर करने की बात यह है कि स्वतंत्रता प्राप्ति को अपने लेखन का उद्देश्य बनाकर भी वे दांडी यात्रा या नमक आंदोलन पर उपन्यास नहीं लिखते। वे लिखते हैं उस समय के किसान-आंदोलन पर। क्यों? इसलिए कि वे अच्छी तरह समझते थे कि किसानों को जमींदारों के चंगुल से मुक्त किये बिना स्वतंत्रता का कोई अर्थ नहीं था। 1931 में लिखित 'आहुति' कहानी में रूपमणि के जरिये उन्होंने कहलाया कि "कम-से-कम मेरे लिए स्वराज्य के मायने यह नहीं कि जॉन की जगह पर गोविंद को बैठा दिया जाए।" गाँधीजी किसानों को नमक के जरिये जगा रहे थे और प्रेमचन्द ने भी नमक को आंदोलन का मुद्दा बनाने के लिए गाँधीजी की तारीफ की, लेकिन वे जमींदारों के द्वारा किसानों के शोषण की समस्या उठा रहे थे।

सन् 1930 में छिड़ा आंदोलन 1934 तक जाकर समाप्त हो गया। इस आंदोलन में देश की जनता, खासकर के नयी पीढ़ी नये संकल्प के साथ कूदी थी, क्योंकि पूर्ण स्वाधीनता की घोषणा के बाद यह पहला आंदोलन था। लेकिन कांग्रेस नेतृत्व की समझौतापरस्ती और अदूरदर्शिता ने ऐसी परिस्थिति पैदा कर दी कि आंदोलन प्रायः नेतृत्वहीन होकर समाप्त हो गया। फिर भी खास बात यह है कि आंदोलन की समाप्ति के बाद भी नयी पीढ़ी पस्त नहीं हुई, वह नये नेतृत्व की तलाश करने लगी।

स्थिति ऐसी थी कि बच्चन जैसे हालावादी भी लिख रहे थे—"तीर पर कैसे रूकूँ मैं, आज लहरों में निमंत्रण।" उस समय साहित्य में यह बात कही जाने लगी थी कि 'कितनी चिड़ियाँ उड़ें आकाश, दाना है धरती के पास।' यह साहित्य में यथार्थवाद के बढ़ते हुए प्रभाव की सूचना थी। प्रेमचन्द इस दौर में भी स्वाधीनता आंदोलन और उसके नेतृत्व को किसानों की पृष्ठभूमि में परख रहे थे और अपनी यथार्थवादी दृष्टि का विकास कर रहे थे। उस दौर में उन्होंने 'कर्मभूमि' की रचना की और अमरकांत तथा आत्मानंद के जरिये परिस्थिति, किसानों की मनोदशा एवं नेतृत्व की ढुलमुल-यकीनी के अंतर्विरोधों को बखूबी चित्रित किया। इस अंतर्विरोध को प्रेमचन्द ने कितना ठीक समझा था, यह उत्तर प्रदेश के करबंदी-आंदोलन के बारे में मालकम हैली की रिपोर्ट की इन पंक्तियों से समझा जा सकता है—"मैं समझता हूँ यह ईश्वर की कृपा ही है कि उन्होंने (नेताओं ने) आंदोलन बंबई की एक तहसील में ही केंद्रित किया, जब कि वे उत्तर प्रदेश के साठ-सत्तर लाख रैयतों को लेकर भयंकर स्थिति उत्पन्न कर दे सकते थे। मैं यह नहीं कहता कि वे सब-के-सब असंतुष्ट हैं, लेकिन कुछ जिलों में जमींदार किसानों से अत्यधिक ऊँची लगान वसूल कर रहे हैं। और उन्हें दबोच रहे हैं, जो आंदोलन को अच्छी जमीन देते हैं। जवाहरलाल और उनके दोस्तों ने अपनी कूबत भर किया है और कर रहे हैं लेकिन वास्तव में उनमें वह आकर्षण नहीं है, जो महात्मा के सरल व्यक्तित्व के चारों तरफ है।" महात्मा गाँधी किसान आंदोलन नहीं चाहते थे और जवाहरलाल चाहते थे।

लेकिन जवाहरलाल जी भी किस हद तक किसानों के लिए काम कर सकते थे, यह उन्हीं के इन शब्दों में देखिये—"वे बड़ी तादाद में हमारे पास जोरदार शिकायत करते हुए आते थे, और कहते थे कि हमने आपकी सलाह मान ली और जितना हमसे बन सकता था उतना लगान हमने अदा कर दिया, फिर भी यह नतीजा हुआ है।....जिला कांग्रेस कमेटी का दफ्तर परेशान काश्तकारों से घिरा रहता था, मेरा घर भी इसी तरह घिरा रहता था और अक्सर मुझे लगता था कि मैं यहाँ से भाग जाऊँ, और कहीं छिप जाऊँ, जहाँ यह भयंकर दुर्दशा दिखाई न दे। कई काश्तकारों पर, जो हमारे यहाँ आते थे, चोट के निशान थे, जो जमींदारों के कारिंदों की मार के

थे। हमने उनका अस्पताल में इलाज करवाया। वे क्या कर सकते थे? और हम क्या कर सकते थे?'' (मेरी कहानी, पृष्ठ 427)

अखिल भारतीय संगठन की आवश्यकता : इस दौर में प्रेमचन्द क्या कर रहे थे। प्रेमचन्द के मन पर इन बातों का गहरा असर था? वे स्थिति का मुकाबला करने के लिए लेखकीय स्तर पर सक्रिय थे, न केवल अपनी कलम से, बल्कि लेखकों के संगठित मंच से। वे कलम के संगठित अभियान से जनता को आंदोलित करना चाह रहे थे। उन्होंने 'एक सार्वदेशिक साहित्य संस्थान की आवश्यकता' नाम से एक टिप्पणी लिखी, जिसकी निम्नलिखित पंक्तियाँ इस प्रसंग में ध्यान देने योग्य हैं–''भारत में विज्ञान और दर्शन की, इतिहास और गणित की, शिक्षा और राजनीति की आल इंडिया संस्थाएँ तो हैं, लेकिन साहित्य में कोई ऐसी संस्था नहीं है। इसलिए साधारण जनता को अन्य प्रांतों की साहित्यिक प्रगति की कोई खबर नहीं होती और न साहित्यसेवियों को ही आपस में मिलने का अवसर मिलता है।'' वे चाहते थे कि ''हमारा साहित्य प्रांतीयता के दायरे से निकलकर राष्ट्रीयता के क्षेत्र में पहुँच जाय'' और ''उसे चारों तरफ से हवा और रोशनी आजादी के साथ मिलती रहे।'' (वही) भारतीय साहित्य परिषद् के संगठन में प्रेमचन्द ने काफी रुचि ली थी, यद्यपि हिंदी साहित्य सम्मेलन पहले से ही था। लेकिन वे महात्मा गाँधी की इस धारणा से सहमत थे कि हिंदी-साहित्य सम्मेलन तो हिंदी-लेखकों का संगठन है, उससे सभी भाषाओं के लेखकों को एक मंच पर लाने का काम नहीं हो सकता। यों कुछ दूसरे लेखकों ने भारतीय साहित्य परिषद् को भी अखिल भारतीय स्तर पर प्रभाव जमाने के लिए हिंदी-लेखकों का नया हथकंडा समझा था, लेकिन प्रेमचन्द ने इस गलतफहमी को दूर करने की कोशिश की, खास कर उर्दू-लेखकों की गलतफहमी। परिषद् पर आसन्न खतरे को प्रेमचन्द ने देख लिया था। आगे चलकर भारतीय साहित्य परिषद् से उनका भी सैद्धांतिक मतभेद हो गया। वे जिस उद्देश्य से अखिल भारतीय साहित्य-संगठन चाहते थे, उस उद्देश्य की पूर्ति 'परिषद्' से संभव नहीं रह गयी थी। परिषद् और 'हंस' के सम्बन्ध वाले प्रसंग से यह बात स्पष्ट हो जाती है। 'हंस' का प्रकाशन प्रेमचन्द ने परिषद् को सौंप दिया, लेकिन परिषद् के द्वारा जो 'हंस' निकला उसका व्यक्तित्व प्रेमचन्द के 'हंस' से इतना भिन्न था कि प्रेमचन्द उसे स्वीकार करने को तैयार नहीं थे। वे लेखकों एवं उनके लेखन से जो काम लेना चाहते थे वह भारतीय साहित्य परिषद् करने में समर्थ नहीं रह गयी थी। यह 'परिषद्', गांधीजी और काका कालेलकर के हिसाब से चल रही थी।

प्रेमचन्द लेखकों, बुद्धिजीवियों और पंडितों की भूमिका किस तरह निर्धारित कर रहे थे? वे राष्ट्रीय एवं सामाजिक प्रक्रिया में लेखकों को सक्रिय रूप से शामिल होने के लिए ललकार रहे थे। 'अतीत का मुर्दा बोझ' शीर्षक टिप्पणी में उन्होंने कहा था–''जिस जाति को पूर्वजों से पराजय का अपमान और रूढ़ियों का तोक ही विरासत

में मिला, वे प्राचीन के नाम पर क्या रोएँ! ऐसे दर्शन को क्या हम लेकर चाटें, जिसने हमारे पूर्वजों को इतना अकर्मण्य बना दिया कि जब बख्तियार खिलजी ने बिहार को विजय किया, तो पता चला कि सारा नगर और किला एक विशाल वाचनालय था। विद्वान् लोग मजे से राज्य का आश्रय पाते थे और अपनी कुटिया में बैठे हुए प्राचीन शास्त्रों में डूबे रहते थे। उनके इर्द-गिर्द क्या हो रहा है दुनिया किस गति से बढ़ी जा रही है, उन्हें इसकी खबर नहीं थी।'' (साहित्य का उद्देश्य, पृ. 262-263) प्रेमचन्द ने ऐतिहासिक अनुभव के विश्लेषण तथा अपने समकालीन यथार्थ के तकाजे के आधार पर यह निष्कर्ष निकाला था कि लेखकों को समाज की स्वतंत्रता एवं संस्कृति की रक्षा के लिए, समाज की उपलब्धियों एवं प्रगतिशील मूल्यों की रक्षा के लिए संघर्ष के मैदान में उतरना चाहिए, क्योंकि अकर्मण्य तथा परिवेश से कटे हुए पंडितों एवं बुद्धिजीवियों से समाज का संकट बढ़ता ही है, घटता नहीं। संकट बढ़ता है, कम-से-कम इस अर्थ में कि वे ज्ञान को भी बचा कर रखने में समर्थ नहीं हो पाते। बख्तियार खिलजी ने ज्ञान की उपलब्धियों को नष्ट कर दिया और पंडित लोग देखते ही रह गये।

संगठन की वैचारिक भूमि : प्रेमचन्द बुद्धिजीवियों को जिस मुक्ति के लिए लड़ने को ललकार रहे थे, वह केवल ब्रिटिश साम्राज्य से देश की मुक्ति नहीं थी, वे उन्हें इतिहास के प्रतिगामी मूल्यों तथा रूढ़ियों से मुक्त होने की भी प्रेरणा दे रहे थे। वे कहते हैं—''जिसके लिए संसार मिथ्या हो, और दुःख का घर हो, उसकी यदि संसार उपेक्षा करे, तो उन्हें शिकायत का क्या मौका है?'' (वही, पृ. 263) प्रेमचन्द इस संसार को ही सच मानते थे और उसे दुःख का घर नहीं मानते थे। दुःख जो है, उसे मिटाया जा सकता है। जो लेखक इस बात को नहीं समझता, संसार उसकी उपेक्षा कर सकता है और लेखक को शिकायत करने का कोई हक नहीं होगा।

प्रेमचन्द कई कारणों से लेखकों का संगठन चाहते थे। एक बड़ा काम जो वे लेखक संघ को देना चाहते थे, वह था—साहित्य के प्रति जनता को जागरूक बनाना या यों कहें कि जनता में साहित्य-चेतना का विकास करना। साहित्य और जनता के सम्बन्ध को गहन बनाने के लिए यह अनिवार्य था। जो लोग साहित्य और जनता के सम्बन्ध को नहीं स्वीकार करते या उसे तोड़ देना चाहते हैं, वे प्रेमचन्द के प्रयत्न की महत्ता को नहीं समझ सकते या यदि समझ लेते हैं तो उससे घबराते हैं। इस प्रसंग में प्रेमचन्द का कथन देखिए—''अभी तो संघ को यही सोचना पड़ेगा कि जनता में साहित्य की रुचि कैसे बढ़ायी जाए और किस ढंग की पुस्तकें तैयार की जाएँ जो जनता को अपनी ओर खींच सकें।'' (वही, पृ. 269) प्रेमचन्द जनता में साहित्यिक रुचि पैदा करने को एक रचनात्मक काम समझते हैं, उपदेशात्मक नहीं। उसके लिए लेखकों को ही रचनात्मक भूमिका अदा करनी है, जनता की रुचि को आकृष्ट करने लायक साहित्य की रचना करके। ध्यान देने की बात है कि लेखकों को जनता की

रुचि के साथ बहना नहीं है, बल्कि उसको अपनी ओर खींचना है यानी उसे मोड़ना है। लेकिन साहित्य में खींचने या मोड़ने की शक्ति होनी चाहिए। जनता की आवश्यकताओं एवं आकांक्षाओं की, उसकी समस्याओं की उपेक्षा करके कोई लेखक अपनी रचना में जनता को आकृष्ट करने की शक्ति नहीं पैदा कर सकता है। लेखकों और पाठकों का यह द्वंद्वात्मक सम्बन्ध है, जिसे प्रगतिशील साहित्य मानता है। इससे अलग एक खेमा व्यक्तिवादियों का होता है, जो मानता है कि जनता साहित्य को समझ ही नहीं सकती, बल्कि इस खेमे के कुछ लोग तो मानते हैं कि साहित्य के जरिये कुछ प्रेषण हो, यह जरूरी नहीं। एक और खेमा व्यावसायिक लेखकों का है जो जनता की रुचि का दोहन कर धन बटोरता है। ये लोग तो व्यक्तिवादियों से भी अधिक नुकसानदेह होते हैं। जनता की रुचि का सम्मान करना और उसे विकसित एवं परिष्कृत करना प्रगतिशील साहित्य का काम है। लेकिन इसके लिए संगठित प्रयास जरूरी था। प्रगतिशील लेखक संघ के पहले जो साहित्य संगठन थे, उनसे यह बड़ा काम होनेवाला नहीं था, क्योंकि यह काम उनके उद्देश्य और लक्ष्य के दायरे में था ही नहीं। प्रेमचन्द ने इस विषय पर विचार किया था। उनकी राय देखिए–"इस समय जो संस्थाएँ हैं जैसे नागरी प्रचारिणी सभा, हिंदी-साहित्य-सम्मेलन या हिंदुस्तानी एकेडेमी, उनके काम में संघ को हस्तक्षेप करने की जरूरत नहीं। नागरी प्रचारिणी सभा अब विशेष कर पुराने कवियों की और उनकी रचनाओं की खोज कर रही है। वह साहित्यिक पुरातत्त्व से मिलती-जुलती चीज है। सम्मेलन को परीक्षाओं से विशेष दिलचस्पी है और हिंदुस्तानी एकेडेमी एक सरकारी संस्था है, जहाँ प्रोफेसरों का राज है और जहाँ साधारण साहित्य-सेवियों के लिए स्थान नहीं।" (वही, पृ. 269)।

प्रेमचन्द देशकाल के साथ चलने वाले साहित्यकार थे, इसलिए वे देशकाल के सवालों से जूझनेवाला लेखक संगठन चाहते थे। पुराने संगठनों से यह काम नहीं होने वाला था, क्योंकि वे चौथे दशक के सवालों का जवाब देने में समर्थ नहीं थे। एक बड़ी आवश्यकता थी साहित्य के द्वारा जन-जागृति पैदा करने की। प्रेमचन्द उस समय की कविता से संतुष्ट नहीं थे। तत्कालीन कविता के बारे में प्रेमचन्द की समझ पूरी तरह सही न भी हो, तब भी देखने की बात यह है कि वे उससे क्या काम लेना चाहते हैं। प्रेमचन्द के विचार हैं–"कविता में अगर जागृति पैदा करने की शक्ति नहीं है, तो वह बेजान है। आप हाला बाँधें, या तंत्री के तार, या बुलबुल और कफस, उसमें जीवन को तड़पाने वाली शक्ति होनी चाहिए। प्रेमिकाओं के सामने बैठकर आँसू बहाने का यह जमाना नहीं है। उस व्यापार में हमने कई सदियाँ खो दीं, विरह का रोना रोते-रोते हम कहीं के नहीं रहे। अब हमें ऐसे कवि चाहिए, जो हजरत इकबाल की तरह हमारी मरी हुई हड्डियों में जान डालें।" इस चिंतन में देशकाल की गति के साथ चलने की ही नहीं, बल्कि उसकी गति को और तेज करने की बेचैनी है। अब वह समय नहीं है, इसलिए कविता को भी बदलना चाहिए; क्योंकि

देश को स्वतंत्र और जीवन को बेहतर एवं मुक्त बनाने के लिए जीवन को तड़पाने और मरी हुई हड्डियों में जान डालनेवाली कविता चाहिए। राष्ट्र और समय यानी देश और काल की आवश्यकता को व्यावहारिक रूप में रेखांकित करते हुए वे इकबाल की एक खास कविता सामने रखते हैं। वे कहते हैं—"देखिए इस कवि ने लेनिन को खुदा के सामने ले जाकर क्या फरियाद कराई है और उसका खुदा पर इतना असर होता है कि वह अपने फरिश्तों को हुक्म देता है—

'उट्ठो, मेरी दुनिया के गरीबों को जगा दो,
काखे-उमरा के दरो-दीवार हिला दो।'

प्रेमचन्द इकबाल को एक खास मतलब से याद करते हैं और वह मतलब है दुनिया के गरीबों को जगाना। इकबाल ने खुदा से फरिश्तों को हुक्म दिलवाया—'उट्ठो मेरी दुनिया के गरीबों को जगा दो' और प्रेमचन्द इसी शीर्षक से एक टिप्पणी लिखकर अपने समकालीन साहित्यकारों का आह्वान करते हैं—'उट्ठो मेरी दुनिया के गरीबों को जगा दो।' यह आह्वान प्रेमचन्द के बाद भी आज तक की पीढ़ी के लिए, आनेवाली पीढ़ी के लिए भी सार्थक है।

प्रेमचन्द जनता और बुद्धिजीवी समुदाय में न केवल घनिष्ठ सम्बन्ध मानते थे, बल्कि बुद्धिजीवियों की शक्ति का मूल स्रोत जनता को ही मानते थे। जनता से कटा और टूटा हुआ व्यक्ति कुछ और हो जाता है, सामान्य नहीं रहता। प्रेमचन्द का कहना है—"intelligentsia में जो कुछ प्रभाव है, वह जनता ही से आता है। उससे अलग रहकर वे हाकिम की सूरत में ही रह सकते हैं, खादिम की सूरत में, जनता के होकर नहीं रह सकते। उनके अरमान और मन्सूबे उनके हैं, जनता के नहीं। उनकी आवाज उनकी है, उसमें जनसमूह की आवाज की गहराई और गरिमा और गम्भीरता नहीं है। वह अपने प्रतिनिधि हैं, जनता के नहीं।" (साहित्य का उद्देश्य, पृ. 163) कोई बुद्धिजीवी या बौद्धिक व्यक्ति यदि जनता का प्रतिनिधि बनना चाहता है, तो उसे जनता के बीच घुलमिल कर रहना होगा, लेकिन ऐसा करना जनता को उपकृत करना नहीं, बल्कि स्वयं शक्ति अर्जित करना होगा। जिस बुद्धिजीवी का जनता से ऐसा गहरा सम्बन्ध नहीं होता, वह जनता से भिन्न कुछ और हो जाता है, जिसका उसके साथ अमित्रतापूर्ण, यहाँ तक कि शत्रुतापूर्ण, सम्बन्ध हो जाता है, जैसे हाकिमों का। प्रेमचन्द का जनता से अभिन्न सम्बन्ध था। उनकी शक्ति का स्रोत जनता ही थी। जिस लेखक का जनता से ऐसा आत्मीय सम्बन्ध होता है, वह जनता को सांस्कृतिक एवं वैचारिक दृष्टि से ऊपर उठाने के लिए एक खास ढंग के साहित्य की रचना करने का संगठित अभियान चलाना चाहता है। यह उसके लेखन का और जीवन के कार्यकलाप का उद्देश्य हो जाता है। प्रेमचन्द कहते हैं—"हमारा उद्देश्य देश में ऐसा वायुमंडल तैयार कर देना है, जिसमें अभीष्ट प्रकार का साहित्य

उत्पन्न हो सके और पनप सके। हम चाहते हैं कि साहित्य-केंद्रों में हमारी परिषदें स्थापित हों और साहित्य की रचनात्मक प्रवृत्तियों पर नियमपूर्वक चर्चा हो, नियम पढ़े जाएँ, बहस हो, आलोचना-प्रत्यालोचना हो। तभी वह वायुमंडल तैयार होगा, तभी साहित्य में नये युग का आविर्भाव होगा।'' गौर कीजिए, प्रेमचन्द 'साहित्य में नये युग का आविर्भाव' चाहते थे, उसके लिए 'अभीष्ट साहित्य' की रचना करने-कराने के लिए उपयुक्त वायुमंडल तैयार करना चाहते थे। वे साहित्य-केंद्रों में संगठन की शाखा खोलना चाहते थे, और उसके तत्वावधान में साहित्य की रचनात्मक प्रवृत्तियों के साथ ही संगठन के नियमों का पढ़ा जाना भी चाहते थे। वे चाहते थे कि लेखक सिर्फ साहित्य पर नहीं, संगठन के नियमों पर भी बहस करें, यानी वे साहित्यकारों में एक प्रकार का अनुशासन चाहते थे। बिना अनुशासन के लड़ाई नहीं लड़ी जा सकती, वह कलम और विचार की ही लड़ाई क्यों न हो। स्वच्छंद विचरण करने वाला मनमौजी लेखक अभीष्ट वायुमंडल नहीं तैयार कर सकता।

लंदन में स्थापित संगठन का अभिनंदन : लंदन में सज्जाद ज़हीर आदि के द्वारा स्थापित भारतीय प्रगतिशील लेखक संघ का प्रेमचन्द ने हार्दिक अभिनंदन किया, तो यह आकस्मिक नहीं, बल्कि एकदम स्वाभाविक था, यह अब तक के विवरण से स्पष्ट है। लंदन में गठित प्रगतिशील लेखक संघ के अध्यक्ष थे—डॉ. मुल्कराज आनंद और सचिव सज्जाद ज़हीर। उन लोगों ने लंदन से अपना घोषणा-पत्र भारत के अनेक लेखकों के पास भेजा। पता नहीं और लेखकों ने उसके साथ क्या सलूक किया, लेकिन प्रेमचन्द ने अपनी टिप्पणी के साथ 'हंस' में उसका कुछ अंश प्रकाशित किया। प्रेमचन्द की टिप्पणी देखिए—''हमें यह जानकर सच्चा आनंद हुआ कि हमारे सुशिक्षित और विचारशील युवकों में भी स्फूर्ति और जागृति लाने की धुन पैदा हो गयी है। लंदन में इण्डियन प्रोग्रेसिव राइटर्स एसोसिएशन की इसी उद्देश्य से बुनियाद डाल दी गयी है और उसने जो अपना मेनिफेस्टो भेजा है, उसे देखकर यह आशा होती है कि अगर यह सभा अपने मार्ग पर जमी रही, तो साहित्य में नवयुग का उदय होगा।''

प्रगतिशील लेखक संघ की स्थापना से प्रेमचन्द को 'सच्चा आनंद' क्यों हुआ? इसलिए कि वे साहित्य में जो 'स्फूर्ति' और 'जागृति' लाना चाहते थे, वही उस समय के वे नौजवान लेखक भी लाने को उद्यत दिखायी पड़े, जिन्होंने लंदन में प्रगतिशील लेखक संघ की स्थापना की थी। प्रेमचन्द साहित्य में नवयुग का प्रवर्तन करने के लिए जद्दोजहद कर रहे थे और 'संघ' का मेनिफेस्टो पढ़कर उन्हें यह उम्मीद बँधी कि 'यदि यह सभा अपने मार्ग पर जमी रही तो उस नवयुग का उदय अवश्य होगा'। घोषणा-पत्र की प्रायः सभी स्थापनाओं का समर्थन करते हुए प्रेमचन्द ने उक्त टिप्पणी में ही लिखा था—''हमें वास्तव में ऐसे ही साहित्य की जरूरत है और हमने भी यही आदर्श अपने सामने रखा है।'' जो आदर्श प्रेमचन्द ने पहले से अपने सामने रखा

था, वही उन्हें लंदन घोषणा-पत्र में मिला। यह संयोग कैसे हुआ! लक्ष्य की समानता के कारण ही। इस तथ्य की रोशनी में यह समझने में दिक्कत नहीं होनी चाहिए कि प्रेमचन्द और प्रगतिशील लेखक संघ का मिलन कैसे हुआ? वास्तव में यह दो तरफ से, दो प्रस्थान-बिंदुओं से एक ही लक्ष्य की ओर बढ़नेवाले यात्रियों का मिलन है। इस तरह के मिलन से मनुष्य को जो प्रसन्नता होती है, उसका अनुमान बीहड़ पथ का कोई यात्री ही लगा सकता है। जो चलता ही नहीं है वह राह के साथी मिलने के आनंद का अनुभव कैसे कर सकता है? प्रेमचन्द उसी लक्ष्य के राही थे, जो प्रगतिशील लेखक संघ के संगठनकर्त्ताओं ने तय किया था।

सज्जाद ज़हीर ने 'रौशनाई' नामक अपनी पुस्तक में उस समय के संस्मरण लिखते हुए जिक्र किया है—"जब हमने प्रगतिशील साहित्य आंदोलन की ओर पग उठाया, तो कुछ बातें विशेष रूप से हमारे सम्मुख थीं। पहली तो यह कि प्रगतिशील साहित्यिक आंदोलन का रुख देश की जनता और मजदूरों, किसानों और मध्यवर्ग की ओर होना चाहिए...इससे फिर दूसरी बात निकलती है और वह यह थी कि यह सब कुछ तभी संभव था, जब हम चेतन रूप से देश के स्वाधीनता-संघर्ष और देश की जनता को अपनी स्थिति सुधारने के आंदोलन में भाग लें।" (पृ. 72-79) प्रेमचन्द तो बहुत दिनों से इस तरह का सवाल उठाते चले आ रहे थे। स्वराज्य मिलने के साथ ही सामाजिक बुराइयों का, शोषण का अंत होना चाहिए, तभी वह स्वराज्य होगा। इसलिए स्वराज्य के साथ जनता का हित जुड़ना चाहिए और यह सम्बन्ध जोड़ने में लेखकों को अपनी संगठित भूमिका अदा करनी है। इसलिए भी प्रेमचन्द और प्रगतिशील लेखक संघ का लक्ष्य एक था।

प्रगतिशील लेखक संघ के साथ अपने लक्ष्य की समानता प्रेमचन्द ने स्वयं 'हंस' का जिक्र करते हुए घोषित की थी। उनके शब्द हैं—"हंस भी उन्हीं उद्देश्यों के लिए जारी किया गया है।" 'हंस' वास्तव में प्रगतिशील आंदोलन का स्वाभाविक मुखपत्र शुरू से ही अघोषित रूप से बन गया था और प्रेमचन्द प्रगतिशील आंदोलन के स्वाभाविक नेता बनकर उभर गये थे। उन्होंने 'हंस' के पहले ही अंक में उसका जो उद्देश्य घोषित किया था, वह ध्यान देने लायक है—"हंस के लिए यह परम सौभाग्य की बात है कि उसका जन्म ऐसे शुभ अवसर पर हुआ है, जब भारत में एक नये युग का आगमन हो रहा है, जब भारत पराधीनता की बेड़ियों से निकलने के लिए तड़पने लगा है।" भारत के स्वाधीनता-संग्राम में भाग लेना 'हंस' का उद्देश्य था। और उसकी नीति स्पष्ट करते हुए उसी अंक में प्रेमचन्द ने लिखा—"भारत ने शांतिमय समर की भेरी बजा दी है। 'हंस' भी मानसरोवर की शान्ति छोड़कर अपनी नन्ही-सी चोंच में चुटकी भर मिट्टी लिए हुए समुद्र पाटने, आजादी के जंग में योग देने, चला है। समुद्र का विस्तार देखकर उसकी हिम्मत छूट रही है, लेकिन संघ शक्ति ने दिल

मजबूत कर दिया है।...यह तो हुई उसकी राजनीति। साहित्य और समाज में वह उन गुणों का परिचय देगा, जो परंपरा ने उसे प्रदान कर दिये हैं।'' 'हंस' मात्र साहित्यिक पत्र नहीं था, उसकी नीति का सम्बन्ध राजनीति, साहित्य और समाज तीनों से था। इन तीनों क्षेत्रों में वह प्रगतिशील आंदोलन की जमीन तैयार कर रहा था, जिससे प्रगतिशील लेखक संघ को बड़ी सहूलियत हुई।

लखनऊ-अधिवेशन की अध्यक्षता : प्रगतिशील लेखक संघ के लंदन संगठन से सम्बद्ध लेखक और बुद्धिजीवी भारत लौटकर आये, तो वे यहाँ नये सिरे से संगठन खड़ा करने के प्रयत्न में लग गये। उस समय देश की परिस्थिति ऐसे संगठन के लिए परिपक्व थी। हर तरफ से वे सवाल उठने लगे थे, जो वामपंथियों ने राजनीति में उठाये थे। समाज के विभिन्न क्षेत्रों एवं तबकों का विराट् मोर्चा बनाने की कोशिश की जा रही थी, ताकि देश के स्वाधीनता-संग्राम को नयी दिशा दी जा सके। मजदूर-आंदोलन में पहले से ज्यादा एकता हो गयी थी। किसानों को संगठित करने का प्रयास चल रहा था। छात्रों और नौजवानों के भी स्वतंत्र संगठन बनाने की तैयारी चल रही थी। लेखकों को भी नये सिरे से संगठित किया ही जा रहा था। इन सारे प्रयत्नों की परिणति 1936 में लखनऊ में हुई। वहाँ यदि प्रेमचन्द अखिल भारतीय प्रगतिशील लेखक संघ की अध्यक्षता कर रहे थे और देश एवं समाज को मुक्त करने की लड़ाई में शामिल होने के लिए लेखकों को ललकार रहे थे, तो स्वामी सहजानंद सरस्वती अखिल भारतीय किसान सभा के प्रथम अधिवेशन की अध्यक्षता करके किसानों के स्वतंत्र वर्ग-संगठन को जन्म दे रहे थे, जिसकी कल्पना प्रेमचन्द ने 1919 में ही की थी और पंडित जवाहरलाल नेहरू कांग्रेस की अध्यक्षता कर रहे थे और समाजवाद को लक्ष्य बनाने की घोषणा कर रहे थे।

प्रेमचन्द को जब सज्जाद ज़हीर ने प्रगतिशील लेखक संघ के लखनऊ अधिवेशन की अध्यक्षता के लिए लिखा था, तो उनकी जो प्रतिक्रिया हुई, वह गौर करने लायक है। उन्होंने सज्जाद ज़हीर को लिखा—''सभापतित्व की बात, मैं इसके योग्य नहीं। विनम्रतावश नहीं कहता, मैं अपने में कमजोरी पाता हूँ। मिस्टर कन्हैयालाल मुंशी मुझसे बेहतर होंगे या डॉक्टर जाकिर हुसैन। पंडित जवाहरलाल नेहरू तो बड़े व्यस्त होंगे, नहीं तो वे एकदम उपयुक्त होते। इस अवसर पर सभी राजनीति के नशे में चूर होंगे, साहित्य से शायद ही किसी को दिलचस्पी हो, लेकिन हमें कुछ-न-कुछ तो करना है। यदि जवाहरलाल ने दिलचस्पी ली तो अधिवेशन सफल हो जाएगा।...हमारी संस्था में कोई बाहर का आदमी सभापति बने तो ज्यादा अच्छा हो। मजबूरी दर्जा तो मैं हूँ ही। कुछ रो-गा लूँगा।

''और क्या लिखूँ। तुम जरा पंडित अमरनाथ झा को तो आजमाओ, उन्हें उर्दू-साहित्य से प्रेम है और शायद वे सभापति होना स्वीकार कर लें।'' (15 मार्च,

1936 का पत्र, उर्दू में) इस पत्र में जो सबसे महत्त्वपूर्ण बात है, वह यह कि प्रेमचन्द ने अपने को प्रगतिशील लेखक संघ के संगठनकर्ताओं में शामिल कर लिया था, इसलिए अधिवेशन के लिए बाहर का सभापति खोज रहे थे। कन्हैयालाल मुंशी, जाकिर हुसैन, जवाहरलाल नेहरू, अमरनाथ झा आदि प्रगतिशील लेखक संघ के दायरे से बाहर के थे। "हमारी संस्था में कोई बाहर का आदमी सभापति बने तो ज्यादा अच्छा हो"—प्रेमचन्द का यह वाक्य महत्त्वपूर्ण है। यह वाक्य 'संघ' से उनके मानसिक लगाव की अभिव्यक्ति है। इसके बाद भी यदि किसी को प्रगतिशील लेखक संघ से उनकी प्रतिबद्धता पर शक हो तो उनको कौन समझा सकता है? लखनऊ-अधिवेशन की अध्यक्षता के लिए सज्जाद ज़हीर आदि ने जो निश्चित रूप से चुनाव कर लिया था, वह कितना सही था, यह स्पष्ट है। यद्यपि प्रेमचन्द संगठन के फैलाव की दृष्टि से बाहर के आदमी को अध्यक्ष बनाना चाहते होंगे, लेकिन उस समय प्रतिबद्ध व्यक्ति की जरूरत ज्यादा थी। इसीलिए उन्होंने अंततः प्रेमचन्द को ही राजी कर लिया।

प्रगतिशील मंच से संघर्ष : 9-10 अप्रैल 1936 को लखनऊ में अखिल भारतीय प्रगतिशील लेखक संघ का अधिवेशन प्रेमचन्द की अध्यक्षता में संपन्न हुआ।

प्रेमचन्द जिस नवयुग का स्वागत कर रहे थे, जिस नवयुग का प्रारंभ करने के लिए मैदाने जंग में थे, उसके मूल्यों का उद्घोष उन्होंने प्रगतिशील लेखक संघ के अपने अध्यक्षीय भाषण में किया। सबसे पहले तो उन्होंने साहित्य को परिभाषित किया—"साहित्य उसी रचना को कहेंगे, जिसमें कोई सच्चाई प्रकट की गयी हो।" फिर उन्होंने यह भी कहा कि "साहित्य जीवन की आलोचना है।" वे जीवन से साहित्य का अभिन्न सम्बन्ध मानते हुए भी उसे यथावत नहीं स्वीकार करते, जीवन को वे आलोचनात्मक दृष्टि से देखते हैं, जिसका मतलब है कि जीवन की विवेचना करके समय की धारा के लिए प्रासंगिक वस्तुएँ ग्रहण करते हैं। समय के तकाजे से ही उन्होंने कला की भूमिका निर्धारित की—"भावोत्तेजक कला का अब जमाना नहीं रहा। अब तो हमें उस कला की आवश्यकता है, जिसमें कर्म का संदेश हो।" (वही) इसी प्रसंग में उन्होंने कहा—"मुझे यह कहने में हिचक नहीं कि मैं और चीजों की तरह कला को भी उपयोगिता की तुला पर तोलता हूँ।" (वही)

प्रेमचन्द ने सुंदरता को परखने के लिए नयी दृष्टि का सवाल उठाया। वास्तव में उन्होंने अपने कथा-साहित्य में जो विषय-वस्तु उठायी थी, वही नयी सौंदर्य-दृष्टि की माँग कर रही थी, क्योंकि सर्वथा नयी वस्तु और नये साहित्य-रूप की परख प्राचीन साहित्य शास्त्र के आधार पर नहीं हो सकती थी। जीवन और समाज के प्रति प्रेमचन्द का जो दृष्टिकोण था, वह भी सौंदर्य के नये मूल्य की अपेक्षा रखता था। इसलिए उन्होंने अपने लखनऊ भाषण में ही कहा—"हमें सुंदरता की कसौटी बदलनी होगी। अभी तक यह कसौटी अमीरी और विलासिता के ढंग की थी। हमारा कलाकार अमीरों का पल्ला पकड़े रहना चाहता था, उन्हीं की कद्रदानी पर उसका अस्तित्व अवलम्बित

था और उन्हीं के सुख-दुख, आशा-निराशा, प्रतियोगिता और प्रतिद्वंद्विता की व्याख्या कला का उद्देश्य था। उनकी निगाह अंतःपुर—और महलों की ओर उठती थी। झोपड़े और खँडहर उनके ध्यान के अधिकारी न थे। उन्हें वह मनुष्यता की परिधि के बाहर समझता था।'' इसके विपरीत प्रेमचन्द ने झोपड़ों और खँडहरों की व्यथा को अपना विषय बनाया और महलों को अपने व्यंग्य का निशाना। अतः सौंदर्य-दृष्टि का मूलतः बदलना अनिवार्य था। सौंदर्य के सम्बन्ध में प्रेमचन्द की दृष्टि की मुख्य बात यह है कि वे सौंदर्य को वस्तुगत मानते थे। उनके अनुसार—''सौंदर्य भी और पदार्थों की तरह स्वरूपस्थ और निरपेक्ष नहीं, उसकी स्थिति भी सापेक्ष है।'' (वही)।

लखनऊ-मंच से प्रेमचन्द ने साहित्य के जरिये जीवन में आस्था का संचार करने का आह्वान किया। जीवन में निराशा का संचार करनेवाला साहित्य निरर्थक है। उनके शब्द हैं—''हमारे लिए कविता के वे भाव निरर्थक हैं, जिनसे संसार की नश्वरता का आधिपत्य हमारे हृदय पर और दृढ़ हो जाए, जिनसे हमारे हृदय में नैराश्य छा जाए। वे प्रेम-कहानियाँ जिनसे हमारे मासिक पत्रों के पृष्ठ भरे रहते हैं, हमारे लिए अर्थहीन हैं, अगर वे हममें हरकत और गरमी नहीं पैदा करतीं।'' (वही) प्रेमचन्द का संपूर्ण साहित्य जीवन को ह्रास और पतन की ओर ले जानेवाली प्रवृत्तियों के खिलाफ संघर्षों के दौर में रचा गया है, इसलिए वह अदम्य जिजीविषा का साहित्य है।

प्रेमचन्द ने अपने अध्यक्षीय भाषण में सार रूप में कहा—''जीवन में एक नयी सुन्दरता की तलाश लेखकों को प्रेरित करेगी कि वे उस सामाजिक व्यवस्था को उखाड़ फेंकें, जिसमें एक व्यक्ति हजारों व्यक्तियों पर अत्याचार कर सकता है, मानवीय आत्मसम्मान उन्हें प्रेरित करेगा कि—वे पूँजीवाद, सैनिकवाद तथा साम्राज्यवाद के विरुद्ध विद्रोह का झंडा ऊँचा करें। फिर हमें इस सबके विरुद्ध अपनी गैर रजामंदी को कागज पर व्यक्त करके ही संतुष्ट नहीं हो जाना चाहिए। बल्कि हमें एक ऐसी सामाजिक व्यवस्था की स्थापना के लिए सक्रिय रूप से काम करना चाहिए, जो सुंदरता, सुरुचि तथा मानवीय महिमा का निषेध नहीं करती।'' इन पंक्तियों में जो आह्वान है, वह प्रेमचन्द को न केवल प्रगतिशील लेखक संघ से, न केवल प्रगतिशील साहित्य आंदोलन से बल्कि सामाजिक परिवर्तन के व्यापक आंदोलन से जोड़ता है। साम्राज्यवाद, पूँजीवाद और सैनिकवाद से लेखकों को इसलिए लड़ना है कि उन्हें जीवन में नयी सुंदरता की तलाश है। इस लड़ाई की अहमियत और जरूरत समझकर ही प्रेमचन्द ने लेखकों को लेखन के दायरे को लाँघकर नयी समाज व्यवस्था की स्थापना के लिए सक्रिय रूप से काम करने को प्रेरित किया। इस आह्वान में प्रेमचन्द की भाषा एकदम साफ है, दो टूक है। (इस प्रसंग में उल्लेखनीय है कि ये पंक्तियाँ पता नहीं क्यों प्रेमचन्द के भाषण के हिंदी रूपांतर में नहीं हैं। उनका भाषण मूल रूप में उर्दू में हुआ था। भाषण की उर्दू-प्रति में यह अंश है।)

प्रेमचन्द ने लखनऊ-मंच से जो साहित्य में नये मूल्यों के लिए संघर्ष किया,

उसका महत्त्व तत्कालीन हिंदी आलोचना के अंतस्संघर्ष पर नजर डालने से समझ में आता है। अनेक आलोचक छायावाद के विरोध में रीतिकालीन मूल्यों को स्थापित करना चाहते थे। कुछ लोग विद्यापति की भक्ति परक व्याख्या कर रहे थे। कुछ लोग प्रेमचन्द के ही सामाजिक यथार्थवादी, शोषण विरोधी नवजागरण से प्रेरित साहित्य का विरोध कर रहे थे। इन बातों की पृष्ठभूमि में प्रेमचन्द के लखनऊ भाषण की प्रगतिशील भूमिका समझी जा सकती है। वह भाषण प्रगतिशील लेखक संघ के घोषणा-पत्र की तरह ही प्रगतिशील आंदोलन का दिशा-निर्देशक दस्तावेज है, जिसका न केवल ऐतिहासिक, बल्कि सैद्धांतिक वैचारिक महत्त्व भी बरकरार है और आगे भी रहेगा।

संगठन के विस्तार की चिंता : यह जिक्र पहले ही हो चुका है कि प्रेमचन्द अपने को प्रगतिशील लेखक संघ के सांगठनिक ढाँचे के भीतर अधिवेशन के पहले से ही मानने लगे थे। अधिवेशन के बाद वे संगठन के विस्तार के लिए भी बहुत चिंतित थे। इससे तो संघ के आंदोलन से उनका लगाव और भी मालूम होता है। उन्होंने 'संघ' के सचिव सज्जाद ज़हीर को एक खत लिखा था, जिसमें विस्तार से संगठन के फैलाव के बारे में प्रयत्न करने को कहा था, इतना ही नहीं वे स्वयं भी जो प्रयत्न कर रहे थे, उसका जिक्र उन्होंने किया है। उन्होंने बनारस में संगठन की एक शाखा कायम करने की कोशिश की थी। उन्हें इस बात का भी अहसास था कि बनारस रूढ़िवाद का अड्डा है, फिर भी उनके लखनऊ भाषण और 'संघ' के अन्य दस्तावेजों में वह वैचारिक शक्ति थी कि कुछ समर्थक हासिल किये जा सकते थे। उन्होंने लिखा—"मैंने यहाँ एक ब्रांच (प्रगतिशील लेखक संघ) कायम करने की कोशिश की है। तुम उसके मुतअल्लिक जितना लिटरेचर हो वो सब भेज दो, तो मैं यहाँ के लेखकों को एक दिन जमा करके बातचीत करूँ, बनारस कदामतपरस्ती (रूढ़िवाद) का अड्डा है और हमें शायद मुखालफत का भी सामना करना पड़े। लेकिन दो-चार भले आदमी तो मिल ही जाएँगे जो हमारे साथ इश्तेहाक (सहयोग) कर सकें। अगर मेरी स्पीच (लखनऊ प्रगतिशील लेखक संघ-अधिवेशन का भाषण) की एक उर्दू-कापी भेज दो और उसका तर्जुमा अंग्रेजी में हो गया हो तो उसकी चंद कापियाँ और मेम्बरी फार्म की चंद परतें और लखनऊ-कांग्रेस की कार्यवाही की रिपोर्ट वगैरह तो मुझे यकीन है कि यहाँ शाखा खुल जाएगी।" इसके अतिरिक्त आंदोलन के विस्तार के बारे में उनकी व्यग्रता इन शब्दों में देख सकते हैं—"फिर मैं पटना भी जाऊँगा और वहाँ भी शाखा कायम करने की कोशिश करूँगा। आज बाबू संपूर्णानंद (संयुक्त प्रांत के तत्कालीन शिक्षा मंत्री) से इसी के मुतअल्लिक कुछ बातें हुईं। वो भी मुझी को आगे करना चाहते हैं।...बाबू जयप्रकाश नारायण से भी बातें हुईं, उन्होंने प्रोग्रेसिव अदबी हफ्तेवार (साप्ताहिक) हिंदी में शाया करने की सलाह दी, जिसकी उन्होंने काफी जरूरत बतायी। जरूरत तो मैं भी समझता हूँ, लेकिन सवाल पैसे का है। अगर हम

कई शाखें हिंदी वालों की कायम कर लें, तो मुमकिन है माहवार या हप्तेवार अखबार चल सके। अंग्रेजी अखबार का मसअला भी सामने है ही।...ये खबर बहुत मसर्रतनाक (प्रसन्नताजनक) है कि बंगाल और महाराष्ट्र में कुछ लोग तैयार हैं। हाँ, वहाँ सूबेजाती (प्रांतीय) कान्फ्रेंसें हो जाएँ तो अच्छा ही है और अगला जलसा पूना में ही होना चाहिए।...क्या बताऊँ, मैं ज्यादा वक्त निकाल सकता तो कानपुर क्या हरेक शहर में अपनी शाखें कायम कर लेता।'' उल्लेखनीय है कि उन दिनों प्रेमचन्द बहुत बीमार रहा करते थे, प्रेस की झंझट थी, ''फिक्रेमआश (रोजी की चिंता) भी करनी पड़ती'' थी फिर भी आंदोलन को फैलाने के लिए इतने तत्पर थे। ज्यादा समय नहीं दे पाने का अफसोस था उन्हें। यहाँ यह जिक्र करना भी गलत नहीं होगा कि दिल्ली के एक हिंदी सिने पत्र-संपादक ने प्रगतिशील लेखक संघ और खास करके प्रेमचन्द के द्वारा उसकी अध्यक्षता किये जाने पर एतराज किया था। उसने कहा था कि अधिवेशन की सदारत किसी नौजवान को करनी चाहिए थी, प्रेमचन्द जैसे बूढ़े आदमी को नहीं। सज्जाद ज़हीर के नाम लिखे उसी पत्र में प्रेमचन्द ने उसका जवाब देते हुए कहा था—''उस अहमक को यह नहीं मालूम कि यहाँ वही जवान है जिसमें प्रोग्रेसिव रूह हो, जिसमें ऐसी रूह नहीं, वह जवान होकर भी मुर्दा है।'' उस हालत में भी प्रेमचन्द की तत्परता और सक्रियता का कारण उनकी प्रोग्रेसिव रूह थी। यह तत्परता एक ऐतिहासिक जवाबदेही और प्रतिबद्धता के निर्वाह की चिंता की अभिव्यक्ति थी।

कुछ लोग यह भी कहते पाये जाते हैं कि प्रेमचन्द को तो प्रगतिशील लेखक संघ के नाम से ही एतराज था। ये लोग उनके लखनऊ-भाषण के इस अंश का सहारा लेते हैं—''प्रगतिशील लेखक संघ, यह नाम ही मेरे विचार से गलत है। साहित्यकार या कलाकार स्वभावतः प्रगतिशील होता है।'' डॉ. रामविलास शर्मा प्रेमचन्द के इस विचार की व्याख्या उनका वैचारिक अंतर्विरोध कहकर देते हैं, लेकिन वास्तव में यह उनका अंतर्विरोध नहीं, साहित्यकारों के बारे में उनकी सद्भावना और कामना की अभिव्यक्ति है। इन दो छोटे-छोटे वाक्यों को संदर्भ से काटकर पेश करने का प्रयत्न वास्तव में प्रेमचन्द को प्रेमचन्द के उद्देश्य के खिलाफ खड़ा करने की साजिश कुछ लोग करते हैं। उपर्युक्त दो वाक्यों के बाद का वाक्य है—''अगर यह उसका स्वभाव न होता तो शायद वह साहित्यकार ही न होता।'' इसका मतलब यह है कि प्रेमचन्द उम्मीद करते हैं कि हर साहित्यकार प्रगतिशील मूल्यों को स्वीकार करे। प्रेमचन्द उसी प्रसंग में कहते हैं कि ''वर्तमान मानसिक और सामाजिक अवस्थाओं से उसका (लेखक का) दिल कुढ़ता रहता है। वह इन अप्रिय अवस्थाओं का अंत कर देना चाहता है, जिससे दुनिया में जीने और मरने के लिए इससे अधिक अच्छा स्थान हो जाए।'' लेकिन सभी लेखक इस बात को नहीं मानते। लेखकों में यथास्थितिवादियों एवं रूढ़िवादियों की कमी नहीं, प्रेमचन्द को यह अच्छी तरह पता था। वे ऐसे लेखकों

को अनेक जगह फटकार चुके थे। लखनऊ-भाषण में ही उपर्युक्त पैरा में ही वे कहते हैं—"प्रगति या उन्नति से प्रत्येक लेखक या ग्रंथकार एक ही अर्थ नहीं ग्रहण करता। जिन अवस्थाओं को एक समुदाय उन्नति समझता है, दूसरा समुदाय असंदिग्ध अवनति मान सकता है, इसलिए कि यह साहित्यकार अपनी कला को किसी उद्देश्य के अधीन नहीं करना चाहता। उसके विचारों में कला केवल मनोभावों के व्यक्तीकरण का नाम है, चाहे उन भावों से व्यक्ति या समाज पर कैसा ही असर क्यों न पड़े?" क्या अब भी शक है कि प्रेमचन्द समझते थे कि लेखकों का एक समुदाय समाज से प्रतिबद्ध है, तो दूसरा व्यक्तिवादी है। इस प्रकार लेखक प्रगतिशील और प्रतिगामी होता है, सामाजिक और व्यक्तिवादी होता है। इसीलिए 'प्रगतिशील लेखक संघ' नाम की सार्थकता है। प्रेमचन्द को यदि प्रगतिशील लेखक संघ के नाम से एतराज होता, तो उसे फैलाने के लिए वे सक्रिय नहीं होते।

प्रगतिशील आंदोलन की अन्य समस्याएँ : प्रेमचन्द ने प्रगतिशील आंदोलन में वस्तुतः नेतृत्वकारी भूमिका ग्रहण कर ली थी, इसलिए आंदोलन की धारा से संबंधित विभिन्न समस्याओं पर वे सोच रहे थे और निदान भी प्रस्तुत कर रहे थे। वे राष्ट्रीय एकता की दृष्टि से हिंदी-उर्दू की एकता, हिंदी के स्वरूप, सांप्रदायिक एकता, विभिन्न भारतीय भाषाओं के समकालीन साहित्य को एक-दूसरे के नजदीक लाने की समस्या आदि को हल करने का रास्ता ढूँढ़ रहे थे। इन प्रश्नों पर उनके विचार आज भी प्रासंगिक हैं।

प्रेमचन्द राष्ट्रीय एकता के लिए प्रयत्नशील थे, लेकिन राष्ट्रीयता के बारे में उनका दृष्टिकोण उस समय के तमाम स्थापित लेखकों एवं कवियों से भिन्न था। उनके ये शब्द ध्यान देने योग्य हैं—"राष्ट्रीयता वर्तमान युग का कोढ़ है, उसी तरह जैसे मध्यकालीन युग का कोढ़, सांप्रदायिकता थी। नतीजा दोनों का एक है।" प्रेमचन्द का मतलब राष्ट्रीय दुराग्रह या उन्माद से है, जो अपने क्षेत्र के बाहर के संसार को शत्रु समझता है। प्रेमचन्द समझते थे कि "अंतर्राष्ट्रीयता मानव-संस्कृति और जीवन का बहुत ऊँचा आदर्श है।" लेखकों को तो वे खास तौर से देश और जाति से ऊपर मानते थे। शिवरानी देवी से गोर्की के चर्चा-प्रसंग में उन्होंने कहा था—"गोर्की इतना बड़ा लेखक था कि उसके बारे में देश या जाति का सवाल ही पैदा नहीं होता।" जाहिर है कि प्रेमचन्द राष्ट्रीय पक्षपात से मुक्त होकर राष्ट्रीय एकता की समस्या को हल करना चाहते थे।

राष्ट्रीय एकता में बाधक सांप्रदायिकता पर तो उन्होंने हमेशा चोट की है। उनकी धर्मनिरपेक्षता गाँधीजी की तरह 'सर्वधर्म समन्वय' नहीं, बल्कि सही माने में धर्मनिरपेक्ष थी, राजनीति का धर्म से कोई सम्बन्ध नहीं। उनकी दृष्टि में वैज्ञानिकता थी। गाँधीजी ने 1934 के भूकंप को पापों का परिणाम कहा था और प्रेमचन्द ने भूगर्भ की रासायनिक प्रक्रिया का परिणाम। इसमें जो दृष्टिगत भेद है, वह बुनियादी

भेद है। प्रेमचन्द ने 'सांप्रदायिकता और संस्कृति' नामक लेख में 1934 में ही आगाह किया था कि भारतीय संस्कृति के नाम पर रूढ़ियों को संरक्षण देनेवाले संप्रदायवादी हैं। ऐसे लोग राष्ट्रीय एकता नहीं कायम कर सकते।

राष्ट्रीय एकता में भाषायी अंतर्विरोध भी बाधक रहा है, खास करके हिंदी-उर्दू का। प्रेमचन्द का लेखकीय व्यक्तित्व अपने आप में हिंदी-उर्दू की एकता का प्रतीक है। उन्होंने समान निष्ठा एवं गति से दोनों भाषाओं में लिखा। उर्दू से शुरू करके वे यदि हिंदी में आये तो प्रमुखतः इस कारण कि व्यापक क्षेत्र में जनता तक अपनी बातें पहुँचाना चाहते थे। यों वे मानते थे कि दोनों भाषाएँ मूलतः एक ही हैं, दोनों तरफ के संकीर्णतावादी विद्वानों ने भेद उत्पन्न कर दिया और साम्राज्यवादियों ने भी इसमें आग में घी की तरह काम किया था। इस सम्बन्ध में प्रेमचन्द की समझ साफ-साफ यह थी कि जनता से कटे हुए, दूर पड़े हुए बुद्धिजीवी ही हिंदी-उर्दू में अलगाव उत्पन्न करते हैं। यदि वे जनता के नजदीक हों तो भाषा की एकता भी बढ़ेगी। यह एकता कायम करने का बुनियादी तरीका है, जिस पर प्रेमचन्द का ध्यान गया था। दोनों भाषाओं के लेखकों के मिलने-जुलने पर भी उन्होंने जोर दिया था। इस उद्देश्य से दिल्ली में स्थापित हिंदुस्तानी सभा का उन्होंने स्वागत किया था। वे हिंदुस्तानी के विकास के समर्थक थे। लेकिन दोनों भाषाओं की एकता वे व्यावहारिक स्तर पर कैसे हल करना चाहते थे, यह इन पंक्तियों में देखिए—"जब उर्दू का एक अदीब अपनी कोई रचना ऐसे समाज में पढ़ेगा, जिसमें हिंदी के लेखक भी शरीक हैं, तो वह ऐसी भाषा लिखने की कोशिश करेगा जो हिंदी वालों की समझ में आये। इसी तरह हिंदी का लेखक भी उर्दू के अदीबों की मण्डली में अपनी भाषा को सुबोध रखने पर मजबूर होगा।" भाषा की एकता के लिए लेखकों की एकता, मनुष्य की एकता मुख्य बात है। भाषा के साथ धर्म या मजहब को जोड़ने के तो वे एकदम खिलाफ थे। कुछ लोगों ने प्रेमचन्द पर यह आरोप लगाया था कि वे आसान उर्दू लिखने की बात तो करते हैं, लेकिन खुद कठिन उर्दू लिखते हैं। लेकिन प्रेमचन्द यांत्रिक ढंग से आसान भाषा लिखने की बात नहीं करते थे। इसे वे एक प्रक्रिया मानते थे और वह प्रक्रिया शुरू करने के लिए प्रयत्न करते रहे। यह व्यावहारिक तरीका आज भी सही है।

प्रगतिशील आंदोलन को वैचारिक और सांगठनिक दिशा एवं शक्ति देने के अतिरिक्त प्रेमचन्द ने सबसे अधिक शक्ति दी अपने रचनात्मक लेखन के जरिये। उनका संपूर्ण कथा-साहित्य प्रगतिशील मूल्यों का विनियोग प्रस्तुत करता है। भारत की आम जनता की समस्याओं का चित्रण करते हुए उन्होंने गुलामी, शोषण, सम्पत्ति का मोह एवं दम्भ, धार्मिक रूढ़ि एवं अंधविश्वास, छुआछूत आदि पर निर्मम प्रहार किये हैं। यह सब करते हुए उन्होंने सामाजिक यथार्थवादी साहित्य को जो कलात्मक ऊँचाई प्रदान की उस पर आज संपूर्ण भारतीय साहित्य गर्व कर रहा है। उनका साहित्य

इस बात का उदाहरण है कि कोई लेखन मात्र कला या शिल्प के बूते पर महानता का दर्जा नहीं पा सकता, बल्कि उसमें युग को मथने वाली वस्तु और मानव-समाज के महान ऐतिहासिक मूल्यों की प्रतिष्ठा होनी चाहिए। इसी कारण प्रेमचन्द अपने समकालीन एवं उत्तरवर्ती कथाकारों को छोड़कर आगे बढ़ जाते हैं। प्रेमचन्द के आखिरी दौर की कथा रचनाएँ—'पूस की रात', 'कफ़न', 'गोदान' आदि प्रगतिशील लेखक संघ के लखनऊ-अधिवेशन का भाषण और मृत्यु से कुछ दिन पूर्व लिखित 'महाजनी सभ्यता' ये सभी प्रेमचन्द की नयी चेतना की एकसूत्रता खुलकर व्यक्त करते हैं। यही चेतना प्रगतिशील आंदोलन का नेतृत्व करती है।

3

सज्जाद ज़हीर और प्रगतिशील आंदोलन

प्रगतिशील लेखक संघ का पहला यानी स्थापना-सम्मेलन 9-10 अप्रैल 1936 को लखनऊ में हुआ। इस सम्मेलन के संयोजक के रूप में और प्रथम महासचिव के रूप में सज्जाद ज़हीर का नाम इतिहास में अमिट हो चुका है। इस सम्मेलन की सदारत प्रेमचन्द ने की थी, इसलिए स्थापना-सम्मेलन और प्रेमचन्द दोनों ही एक-दूसरे के साथ ऐतिहासिक हो गये हैं। उर्दू और हिंदी ही नहीं, पूरे भारतीय साहित्य में प्रगतिशील लेखक संघ की स्थापना के साथ शुरू किए गये आंदोलन की ऐतिहासिक देन को, उसके प्रभाव से साहित्य की विकासधारा में आये परिवर्तन को आम तौर से सभी भाषाओं में लेखकों और इतिहासकारों ने स्वीकार किया है। आचार्य हजारी प्रसाद द्विवेदी ने अपने ग्रंथ 'हिंदी साहित्य : उद्भव और विकास' में कबूल किया है कि इसमें बड़ी सम्भावना है और इसकी व्यापकता और प्रभावपूर्णता की तुलना मध्यकाल के भक्ति-आंदोलन से की है। आज इसकी विरासत या इसके ऐतिहासिक दाय को अंगीकार करने के लिए अनेक संगठनों में होड़ मची है। यह एक बड़ा सबूत है कि देश के साहित्यिक सांस्कृतिक विकास को नयी दिशा देने में प्रगतिशील लेखक संघ ने कितनी महत्त्वपूर्ण भूमिका अदा की है।

प्रश्न यह है कि इतना बड़ा आंदोलन क्या सज्जाद ज़हीर और उनके कुछ दोस्तों के दिमाग की उपज है। इतिहास में व्यक्ति की भूमिका महत्त्वपूर्ण ही नहीं अनिवार्य होती है। किसी भी विचार को अंजाम देने के लिए किसी काम की शुरुआत के लिए या यह कहें कि किसी परिस्थिति में पल रही सम्भावना को घटित करने के लिए व्यक्ति या व्यक्ति-समूह के द्वारा पहल किए जाने और आगे अमली रूप देने की ज़रूरत तो होती ही है। समझना यह भी चाहिए कि किसी काम के अनुकूल परिस्थिति अपने-आप फलित नहीं होती, उसके लिए व्यक्ति और संगठन का सक्रिय होना अनिवार्य है। इसी अनिवार्यता का निर्वाह सज्जाद ज़हीर और उनके साथ काम करने वाले दोस्तों ने और फिर प्रगतिशील लेखक संघ और उसके पहले अध्यक्ष प्रेमचन्द ने किया। लेकिन उनकी इस ऐतिहासिक भूमिका के लिए पृष्ठभूमि बहुत पहले से

बन रही थी। यही कारण है कि 1935 में पेरिस-सम्मेलन से लौटकर लंदन में पढ़ने वाले भारतीय नौजवान लेखकों ने जो घोषणा-पत्र तैयार किया, उसका भारत के लेखकों के द्वारा आम तौर पर स्वागत किया गया।

1935 में पेरिस में संस्कृति की रक्षा के लिए लेखकों का सम्मेलन हुआ, जिसके संयोजकों में मैक्सिम गोर्की, रोम्यां रोलां आदि थे। यूरोप में इटली और जर्मनी फासीवाद के कब्जे में आ गये थे। स्पेन और पुर्तगाल में गृहयुद्ध चल रहा था। दूसरे विश्वयुद्ध के खतरे के बादल दुनिया के आकाश पर मँडरा रहे थे। हमारे देश में ब्रिटिश साम्राज्य के खिलाफ़ आज़ादी की लड़ाई निर्णायक दौर में पहुँच गयी थी। इसके साथ ही ज़मींदारों के ख़िलाफ़ किसानों के संघर्ष देश भर में चल रहे थे। आधुनिक भारतीय साहित्य वास्तव में राष्ट्रीय स्वाधीनता और जनतंत्र की लड़ाई के यथार्थ को आत्मसात करके ही आधुनिक स्वरूप ग्रहण करता है। इस तरह प्रगतिशीलता और आधुनिकता का अन्योन्याश्रित सम्बन्ध है। लंदन-सम्मेलन से लौटे नौजवान लेखकों—सज्जाद ज़हीर, मुल्कराज आनंद आदि ने सोचा कि हमारे देश में भी लेखकों को स्वतंत्रता और जनतंत्र की लड़ाई में अपनी असरदार भूमिका के लिए संगठित करना चाहिए। इसी सोच से प्रेरित होकर, उन्होंने एक घोषणा-पत्र तैयार किया, जिसमें डॉ. ज्योति घोष, डॉ. मुल्कराज आनंद, प्रमोद सेन गुप्त, डॉ. मुहम्मद दीन तासीर, और सज्जाद ज़हीर शामिल थे। (रौशनाई, पृ. 21) इस घोषणा-पत्र की विशेषता यह थी कि इसमें स्वतंत्रता, जनतंत्र आधुनिक समाज के मूल्यों को विकसित करने की बात कही गयी थी। इसमें परम्परा को नयी ज़रूरतों के मुताबिक समझने और आगे बढ़ाने का आग्रह किया गया था। ये ऐसे मूल्य हैं जो इस घोषणा-पत्र के पहले से लेखन में व्यक्त हो रहे थे। स्वयं सज्जाद ज़हीर कुछ महीनों के लिए 1931 में लौटकर भारत आये थे, तो उनकी पहल पर उर्दू में 'अंगारे' नाम से एक कहानी संग्रह छपाया था उन्होंने, जिसमें स्वयं सज्जाद ज़हीर की पाँच कहानियाँ थीं, डॉ. महमूदुज्जफर और उनकी पत्नी डॉ. रशीद जहां और अहमद अली की कुल दस कहानियाँ शामिल थीं। अंगारे के प्रकाशन ने लेखकों और पाठकों में तो हलचल पैदा की ही, मुस्लिम समाज के पुराणपंथियों में तो ज़बरदस्त प्रतिक्रिया और गुस्सा फैला। 'अंगारे' की अधिकांश कहानियों में गम्भीरता और ठहराव कम तथा सामाजिक प्रक्रियावाद और रूढ़िवादिता के ख़िलाफ़ आक्रोश ज़्यादा था। कई ऐन्द्रिय प्रसंगों में लारेंस और जॉइस का प्रभाव भी स्पष्ट झलकता था। प्रतिक्रियावादियों ने इन कहानियों के इन्हीं दोषों को पकड़कर 'अंगारे' और उसके लेखकों के ख़िलाफ़ बड़ा सख़्त प्रोपेगेण्डा किया। "हस्बे दस्तूर भी मस्जिदों में रिजोल्यूशन पास हुए। मौलवी अब्दुल मजीद दरियाबादी खम ठोंक कर हमारे ख़िलाफ़ अखाड़े में आ गये। हमें कत्ल करने की धमकी दी गयी और आख़िरकार संयुक्त प्रांत की हुकूमत से इस किताब को जब्त करवा दिया।" (रौशनाई, पृ. 26) ध्यान देने की बात है कि प्रगतिशील लेखन का मतलब है रूढ़िवादी और रजअत पसंद

सामाजिक प्रवृत्तियों के ख़िलाफ़ संघर्ष। इसका मतलब यह भी है कि पुरानी और नयी, मध्यकालीन और आधुनिक सामाजिक युक्तियों में टकराव होता है और लेखक प्रगतिशील लेखन और आधुनिक और जनतांत्रिक युक्तियों के पक्ष में खड़ा होता है। इनके पक्ष में खड़ा होना ख़ुद अपनी भावनाओं, अपने विचारों, अपनी संवेदनशीलता का इज़हार करने की आज़ादी के पक्ष में खड़ा होना होता है। प्रगतिशील आंदोलन ने लेखकों को और पूरे समाज को भी सोचने का आग्रह किया कि रूढ़िवाद और प्रतिक्रियावाद के पक्ष में साम्राज्यवाद और सामंतवाद के पक्ष में खड़े लेखक का साहित्य कैसा होगा।

लंदन का घोषणा-पत्र भारत में अपने कई दोस्तों को सज्जाद साहब ने भेजा जो विदेश की पढ़ाई ख़त्म करके पहले ही लौट आये थे। उनमें प्रमुख थे--डॉ. मुहम्मद अशरफ (अलीगढ़), महमूदुज्जफर और डॉ. रशीद जहां (अमृतसर) प्रो. हीरेन मुखर्जी (कलकत्ता), डॉ. यूसुफ हसन खाँ (हैदराबाद), हठी सिंह (मुम्बई) आदि। ये सभी लेखक नहीं थे, लेकिन प्रगतिशील थे। इन लोगों के पास घोषणा-पत्र भेजा गया यह सोच कर कि वे अपने सम्पर्क के लेखकों को दिखाएँगे और प्रगतिशील लेखक-आंदोलन संगठित करने में उनका सहयोग पाने की कोशिश करेंगे।

असल काम शुरू हुआ, जब सज्जाद ज़हीर सन् 1935 के अंतिम दिनों में स्वदेश लौटे। लौटते ही उन्हें महसूस हो गया कि भारत में उन दिनों ऐसा लेखक संगठन खड़ा करना और उसमें काम करना भी बहुत मुश्किल काम था, जो साम्राज्यवाद के खिलाफ़ आज़ादी के पक्ष में हो। इस प्रसंग में यह उल्लेखनीय अनुभव है। मुम्बई के बंदरगाह पर जहाज लगने के साथ ही उनकी मुलाकात कस्टम के अधिकारियों और पुलिस-अधिकारियों से ही नहीं, सी. आई. डी. के लोगों से भी हुई। घंटों तक उनके पासपोर्ट और काग़जात की ही नहीं, किताबों और कॉपियों के कई ट्रंक खोल कर एक-एक की जाँच की गयी और एक इंस्पेक्टर ने कहा कि वे यह सब ऊपर के आदेश से कर रहे हैं। रोचक बात है कि पुलिस बर्नार्ड शॉ की पुस्तक इंटेलिजेंट वीमेन्स गाइड टू सोशलिज़्म, रेम्जे मैक्डोनाल्ड की इंडिया, फेबियन सोसायटी के कुछ पर्चे, और फ्रांसीसी किताबें जब्त कर ले गयी। सज्जाद ज़हीर लिखते हैं--"वतन की धरती पर पाँव रखते ही अपनी आज़ादी और मानवीय अधिकार पर इस अशालीन और असभ्यतापूर्ण हमले ने बड़ी सफाई के साथ यहाँ की सामाजिक और राजनीतिक वास्तविकता के एक पहलू को रोशन कर दिया, जिसका ज्ञान तो मुझे था, लेकिन अभी तक इतना व्यापक और निजी अनुभव नहीं था। अंतर्राष्ट्रीय प्रतिक्रियावाद के जाल देश-देश में बिछे हुए हैं। मेरे भारत आने की सूचना मेरे परिजनों और मित्रों से पहले ही साम्राज्य के शिकारी कुत्तों को पहुँच गयी थी और उनकी नज़रों में मैं इसीलिए निगरानी का सजावार था।" (रौशनाई, पृ. 24)

प्रगतिशील लेखक संघ के संगठन और आंदोलन के लिए काम करने का दायित्व

अपने ऊपर लेते हुए सज्जाद ज़हीर ने मानसिक और बौद्धिक तैयारी भी की थी। यह काम सबसे पहले तो लंदन में रहते हुए या यूरोप के देशों में घूमते हुए ही उन्होंने किया था। इस तैयारी का मुकाबला सबसे पहले मुम्बई में हुआ। स्वदेश लौटने पर वे मुम्बई में एक-दो दिन ठहरे थे। इसी संक्षिप्त समय में उन्होंने मराठी और गुजराती के लेखकों से मिलने की कोशिश की। हठी सिंह ने उन्हें कन्हैयालाल माणिकलाल मुंशी और उनकी पत्नी लीलावती से मिलाया। दोनों ही गुजराती के प्रसिद्ध कथाकार थे। सज्जाद ज़हीर रौशनाई में लिखते हैं कि मुंशी जी ने प्रगतिशील लेखक संघ का घोषणा-पत्र तो हाथ में लेकर एक तरफ़ रख दिया और नेता की तरह भाषण देने लगे। उनके भाषण से एक बात यह स्पष्ट हुई कि वे खुद एक संगठन बनाना चाह रहे हैं, जो देश की सभी भाषाओं के लेखकों को एक मंच पर लाएगा। दूसरी बात उन्होंने यह बताई कि उर्दू वाले हिंदी के प्रसार को संदेह की दृष्टि से देखते हैं। इस संदेह को दूर करना चाहिए। सज्जाद साहब ने यह विचार रखने की कोशिश की कि विभिन्न भाषा-भाषियों और संस्कृतियों को एक साथ कर पाना क्या प्रगतिशील दृष्टिकोण के बिना संभव है। प्रगतिशील नज़रिये की चर्चा को मुंशीजी बड़ी सुंदर शैली में टाल देते थे। मुंशी जी प्राचीनता और प्राचीन गौरव के प्रेमी थे। सज्जाद ज़हीर उस युवावस्था में भी अच्छी तरह समझ रहे थे कि अवाम की अधिकार सम्पन्नता पर आधारित राष्ट्रीय स्वतंत्रता और राष्ट्रीय संस्कृति के विकास के जरिये एकता की बुनियाद बनायी जा सकती है। वे जनशक्ति, विवेक और वैज्ञानिक प्रवृत्तियों को उजागर करने के पक्ष में थे।

प्रगतिशील आंदोलन को जिन समस्याओं का मुकाबला करना था, उसकी झलक उन्हें कन्हैयालाल मुंशी से बात करने के समय मिल गयी थी। लंदन में मार्क्सवादी अध्ययन मंडल चलाते हुए वे अक्सर राल्फ फॉक्स, डेविड हर्स्ट, मॉरिस कोर्न फोर्थ आदि विद्वानों को बुलाया करते थे। ये वे विद्वान और लेखक थे, जिनको दुनिया भर में लोग पढ़ते थे। रॉल्फ फॉक्स तो बाद में स्पेन के गृहयुद्ध में जनता और जनतंत्र के पक्ष से लड़ते हुए शहीद हो गये। लंदन में रहते हुए ही सज्जाद ज़हीर उस समय अंग्रेजी के चर्चित कवि स्टीफेन स्पेंडर और ऑडेन से परिचित हुए थे। उन दिनों स्टीफेन स्पेंडर मार्क्सवाद और कम्युनिस्ट आंदोलन के साथ थे। सज्जाद ज़हीर इस समझ का अनुभव कर के आये थे। स्पेंडर और ऑडेन के उस समय प्रकाशित कविता-संग्रहों ने अत्यंत प्रतिष्ठित कवि और विचारक टी. एस. इलियट के द्वारा फैलाए गये धुंध और कुंठा के जाल को फाड़ कर समाजवादी मानववाद का भविष्य दिखाया था। इस प्रकार उन दिनों भारत में प्रगतिशील आंदोलन के लिए पहल करते हुए सज्जाद ज़हीर न केवल सैद्धांतिक रूप से, बल्कि रचनात्मक रूप से भी लेखकों से सम्पर्क, संवाद और विवाद करने में समर्थ थे। लेकिन जब वे यहाँ काम करने लगे तो उन्हें यह भी महसूस हुआ कि लेखकों को प्रगतिशीलता का संदेश देने वाले वे

पहले या अकेले व्यक्ति नहीं हैं। प्रेमचन्द से उनकी पहली मुलाकात इलाहाबाद में सन् 35 के दिसम्बर में हुई, जब प्रेमचन्द हिंदुस्तानी एकेडमी के एक जलसे में पहुँचे हुए थे। इस मुलाकात के अनुभव का निचोड़ सज्जाद ज़हीर के मन में इस तरह आया कि सज्जाद ज़हीर को प्रेमचन्द जैसे लेखक और व्यक्तित्व की तलाश थी। उधर प्रेमचन्द ने जब प्रगतिशील लेखक संघ का घोषणा-पत्र पढ़ा तो हंस में (फरवरी 1936) उसका अनुवाद छापते हुए लिखा कि यही वह चीज़ है, जिसकी तलाश वे कर रहे थे। इस प्रकार प्रेमचन्द और सज्जाद ज़हीर की मुलाकात और प्रेमचन्द तथा प्रगतिशील लेखक संघ का मिलन वास्तव में नदी की एक धारा का दूसरी धारा से मिलन था और इस संगम के बाद धारा और वेगवती होकर चली।

सज्जाद ज़हीर प्रगतिशील लेखक संघ के गठन के लिए सन् 36 की जनवरी में पंजाब गये। इससे पहले हीरेन मुखर्जी (कलकत्ता) और सिब्ते हसन (हैदराबाद) के पत्र आ चुके थे, जिनमें प्रगतिशील लेखक संघ के गठन की पृष्ठभूमि बन जाने का ज़िक्र था। लेखकगण, खास तौर से सामाजिक यथार्थ को अपने लेखन में व्यक्त करने वाले लेखक घोषणा-पत्र पर हस्ताक्षर कर रहे थे। लेकिन पंजाब का अनुभव कुछ दूसरे ढंग का था। पंजाब, जहाँ इकबाल जैसे शायर हो चुके थे। हाली और मुहम्मद हुसैन आजाद ने उर्दू नज़्म के इतिहास का पहला अध्याय लिखा और भी अनेक नाम थे। इसी के साथ यह भी उल्लेखनीय है कि जलियांवाला बाग कांड की आग अभी ठंडी नहीं पड़ी थी, उसे भगत सिंह की बेमिसाल शहादत ने अपने खून से और गर्म कर दिया था। सज्जाद ज़हीर इलाहाबाद से अमृतसर गये और अपने लंदन के मित्र डॉ. महमूदुज्जफर के घर ठहरे। वहाँ जब लेखकों से मिलने की बात होने लगी डॉ. रशीद जहाँ ने डॉ. महमूद के कॉलेज में अंग्रेज़ी के एक नये लेक्चरर का ज़िक्र किया और बताया कि वह बहुत समझदार है, हालाँकि वह बोलता बहुत कम है। उस नये और बहुत समझदार लेक्चरर का नाम डॉ. महमूद ने बताया—फ़ैज़ अहमद फ़ैज़। डॉ. महमूद ने यह भी कहा मैंने तुम्हारे आने से पहले ही फ़ैज़ से तरक्कीपसंद मुसन्निफीन के बारे में बातें कर ली हैं और तुम्हारा भी उनसे ज़िक्र कर दिया है।...आज साढ़े चार बजे फ़ैज़ चाय पर आ रहे हैं। (रौशनाई, पृ. 36) कल हम लोग लाहौर के लिए रवाना होंगे। मैंने इफ़्तिखार को इत्तिला कर दी है। फ़ैज़ को भी साथ जाना था, उनका घर वहीं था। तो पहले अमृतसर में उस दिन डॉ. महमूद के घर पर सज्जाद ज़हीर की मुलाकात फ़ैज़ से हुई और पहली बार डॉ. महमूद और डॉ. रशीद जहाँ को पता चला फ़ैज़ शाइरी भी करते हैं। इतना ही नहीं उस दिन की बातचीत में जब सज्जाद ज़हीर ने स्टीफेन स्पेंडर और ऑडेन के कविता-संग्रहों का ज़िक्र किया, तो उन्हें आश्चर्य हुआ यह जान कर कि फ़ैज़ इन कवियों को पढ़ चुके थे और उनकी खूबियों से भी परिचित थे। फ़ैज़ इलियट को भी पढ़ चुके थे और इलियट के काव्य की कुंठा और स्पेंडर और ऑडेन की कविताओं

के मानववादी मूल्य के फ़र्क को भी समझ रहे थे। इस तरह फ़ैज़ प्रगतिशील साहित्य और रज़अत पसंद साहित्य में टकराव और फ़र्क को समझते हुए प्रगतिशील आंदोलन की ज़रूरत और समस्याओं को समझ रहे थे। सज्जाद ज़हीर के लिए यह बात अचरजभरी खुशी की थी। लाहौर में इफ्तिखार साहब के घर पर जब सज्जाद ज़हीर और डॉ. महमूद लाहौर में अंजुमन बनाने पर विचार करने लगे तो डॉ. महमूद ने लाहौर के लेखकों, कलाकारों और दानिश्वरों की सूची डायरी से निकाल सज्जाद साहब के सामने रख दी और कहा कि इन लोगों से मिलो। इस पर सज्जाद ज़हीर ने कहा : ''तुम तो कहते थे कि तुम यहाँ के अदीबों को जानते ही नहीं। फिर इतनी बड़ी सूची कैसे बना ली।'' उसका उत्तर बड़ा रोचक है। ''तुम्हारे आने से पहले फ़ैज़ और मैं इस मामले को लेकर कई बार बात कर चुके हैं। मैं तो इनमें से एक दो से वाकिफ हूँ लेकिन फ़ैज़ अक्सर को व्यक्तिगत रूप से जानते हैं। उन्होंने यह सूची बनवाई है।'' (उपर्युक्त, पृ. 40) तो लाहौर में फ़ैज़ प्रगतिशील लेखक संघ बनाने के लिए सक्रिय थे। डॉ. महमूद ने आगे कहा : भई असल बात यह है कि फ़ैज़ के साथ पंजाब में प्रोग्रेसिव राइटर्स मूवमेंट ऑर्गनाइज़ करने के बारे में मैंने कई बार विस्तार से बातें की थीं इस पर सज्जाद साहब लिखते हैं : ''हालाँकि इस स्पष्टवादिता से मेरी अहं भावना को ठेस पहुँची लेकिन धीरे-धीरे यह सुखद सच्चाई भी ज़ाहिर होने लगी कि हमारे देश के हर भाग में प्रगतिशील साहित्यांदोलन एक अपरिहार्य घटना के रूप में उभर रहा था। हमारी संस्कृति के अतीत और वर्तमान को इस नये विकास की अपेक्षा थी। हम बाहर से कोई अजनबी दाना लाकर अपने खेतों में नहीं बो रहे थे। नये साहित्य के बीज हमारे देश के ही विवेकशील और देशभक्त बुद्धिजीवियों के मन में मौजूद थे। खुद हमारे देश की सामाजिक आबो-हवा ऐसी हो गयी थी, जिसमें नयी फसल उग सकती थी। प्रगतिशील साहित्यांदोलन का उद्देश्य इस नयी फसल को पानी देना, इसकी निगरानी करना और इसे परवान चढ़ाना था।'' (उपर्युक्त, पृ. 41) जिस सादगी और सरलता से सज्जाद ज़हीर ने एक नया और बड़ा आंदोलन शुरू करने के श्रेय को ठेस लगने की बात कबूल की है, उससे उनका बड़ापन ही प्रकट होता है। यों शुरू करने का श्रेय तो उनके खाते में जाता ही है, क्योंकि यह वे ही थे, जिनकी पहल पर घोषणा-पत्र यानी इतिहास में हस्तक्षेप करने का संकल्प तैयार किया गया, यह वे ही थे, जिन्होंने वह संकल्प देश भर के लेखकों को भेजा और यह वे ही थे, जो मुम्बई से इलाहाबाद और इलाहाबाद, अमृतसर और लाहौर गये थे। यह वे ही थे कि पाँव को गुदगुदाने वाली कालीन को छोड़कर एक नया रास्ता बनाने को दौड़ रहे थे। यह रास्ता बना बनाया नहीं था और आराम से चलने का तो बिल्कुल नहीं था। इसके साथ ही उपर्युक्त उद्धरण में वे एक वैज्ञानिक अध्येता की तरह परिस्थितियों के विकास की भूमिका को भी स्वीकार करते हैं। इसीलिए भौतिक परिस्थिति और व्यक्ति की भूमिका के संयोग के महत्त्व को वे इस तरह

व्यक्त करते हैं : "बहरहाल क्रांतिकारी तब्दीलियाँ पैदा करने में हिस्सेदारी इसके इतिहास-लेखन से ज्यादा दिलचस्प और उपयोगी है।" (रौशनाई–हर्फ-ए-आगाज, पृ. 18) वे इतिहास लिखने नहीं, इतिहास बनाने अर्थात् समाज में क्रांतिकारी तब्दीलियाँ पैदा करने में लग गये थे। वे यह अच्छी तरह समझते थे कि यह महान् काम केवल लेखन के जरिये, केवल साहित्यिक आंदोलन के जरिये अथवा केवल वैचारिक और सांस्कृतिक आंदोलन के जरिये नहीं किया जा सकता। इसीलिए वे स्वाधीनता-संग्राम में भी भाग ले रहे थे, वे कम्युनिस्ट आंदोलन में भी भाग ले रहे थे। वे मजदूर-आंदोलन में भी शरीक थे। इन सबके लिए उन्होंने आराम की ज़िंदगी का त्याग किया था।

इस शुरुआती अवस्था में ही सज्जाद ज़हीर को अनेक प्रश्नों का मुकाबला करना पड़ा, जैसे प्रगतिशील लेखक का क्या राजनीतिक आंदोलन में भाग लेना जरूरी है? क्या उनका कम्युनिस्ट या सोशलिस्ट होना जरूरी है? प्रेम सम्बन्धी कविता के बारे में इस तहरीक का क्या रुख है? पुराने क्लासिक साहित्य, मसलन शेक्सपीयर और ग़ालिब के प्रति इसका क्या रुख है? धर्म के प्रति इसका क्या रवैया है? मजदूर-किसानों की ज़िंदगी पर लिखे गये साहित्य की भाषा कैसी होनी चाहिए? आदि-आदि अनेक प्रश्न उठे। सज्जाद ज़हीर अपनी तैयारी और समझ के मुताबिक उत्तर दे रहे थे, लेकिन मुख्य बात यह थी कि वे बहस के लिए लोगों को जुटा रहे थे, प्रेरित कर रहे थे। लेकिन सबसे अधिक प्रेरणा तो लोगों को उस समय की परिस्थिति से मिल रही थी। "1935-36 के आसपास का जमाना हमारे देश के नौजवानों, बुद्धिजीवियों के लिए बहुत बड़ी मानसिक छानबीन, खोज, परिवर्तनों और जीवन की नयी राहें तलाशने का जमाना था।" (उपर्युक्त, पृ. 50) इस हाल में लेखक साहित्य में नयी राह तलाशने से अलग कैसे रह सकता था। हकीकत तो यह है कि प्रेमचन्द हिंदी-उर्दू ही नहीं पूरे भारतीय लेखक-समुदाय के लिए जीवन और साहित्य में एक नयी राह तलाशने का काम कर चुके थे। वे ऐसा लेखन कर चुके थे, जिसे समझने और महसूस करने के लिए सौंदर्य का नजरिया बदलने की ज़रूरत पैदा हो गयी। सज्जाद ज़हीर से मिलने के पहले ही नौजवान शायर फ़ैज़ अहमद फ़ैज़

और भी गम हैं जमाने में मुहब्बत के सिवा
राहतें और भी हैं वस्ल की राहत के सिवा

जैसी चीज़ें लिख चुके थे। गौर से इन पंक्तियों को देखें, तो समझ में आता है कि प्रगतिशील कविता असल में रचना के दायरे को फैलने का आग्रह करती है। इस तहरीक ने पूरी दुनिया और सारी ज़िंदगी को मनुष्य की सृजनशीलता के दायरे में लाकर साहित्य को समृद्ध किया। इस समृद्धि के ऐतिहासिक स्रोत की खोज सज्जाद ज़हीर करते हैं। वे कहते हैं–इतिहास गवाह है कि मानवीय चेतना और ज्ञान में

धीरे-धीरे वृद्धि हुई है। प्रकृति और समाज का ज्ञान आरम्भिक, अपूर्ण और एकांगी सतहों से गुजर कर ज़्यादा ऊँची और ज़्यादा भरी-पूरी सतहों पर पहुँचा है। किसी विषय को विभिन्न कोणों से देखकर ज़्यादा अच्छी तरह समझने की क्षमता हमारे भीतर धीरे-धीरे पैदा हुई है।

हमें अपने देश भारत को भी नये विचारों, नये सांस्कृतिक और साहित्यिक स्थानों के स्रोत उन ऐतिहासिक परिवर्तनों में ढूँढ़ना चाहिए, जो उन्नीसवीं शताब्दी के अंत में हमारे समाज में घटित हुए। किसी नयी घटना या नयी बात को इतिहास की रोशनी में देखने का यह सही नज़रिया है, जो विकसित होकर प्रगतिशील नज़रिया बनता है।

9-10 अप्रैल 1936 को लखनऊ के रिफाए-आम में प्रेमचन्द की सदारत में हुए सम्मेलन की जो रिपोर्ट या कहें संस्मरण सज्जाद ज़हीर ने लिखा है वह बेहद दिलचस्प और सम्मेलन की कार्यवाही को आज भी हमारी आँखों में मूर्त कर देने में कामयाब तो है ही, अनेक ऐसी बातों की जानकारी भी देता है, जिनसे इस तहरीक के खड़ा होने की वास्तविकता और उससे जुड़े प्रश्नों और व्यक्तित्वों के बारे में हम सही बात जान पाते हैं। लखनऊ का ऐतिहासिक सम्मेलन कुछ लेखकों की मेहनत से आयोजित किया गया, उसके पीछे न तो कम्युनिस्ट पार्टी का फैसला था और न उसकी कोशिश। सज्जाद ज़हीर, डॉ. महमूदुज्जफर, डॉ. रशीद जहां (जो अमृतसर से आये थे) मुख्य कार्यकर्ता थे। पंडित आनंद नारायण मुल्ला की मदद से रिफाए-आम का हॉल मुफ़्त मिल गया था। ये लोग कुछ चंदा करने निकले कूपन बेच कर। पाँच दस रुपये से ज्यादा कहीं मिलता नहीं। चौधरी मुहम्मद अली रुदौलवी ने सौ रुपये दे दिये तो वे गद्गद हो गये। लखनऊ में सज्जाद साहब के पिता का बड़ा मकान वज़ीर मंज़िल था, जो दो तिहाई खाली था, एक तिहाई में सज्जाद साहब के बड़े भाई रहते थे। प्रेमचन्द सहित दस-बारह अतिथि तो यहीं ठहर गये थे। कुछ और दोस्तों के यहाँ, कुछ होस्टल में। इस तरह मेहमान भी मुफ़्त में ठहर गये थे। प्रेमचन्द सहित सभी अतिथि अपने खर्च पर आये थे। जो चंदा हुआ था, उससे कुर्सियाँ किराये पर ली गयीं और अन्य काम किये गये, पोस्टर, प्रचार आदि के। इस तरह यह लेखकों के द्वारा आयोजित लेखकों का सम्मेलन साहित्य-संस्कृति को नयी दिशा देने के लिए था। हिंदी के लेखक बहुत कम थे। प्रेमचन्द तो हिंदी-उर्दू दोनों में थे। प्रेमचन्द के साथ जैनेंद्र कुमार पहुँचे थे और वज़ीर मंज़िल में ही ठहरे थे। शिवदानसिंह चौहान इलाहाबाद प्रगतिशील लेखक संघ के सदस्य थे और वहाँ से आये थे। लखनऊ में रहने वाले अमृतलाल नागर ज़रूर सम्मेलन में शामिल थे, लेकिन, वे तब इतने नये थे कि शायद सज्जाद ज़हीर से उनकी मुलाक़ात नहीं हो पाई, इसलिए उनके संस्मरण में नागरजी का ज़िक्र नहीं है। जैनेंद्र जी के बारे में जो सज्जाद साहब ने लिखा है,

वह देखने लायक है। पहले तो उन्होंने यह लिखा है कि...''इन तमाम बातों को ध्यान में रखते हुए बाबू जैनेंद्र कुमार की कान्फ्रेंस में शिरकत के लिए तशरीफ लाना हमारे लिए दुगुनी खुशी का बायस था।'' (उप.-23) उसके बाद वे लिखते हैं : ''उसके बाद जैनेंद्र कुमार साहब से मिलने का मुझे कई बार इत्तिफाक हुआ, और बड़ी-बड़ी बहसें और बातचीतें हुईं। वास्तव में उनकी प्रतिभा अपनी मिसाल आप है। बहस को उलझाने, आसमान का सिरा ज़मीन से मिलाने, एक ही साथ प्रगतिशीलता और प्रतिक्रियावाद, भौतिकता और अध्यात्म दोनों का पक्ष लेने में उन्हें दक्षता प्राप्त है। उनकी आस्था भगवद्गीता में भी है, आस्विल्ड, इश्येिंगलर के मृत्यु दर्शन में भी, जनतंत्र में और फ़ासिज़्म में भी। उनसे घंटों बात करने के बाद भी पता नहीं चलता कि वे किस चीज़ के कायल हैं और क्या कहना चाहते हैं? वे प्रगतिशीलों की कान्फ्रेंस और जलसों में बाकायदगी से शरीक भी होते हैं। लेकिन बहुत-सी बातों में उनके विरोधी भी हैं। जो ऐसे आदमी हैं कि न खुद दुखी होते हैं न दूसरों को दुख पहुँचाते।'' (उपर्युक्त, पृ. 23) लखनऊ-सम्मेलन की समाप्ति के बाद वज़ीर मंजिल में प्रेमचन्द के साथ सज्जाद ज़हीर, महमूदुज्जफर, रशीद जहाँ, फ़ैज़, डॉ. अलीम आदि बैठे थे। अब आयोजकों को चिंता थी कि जो चीज़ें किराये पर लायी गयी थीं, उनका किराया कहाँ से देंगे, लेकिन प्रेमचन्द खुश नज़र आ रहे थे। प्रेमचन्द ने स्नेहपूर्ण ढंग से कहा, ''भई तुम लोगों का इन्क़लाब करने के लिए तेज़-तेज़ चलना तो मुझे बहुत पसंद आता है। लेकिन मैं डरता हूँ कि कहीं तुम बेतहाशा दौड़ने लगे तो ठोकर खा कर मुँह के बल न गिर पड़ो। और मैं ठहरा बूढ़ा आदमी तुम्हारे साथ अगर मैं दौड़ा और गिरा तो मुझे बहुत ही चोट आ जाएगी।'' यह कह कर उन्होंने बड़े जोर का कहकहा लगाया और हम सब उनके साथ हँसने लगे।...''लेकिन कुछ भी हो हम तो अब आपका हाथ नहीं छोड़ते।'' रशीद ने हँसते-हँसते जवाब दिया। यह बातचीत भी बहुत मायने रखती है।

देश के आज़ाद होने के बाद पार्टी ने सज्जाद ज़हीर को कम्युनिस्ट पार्टी बनाने के लिए पाकिस्तान भेज दिया। यह एकदम भिन्न जवाबदेही थी और वे देश ही नहीं परिवार भी छोड़कर चले गये। वहाँ रावलपिंडी षड्यंत्र के तहत ने गिरफ्तार कर जेल में डाल दिए गये। 1955 में जेल से छूट कर भारत लौटे। और फिर यहाँ अपने काम में लग गये।

1956 में मैंने उन्हें पहली बार इलाहाबाद में देखा। इस वर्ष दिसम्बर में वहाँ विशाल साहित्यकार सम्मेलन हुआ था, जिसके संयोजक अमृतराय और सहसंयोजक डॉ. नामवर सिंह तथा कथाकार मार्कंडेय थे। मैं उन दिनों पटना विश्वविद्यालय में एम. ए. का छात्र था। नागार्जुन हम लोगों को समेट कर ले गये थे! इस सम्मेलन में सज्जाद ज़हीर भी थे। हम कुछ मित्रों ने उनसे पूछा–प्रगतिशील लेखक संघ को नये सिरे से संगठित करेंगे क्या? उन्होंने मुँह से पाइप को हटाकर कहा–देखिए,

ये जो लेखक आये हैं, प्रायः प्रगतिशील ही तो हैं। प्रगतिशील लेखक संघ तो है ही। उसकी उपलब्धि देखिए। इसके बाद और भी कई बार, शायद चार बार (दो बार पटना में 1968 और 1970 में, 1970 में ही इलाहाबाद में प्रगतिशील लेखक संघ की एक गोष्ठी में और 1973 में बांदा में केदारनाथ अग्रवाल के द्वारा आयोजित प्रगतिशील साहित्यकार-सम्मेलन में) उनसे मिलने और बातचीत करने के सुअवसर मिले। 1973 में ही अल्माअता में 13 सितम्बर को अफ्रो-एशियाई लेखक सम्मेलन में उन्होंने लेखकीय मोर्चे पर ही अन्तिम साँस ले ली। एक योद्धा के जीवन का अन्त अपने मोर्चे पर ही हुआ। लेकिन उनकी कीर्ति और उनका कृतित्व उन्हें हमारे साथ रखे हुए है। हम महसूस करते हैं कि वे हमारे साथ हैं और प्रेरणा दे रहे हैं।

4

प्रगतिशील परम्परा और डॉ. रामविलास शर्मा

1

प्रगतिशील आंदोलन से रामविलास शर्मा का सम्बन्ध ऐतिहासिक एवं पारिवारिक है, ऐसा कहा जा सकता है। ऐतिहासिक एवं पारिवारिक सम्बन्ध होने का मतलब यह हुआ कि वह सम्बन्ध एकदम स्वाभाविक है। इस स्वाभाविक सम्बन्ध का अर्थ यह भी होता है कि रामविलासजी की मानसिक बनावट का स्वरूप प्रगतिशील था और वह समाज और परिवार की परम्परा के प्रभाव से बना था। साहित्य में प्रगतिशील आंदोलन के संगठित होने के पहले रामविलास शर्मा की मानसिकता प्रगतिशील आंदोलन के लिए तैयार हो रही थी। इसलिए जब प्रगतिशील आंदोलन का उद्भव हुआ तो स्वभावतः रामविलासजी उसमें दाखिल हुए और प्रगतिशील आंदोलन उनका स्वाभाविक दायित्व बन गया। इस दायित्व-निर्वाह के कई दौर हैं, रामविलासजी के लगभग सत्तर वर्षों के लम्बे लेखन-काल में, जिससे प्रगतिशील आंदोलन में उनकी भूमिका की विविधता का अहसास होता है। मैं रामविलासजी की विविधतापूर्ण और समृद्ध भूमिका को तीन दौर से देखता हूँ। एक दौर है उनके व्यक्तित्व के निर्माण की प्रक्रिया का, जिसमें उनका प्रारंभिक लेखन-काल भी शामिल है। दूसरा दौर वह है, जब वे प्रगतिशील लेखक संघ के राष्ट्रीय महासचिव रहे। यह दौर काल की दृष्टि से बहुत छोटा है, 1949 में भिवंडी-अधिवेशन से 1953 के दिल्ली-अधिवेशन तक। भिवंडी में वे महासचिव निर्वाचित हुए और दिल्ली में उस पद से मुक्त हो गये। यह काल छोटा जरूर है, लेकिन रामविलासजी की भूमिका अत्यंत महत्त्वपूर्ण और विवादपूर्ण रही है। इस दौर का महत्त्व इस बात को लेकर है कि रामविलासजी ने आंदोलन के प्रसंग में उठनेवाले प्रश्नों का उत्तर देने की कोशिश की है। उस दौर में उठने वाले विवादों में उन्होंने जमकर भाग लिया। इस प्रसंग में उल्लेखनीय यह है कि उन्होंने यह भी दावा किया कि प्रगतिशील लेखक संघ का महासचिव होने के नाते उनके विचार आधिकारिक या प्रातिनिधिक माने जाने चाहिए। उनकी भूमिका का तीसरा दौर 1953 के दिल्ली अधिवेशन के बाद से अंत तक बहुत लम्बा, चलता है। तीन दौर और विविधता के बावजूद हर दौर की दिशा एक है।

रामविलासजी जैसे भारतीय स्वाधीनता-संग्राम में सन् 1857 की चेतना को मुख्य मानते हैं, वैसे ही ऐसा लगता है कि स्वयं रामविलासजी की चेतना के निर्माण में भी सन् सत्तावन की केंद्रीय भूमिका रही है। रामविलासजी का परिवार किसानों का था। इसकी चर्चा करते हुए उन्होंने 'घर की बात' में लिखा है, "अवध पर सीधा अंग्रेजी शासन 1856 में कायम हुआ, पर नवाबों के जमाने में ही अंग्रेज अवध के शासन में दखल देने लगे थे। उनकी इस नीति के कारण किसानों की हालत बिगड़ रही थी और उन्हें जीविका की खोज में गाँव छोड़कर बाहर जाना पड़ता था। मेरे पितामह लालता प्रसाद गदर में आठ-दस साल के रहे होंगे। गदर से पहले उनके पिता जवाहर (रामविलासजी के प्रपितामह) फौज में भर्ती हुए थे, गदर के कुछ साल बाद वह (रामविलासजी के पितामह) भी उनके पास पहुँच गये और फौज में भर्ती हुए।" इस प्रकार रामविलासजी के पितामह और प्रपितामह दोनों ही अंग्रेजी फौज में थे। किसानों की हालत खराब होने पर वे फौज में भर्ती हुए थे। रामविलासजी के पितामह के सौतेले भाई पुलिस की नौकरी में थे। उनके पिता का जन्म देवली में 1876 में हुआ था, जहाँ रामविलासजी के पितामह रहा करते थे। लेकिन शुरू में दो वर्ष देवली में रहने के बाद रामविलासजी के पिता गाँव आ गये थे। गाँव में खेती करते थे, लेकिन खेती कुछ ज्यादा थी नहीं। यह परिवार साधारण साधनों वाला था और जीवन कष्ट में ही बीतता था। पिता बाद में मुम्बई गये और वहाँ से मालवा, बुंदेलखंड में कई जगह ठेकेदारी की। वह बाँदा में भी कुछ दिन रहे थे। एक बार तीन साल लगातार गाँव में रहे तब की हालत का वर्णन करते हुए रामविलासजी लिखते हैं, "इस तरह वह एक बार तीन साल तक गाँव में रहे और खेती करते रहे। इस अवधि में उन्हें परिवार के साथ कभी-कभी अकाल के कारण काफी कठिनाइयों का सामना करना पड़ा। दूर-दूर के बाजारों से, जहाँ मोटा अनाज सबसे सस्ता मिले वह सिर पर ढोकर लाते थे। घर की स्त्रियाँ आम की गुठलियों के भीतर के कोये निकालकर सुखा लेती थीं, फिर उन्हें पीसकर आटे में मिला लेती थीं।" इस प्रकार कष्टमय पारिवारिक विरासत रामविलासजी को मिली थी। यहाँ इन बातों के उल्लेख का सीधा यह मतलब नहीं है कि इसी पृष्ठभूमि के कारण उनका प्रगतिशील आंदोलन और कम्युनिस्ट आंदोलन से लगाव हो गया। यह सम्बन्ध या लगाव इतना सरल तो होता नहीं है। बहुतेरे लोग निर्धन परिवार में पलकर भी शोषणमूलक व्यवस्था के समर्थक बने रहते हैं। लेकिन रामविलासजी के व्यक्तित्व को देखते हुए यह बात ध्यान में आती है कि पारिवारिक परिस्थिति और विरासत की भूमिका अवश्य ही उनकी चेतना के निर्माण में रही।

1857 से तो इनका सम्बन्ध ननिहाल की ओर से भी था। एक जगह लिखते हैं, "मामा बताते थे कि उन्होंने सन् 1857 के 'गदर' में बहुत रुपया लूटा था और उनसे गाँव में एक हाता लेकर एक अच्छा मकान बनवाया था। जब अंग्रेजों का सिक्का

फिर से जमा तो वहाँ फौज गयी और घर को घेर लिया। तब वह अपनी माँ को पीठ पर लादकर पिछवाड़े से किसी प्रकार भाग गये थे।...सैनिकों ने अपना क्रोध चौखट पर उतारा और उस पर अपने हथियारों के निशान छोड़ गये।" इस परिवार में ही पहले-पहल इन्हें 1857 के अत्याचार और जुल्म की कहानियाँ सुनने को मिलीं।

किसानी और फौजी विरासत के अतिरिक्त एक बात और थी। रामविलासजी स्वयं लिखते हैं, "हमारे बाबा बड़े साहित्य-प्रेमी थे। उनके साथ हमने बाल भागवत और सुख सागर छह-सात साल की उम्र में पढ़ी थी।" इस प्रसंग में एक बात और उल्लेखनीय है—रामविलासजी बैसवाड़े के रहने वाले थे। वे कहते हैं, "और हिंदी के महान् साहित्यकार सूर्ज कुमार तिवारी—उर्फ सूर्यकांत त्रिपाठी निराला—हमारे गाँव से ढाई-तीन मील के फासले पर रहते थे, यह तुम्हें मालूम होगा।" जाहिर है कि बैसवाड़े की साहित्यिक परंपरा भी रामविलासजी की चेतना में सक्रिय है। वह परंपरा ऐतिहासिक रूप से असाधारण है; उसमें निराला के पहले आचार्य महावीर प्रसाद द्विवेदी हैं।

झाँसी में पढ़ते हुए रामविलासजी का परिचय कुछ क्रांतिकारियों से भी हुआ। उनके भाई भगवानदीन शर्मा ने विस्तार से वहाँ का वृत्तांत लिखा है। वहाँ एक थे मास्टर रुद्रनारायण, जो लड़ाई का तरीका बताते थे। इस प्रशिक्षण का उद्देश्य था अंग्रेजों को मार भगाने के लिए क्रांतिकारी ढंग से लड़ना सिखाना। मास्टर रुद्रनारायण के यहाँ भगवानदीन जी को एक नौजवान मिला, जिसने अपना नाम शचींद्रनाथ बख्शी बताया, जो छद्म नाम था। बख्शी ने उन्हें दो-एक क्रांतिकारी किताबें दीं और "कुछ क्रांतिकारियों के कारनामे बताते रहे।" भगवानदीन शर्मा जी लिखते हैं, "बख्शी के यहाँ भगवानदास, सदाशिव या जीवनलाल या और लोग कब आते थे, कब मिलते थे, पता नहीं।....हम जीवनलाल के यहाँ आते-जाते रहते। उसने हमें बताया कि आजकल मास्टर रुद्रनारायण के यहाँ न जाना, वहाँ सर्च वगैरह हुई है।" फिर आगे यह महत्त्वपूर्ण वाक्य लिखा है, "एक दिन जीवनलाल ने बताया; आज हम काकोरी केस वालों को रेल पर बिठाने गये थे। वे लोग छिपे-छिपे फिर रहे हैं। सी. आई. डी. उनके पीछे लगी है।" (घर की बात)

1857 के स्वाधीनता संग्राम से लेकर काकोरी कांट के क्रांतिकारियों तक रो किसी-न-किसी तरह सम्पर्क और पारिवारिक तथा अपने क्षेत्र बैसवाड़े की साहित्यिक परम्परा ने रामविलासजी की प्रगतिशील चेतना और क्रांतिकारी संघर्षों की जीवन्त परम्परा को विकसित करने का दायित्व सौंपा।

इन सबके साथ ही अपने लेखकीय अनुभवों का जिक्र करते हुए रामविलासजी बताते हैं कि उन्होंने शुरुआती दौर में ही 'सूर्यास्त' नाम का नाटक लिखा था, जिसमें राणा प्रताप की कथा है। एक जगह राणा प्रताप कहते हैं—"भविष्य का चित्र बड़ा ही मलिन है। उन झोंपड़ियों के स्थान में जिनमें मैंने स्वतंत्रता की कामना की और सब कुछ खोकर भी अपने आपको धन्य माना, जिनमें जातीयता का क्षीण दीपक

जला दिया। कल मेरे पीछे ही गगनचुम्बी प्रासाद उठ खड़े होंगे, उन गरीब कुटियों का चिह्न भी न रहेगा। दासता के कीट यहाँ मनुष्यता का अपमान करेंगे।" यह कथन साफ-साफ कह रहा है कि रामविलासजी की चेतना कैसा स्वरूप ले रही थी। राणा प्रताप के कथन की भाषा ही नहीं, चेतना भी क्रांतिकारी और प्रगतिशील दिशा ले रही थी। उस चेतना में झोंपड़ियों और उनमें रहनेवाले गरीबों के जीवन में भविष्य की दृष्टि से स्वतंत्रता की उपासना करने की बात मुखर होती है। इसी प्रसंग में रामविलासजी का यह कथन भी ध्यान देने योग्य है, "जब मैं 'सूर्यास्त' लिख रहा था, तब मेरा कुछ-कुछ विचार ऐसा था कि ईश्वरीय शक्ति मनुष्य के विरुद्ध है, क्योंकि उसने मनुष्य को इतनी परिमित शक्ति बनाया है कि न तो वह स्वतंत्रतापूर्वक आशाएँ ही कर सकता है, न स्वेच्छित आदर्श तक ही पहुँच सकता है। इस निराशा का क्या उत्तर हो सकता है?" रामविलासजी इस प्रश्न का उत्तर 'सूर्यास्त' में ही एक नारी पात्र, विजया, से दिलवाते हैं, "यदि यह अदृश्य शक्ति हमसे शत्रुभाव ही रखती है, तो क्या हमें उसके सामने डरकर शीष झुका देना चाहिए? क्या किसी दशा में भी कायर होना सहन किया जा सकता है?" इस प्रश्न का उत्तर रामविलासजी ढूँढ़ते हैं। केवल प्रश्न उठाना काफी नहीं है। प्रश्न उठाना यदि जीवन्तता है, तो प्रश्न का उत्तर पा लेना एक दिशा तय करके उस ओर आगे बढ़ना है। केवल प्रश्न निराश करता है। रामविलासजी आगे कहते हैं, "जिस मनुष्य के भीतर दृढ़ व्यक्तित्व है, खाने-पीने, सो रहने की जो मशीन नहीं है, वरन विचारों द्वारा जिसने अपनी आत्मा (self) को बना लिया है, उसके लिए अपने आदर्श से गिरना अपने व्यक्तित्व को मिटाने के ही समान है।" (घर की बात)। यह एक बनते हुए लेखक का आत्मसंघर्ष है और यह आत्मसंघर्ष अपने व्यक्तित्व बनाने का एक महत्त्वपूर्ण जरिया है और व्यक्तित्व बनाने का उद्देश्य है अपने आदर्शों को व्यावहारिक रूप देने की वैचारिक दृढ़ता हासिल करना।

ऐसे व्यक्तित्व और दिशावाले युवा लेखक रामविलास शर्मा ने 1934 में निराला पर एक लेख लिखा। निराला पर पक्ष-विपक्ष में इससे पहले भी लिखा गया था। लेकिन इस लेख से एक तरफ निराला को सुसंगत ढंग से समझने की शुरुआत होती है, तो दूसरे प्रगतिशील आलोचना का व्यावहारिक रूप भी सामने आता दिखता है। इस लेख में निराला के काव्यात्मक यथार्थ को समझने की चेष्टा की गयी है, जिसके पीछे रामविलासजी की जो समझ काम कर रही थी उसका जिक्र अपने भैया के नाम एक पत्र में सन् 1932 में उन्होंने किया है। डॉ. जानसन के हवाले से वे कहते हैं कि जीवन को जानने के पहले देखना चाहिए। वास्तविकता का ज्ञान किताब से नहीं, जीवन से होता है। रामविलासजी उन दिनों एम. ए. करने के बाद लखनऊ में शोधकार्य कर रहे थे। 1938 में लखनऊ विश्वविद्यालय में अध्यापक का काम करने लगे। इसके बाद के बारे में वे खुद लिखते हैं, "1943 में मैं बम्बई में था—अमृतलाल नागर के

यहाँ। कुछ समय के लिए कम्युनिस्ट पार्टी की पहली कांग्रेस में मैंने पूरनचंद जोशी और बी. टी. रणदिवे के भाषण सुने, प्रगतिशील लेखक सम्मेलन में अध्यक्ष डांगे तथा हीरेन मुखर्जी, अली सरदार जाफरी के भाषण सुने, देखा कि इसमें दो-तीन से अधिक हिंदी-लेखक नहीं हैं; लखनऊ आने पर प्रोफेसर सिद्धांत ने कहा, तुम्हारे लिए आगरे के एक कॉलेज में व्यवस्था कर दी है और मैं जुलाई में आगरा आ गया।'' (घर की बात) लखनऊ में रहते हुए सन् 1936 में लखनऊ के प्रगतिशील लेखक-संघ के अधिवेशन में रामविलासजी शामिल नहीं हो सके थे, यह स्पष्ट है। लेकिन क्यों नहीं शामिल हो सके, इसका कोई कारण कहीं चर्चित नहीं है। ऊपर के उल्लेख से स्पष्ट है कि 1943 तक आते-आते वे कम्युनिस्ट पार्टी के सदस्य हो गये थे, किसी तरह कहीं से प्रतिनिधि या पर्यवेक्षक भी चुने गये होंगे, तभी तो पार्टी के प्रथम अधिवेशन में शामिल हो पाए। जिस प्रगतिशील लेखक संघ के सम्मेलन का जिक्र है, वह सम्भवतः तीसरा अधिवेशन था। एस. ए. डांगे उसके मराठी खंड के अध्यक्ष थे। उसी में उन्होंने 'जनता का साहित्य' शीर्षक से एक व्याख्यान दिया था, जो प्रकाशित भी है। इस प्रकार हम देखते हैं कि अब रामविलासजी प्रगतिशील आंदोलन के विकास में अपनी भूमिका निभाने की शुरुआत करते हैं। तब तक निराला पर उनकी पहली पुस्तक तो नहीं आयी थी। लेकिन एक आलोचक के रूप में वे सामने आ गये थे।

'नया साहित्य' का 'निराला अंक' निकला था। उसके बारे में रामविलासजी के छोटे भाई मुंशी ने लिखा, ''उसे लोग तुम्हारे लेखों की पुस्तिका कहते हैं।'' (कई नामों से लेख लिखे थे।) यह 'निराला अंक' निकालने में रामविलासजी की अहम भूमिका थी। मुंशी ने उसी पत्र में लिखा : 'गिरिजा कुमार सिन्हा ने राजीव से कहा—''रामविलास, तुम लोगों की तरह साहित्यिक थोड़े ही हैं, वह भी साहित्यिक होते तो 'निराला अंक' न निकल पाता।'' इस सबसे रामविलासजी की सक्रियता का पता चलता है। वह सक्रियता केवल कलम के जरिए नहीं, बल्कि लेखन से अलग व्यावहारिक कार्यों में भी है।

2

रामविलास जी ने एक लेख में लिखा है, ''मैं क्रमशः संयुक्त प्रांतीय और प्रगतिशील लेखक संघ का मंत्री भी रह चुका हूँ। इसलिए एक हद तक मेरी आलोचनाएँ उस समय की प्रगतिवादी मान्यताओं का प्रतिनिधित्व करनेवाली मानी जा सकती हैं।'' (मार्क्सवाद और प्रगतिशील साहित्य, पृ. 312) संगठन, लेखन और सामाजिक-राजनीतिक क्षेत्रों में अत्यधिक सक्रिय होने के बावजूद रामविलासजी अत्यंत विवादास्पद बने और उन्हें आलोचकों में सर्वाधिक विरोध झेलना पड़ा, उसका मुख्य कारण मेरी समझ से रामविलासजी की उपर्युक्त धारणा ही है—''मेरी आलोचनाएँ उस समय की प्रगतिवादी मान्यताओं का प्रतिनिधित्व करनेवाली मानी जा सकती हैं।'' इस धारणा का सीधा

मतलब होता है कि अन्य प्रगतिशील या मार्क्सवादी आलोचकों की मान्यताओं को गलत मानना चाहिए। लेकिन आलोचना के क्षेत्र में, मान्यता के क्षेत्र में क्या यह संभव है कि किसी एक व्यक्ति की आलोचना या मान्यताओं को प्रतिनिधि के रूप में स्वीकार कर लिया जाए? मेरे विचार से यह उचित नहीं है। औचित्य का सवाल मैं सामाजिक या नैतिक दृष्टि से नहीं, आलोचना या विचार की प्रक्रिया की दृष्टि से उठा रहा हूँ। बात यह है कि एक विचार-पद्धति या अध्ययन-पद्धति अपनाने वाले लोगों की विचार-प्रक्रिया एक ही हो, यह जरूरी नहीं है। इसलिए वे एक ही निष्कर्ष पर पहुँचेंगे यह भी जरूरी नहीं होता। यह सब कुछ निर्भर करता है मानसिक बनावट पर और किसी वस्तु को कोई कैसे ग्रहण करता है, इस पर भी। इसलिए विचारों की दुनिया में किसी के भी विचार या मान्यता को प्रतिनिधि विचार या मान्यता नहीं माना जा सकता। इस प्रसंग में एक और बात बहुत महत्त्वपूर्ण है। किसी रचनाकार या रचना के बारे में किसी आलोचक के निर्णय या मूल्य-निर्णय को लेखक संघ का सामूहिक निर्णय नहीं माना जा सकता। एक और बात ध्यान देने की है। नागार्जुन, मुक्तिबोध, केदारनाथ अग्रवाल, शमशेर, त्रिलोचन और शिवमंगल सिंह सुमन, इन छह कवियों को ले लें। सभी सामाजिक प्रतिबद्धता के कवि हैं, सभी अपने मुख्य रचनात्मक क्षेत्र में कम्युनिस्ट रहे हैं। समाजवाद के ऐतिहासिक ध्येय को सभी मानते रहे हैं। वे सभी मजदूरों और किसानों से लगाव रखने और महसूस करनेवाले हैं। लेकिन इनमें कोई एक दूसरे जैसा नहीं है। सबके काव्य का स्वरूप ही भिन्न नहीं है, काव्य की अंतर्वस्तु भी भिन्न-भिन्न है। अंतर्वस्तु के प्रति इन कवियों के उपचार और भाषा-शिल्प आदि तो भिन्न-भिन्न हैं ही। रचनात्मक दृष्टि से यही उनकी निजता और विशेषता भी है। इस भिन्नता और निजता का कारण मुख्य रूप से यह है कि जीवन और समाज को वे सभी एक ही रूप और ढंग से नहीं ग्रहण करते। इसी प्रकार सभी आलोचक, यहाँ तक कि मार्क्सवादी आलोचक भी सभी रचनाकारों एवं रचनाओं को एक तरह से नहीं ग्रहण करते। इसलिए उनका विश्लेषण अलग हो सकता है तथा निष्कर्ष या मूल्य-निर्णय भी। आलोचना-प्रक्रिया की यह भिन्नता वास्तव में कुल मिलाकर रचना के भिन्न-भिन्न पक्षों और पहलुओं को उजागर करती है। उससे आलोचना समृद्ध ही होती है। आलोचना में विश्लेषण की प्रक्रिया का ज्यादा महत्त्व है, निष्कर्ष का कम। आलोचना जब निर्णय-प्रधान होती है, तो मामला गड़बड़ हो जाता है। आलोचना कोई न्यायिक प्रक्रिया नहीं है और न आलोचक कोई जज होता है।

यहाँ रामविलासजी की आलोचना-पद्धति का विवेचन-अध्ययन का मुख्य उद्देश्य नहीं है। यह एक अलग विषय है। मैं यह कहने का प्रयत्न कर रहा हूँ कि कोई आधिकारिक आलोचनात्मक मंतव्य नहीं माना जा सकता। लेकिन दुखद यह है कि आलोचकों और रचनाकारों तक में यह प्रवृत्ति देखी जाती रही है कि अमुक की राय

आधिकारिक राय है। इस मानसिकता से लोगों को मुक्त हो जाना चाहिए।

रामविलास शर्मा ने एक मार्क्सवादी आलोचक के रूप में तब काम शुरू किया, जब हिंदी में कोई विकसित आलोचना-पद्धति नहीं थी। इसकी कोई परम्परा नहीं थी। रामविलासजी और शिवदान सिंह चौहान ने लगभग एक ही दौर में आलोचना के क्षेत्र में प्रवेश किया। ये दोनों ही अपनी-अपनी समझ के मुताबिक अपना-अपना आलोचना-कर्म कर रहे थे। इस दौर की परिस्थिति की व्याख्या करते हुए रामविलासजी ने लिखा है, "सन् 30 के बाद हिंदी-साहित्य में व्यापक और बुनियादी परिवर्तन हुए।...यह परिवर्तन यथार्थवाद की ओर है।" (मार्क्सवाद और प्रगतिशील साहित्य, पृ. 54)। अपना आलोचना-कर्म और आलोचना-दृष्टि विकसित करते हुए रामविलासजी परिस्थिति और यथार्थ की मुख्य प्रवृत्ति को समझने की कोशिश करते हैं। आगे चलकर ही सही, उस दौर के बारे में वे लिखते हैं, "तब तक प्रगतिशील लेखक संघ का जन्म न हुआ था। यथार्थवाद का विकास अपने आप हो रहा था। यह विकास रीतिकालीन परम्पराओं का विरोध करके और पूँजीवादी यथार्थवाद की सीमाएँ लाँघकर हो रहा था। इससे जाहिर होता है कि नये साहित्य का संगठित विकास करने के लिए जमीन तैयार थी।" (मार्क्सवाद और प्रगतिशील साहित्य, पृ. 55)

रामविलास जी ने इस जमीन पर पनप रहे प्रगतिशील साहित्य की समीक्षा तो की है, प्रगतिशील आंदोलन के प्रसंग में उठ रहे प्रश्नों का जवाब भी देने की कोशिश की। कहना चाहिए कि उन दिनों उठ रहे प्रश्नों का उत्तर देना अपना वैचारिक और सामाजिक दायित्व भी समझा। इस दृष्टि से उनका हस्तक्षेप महत्त्वपूर्ण है। अपने इस दायित्व की पूर्ति की प्रक्रिया में रामविलासजी कुछ बातों को या कुछ मान्यताओं को बुनियादी मान्यताओं की तरह ध्यान में रखते हैं। एक बात तो है, यथार्थवाद को हमेशा ध्यान में रखना। इसी प्रसंग में यह बात वे ध्यान में रखते हैं कि प्रगतिशील साहित्य और उसका आंदोलन सामाजिक बदलाव के लिए है, इसलिए भारतीय समाज के मेहनतकशों यानी किसानों और मजदूरों की जिंदगी के यथार्थ को चित्रित करना आवश्यक है। तीसरी बात है विचारधारा यानी रूढ़िवादी एवं प्रतिगामी विचारधारा के विरुद्ध प्रगतिशील और वैज्ञानिक विचारधारा के अनुसार साहित्य-सृजन करना। क्रांतिकारी आंदोलन और कम्युनिस्ट आंदोलन के प्रति रुख को भी कई बार वे आलोचना के मानदंड के रूप में उपयोग में लाते दिखते हैं। कुल मिलाकर रचना के विश्लेषण एवं व्याख्या के अतिरिक्त वे अपनी प्रतिबद्धता को भी आलोचना का आधार बनाते हैं। वास्तव में अपनी प्रतिबद्धता के आधार पर ही तो वे अपने समय में उठे हुए प्रश्नों का उत्तर देने का प्रयत्न कर रहे थे। यह वास्तव में उनके वैचारिक संघर्ष का एक रूप था।

प्रगतिशील आंदोलन पर एक आरोप यह था कि यह विदेशी कलम यहाँ लाकर लगा दिया गया जिसके लिए यहाँ अनुकूल हवा-पानी नहीं है। इस प्रसंग में रामविलासजी

का यह कथन ध्यान देने योग्य है, "प्रगतिशील साहित्य विदेशी साहित्य का अनुकरण है, अराष्ट्रीय है, यह प्रचार मिथ्या है। हम दूसरे देशों के प्रगतिशील साहित्य से सीखते हैं। हमारे महान लेखकों में ऐसा कौन है जिसने यह नहीं किया? किन्तु प्रगतिशील साहित्य जनता की राष्ट्रीय और लोकप्रिय परम्पराओं के अनुसार विकसित होता है, वह जनता के हित प्रतिबिम्बित करता है। वह उत्कृष्ट रूप से राष्ट्रीय और जनवादी है।" (मार्क्सवाद और प्रगतिशील साहित्य, पृ. 394)। इस कथन के अंत में राष्ट्रीय और जनवादी कहकर प्रगतिशील साहित्य की चेतना को ठोस रूप में स्पष्ट करने की कोशिश की गयी है। राष्ट्रीय यानी साम्राज्यवादविरोधी होना और अपनी जमीन से जुड़ा होना तथा जनवादी यानी जनतांत्रिक होना अर्थात् जनता के अधिकारों एवं हितों को सुरक्षित रखना, जनता के हितों के अनुसार सत्ता-प्रतिष्ठानों का संचालन करना। प्रगतिशील साहित्य को जनता की राष्ट्रीय और लोकप्रिय परंपराओं से जोड़ने की बात कहकर रामविलासजी उसे अपनी सांस्कृतिक विरासत का विकास मानते हैं तथा उसे साबित करने की कोशिश करते हैं। लेकिन सन् 1949 के भिवंडी-सम्मेलन का महत्त्व प्रदर्शित करने के उद्देश्य से वे स्वयं यह साबित करने लगते हैं कि सन् '39 में प्रगतिशील लेखक संघ के संस्थापकों का भारतीय परंपरा एवं विरासत से कोई संबंध नहीं था। यह सचमुच आश्चर्यजनक है। रामविलासजी कहते हैं, "मुल्कराज आनंद और सज्जाद ज़हीर के लिए भारत में बचाने लायक कोई सांस्कृतिक विरासत थी ही नहीं।" (प्रगतिशील काव्यधारा और केदारनाथ अग्रवाल, पृ. 26)। अपने इस कथन को रामविलासजी कई तरह से प्रमाणित करने की कोशिश करते हैं। मुल्कराज आनंद ने 'न्यू इंडियन लिटरेचर' में सन् 1938 में प्रगतिशील लेखक आंदोलन पर (On Progressive Writers Movement) एक लेख लिखा था। उसका हवाला देते हुए रामविलासजी लिखते हैं, "इस लेख की सबसे बड़ी खूबी यह है कि इसमें लंदन के लेखक संघ का उल्लेख है, लखनऊ के प्रगतिशील लेखक सम्मेलन का जिक्र नहीं है। साहित्य सम्बन्धी विवेचन में देश-विदेश के बहुत से लेखकों का नाम लिया गया है, प्रेमचन्द का नाम एक बार भी नहीं लिया गया है।" (मार्क्सवाद और प्रगतिशील साहित्य, पृ. 339)

यह तो सचमुच आश्चर्यजनक है कि मुल्कराज आनंद ने अपने लेख में लखनऊ सम्मेलन और प्रेमचन्द का जिक्र नहीं किया है। लेकिन रामविलासजी मुल्कराज आनंद को प्रगतिशील लेखक संघ का पर्याय मानकर उस समय के संघ की दिशा को गलत साबित करने लगते हैं, यह भी कम आश्चर्यजनक नहीं है। एक तो मुल्कराज आनंद प्रगतिशील लेखक संघ के संस्थापक नहीं कई संस्थापकों में से एक थे, बल्कि उसमें मुख्य भूमिका सज्जाद ज़हीर की थी। सज्जाद ज़हीर ने ही लंदन में तैयार किया गया घोषणा-पत्र प्रेमचन्द सहित अनेक भारतीय लेखकों के पास भेजा था और उन्होंने ही भारत लौटकर 1935 के दिसम्बर में इलाहाबाद में प्रगतिशील लेखक संघ की

स्थापना के लिए औपचारिक बैठक की, जिसमें प्रेमचन्द उपस्थित थे। वास्तव में यहीं प्रगतिशील लेखक संघ की स्थापना हुई और 9-10 अप्रैल 1936 को उसका पहला अधिवेशन हुआ। रामविलासजी ने मुल्कराज आनंद के जिस लेख का उद्धरण दिया है (मार्क्सवाद और प्रगतिशील साहित्य, पृ. 339-340) उसके अंत में कहा गया है, ''And Formed the nucleus of the Indian Progessive Writers Association.'' इस प्रकार मुल्कराज आनंद के अनुसार लंदन में एक केंद्र बना, जिसने भारत लौटकर प्रगतिशील लेखक संघ की स्थापना की। जहाँ तक मुल्कराज आनंद के लेख में सन् 36 के सम्मेलन और प्रेमचन्द का जिक्र नहीं होने का प्रश्न है तो उसके बारे में यही कहा जा सकता है कि उक्त लेख उनके लंदन-प्रवास के दिनों का संस्करण है, इसीलिए उसमें लखनऊ सम्मेलन और प्रेमचन्द का जिक्र नहीं है। मुल्कराज आनंद पर रामविलासजी बहुत जोर से हमला करते हैं। वे कहते हैं, ''मुल्कराज आनंद ने भारतीय भाषाओं और भारतीय साहित्य के समस्त विकास के प्रति निषेधात्मक रवैया अपनाया था। वह तुलसीदास से ही अपरिचित नहीं थे, प्रेमचन्द के युगान्तरकारी महत्त्व से भी एकदम अनभिज्ञ थे। वह हिंदी-उर्दू के विकास और उनके अलगाव के कारणों से भी अपरिचित थे।'' (मार्क्सवाद और प्रगतिशील साहित्य, पृ. 342)। मुल्कराज आनंद के बारे में यह मन्तव्य स्वीकार करने योग्य है। लेकिन ध्यान देने की बात यह है कि इसके बावजूद प्रेमचन्द लखनऊ अधिवेशन के अध्यक्ष बनाए गये और यह सामान्य बात नहीं है। प्रेमचन्द और सज्जाद ज़हीर के बीच उस सम्बन्ध में जो पत्राचार हुआ था, वह प्रकाशित है। उससे मालूम होता है कि प्रेमचन्द ने सज्जाद ज़हीर को लिखा कि मैं तो हूँ ही, अच्छा हो, अध्यक्ष बाहर का कोई आदमी बनाया जाए। उन्होंने ये कुछ नाम भी सुझाए थे—जवाहरलाल नेहरू, जयप्रकाश नारायण, जाकिर हुसैन, डॉ. अमरनाथ झा आदि। लेकिन सज्जाद ज़हीर ने उन्हें लिखा कि हम लोगों को भीतर का ही आदमी चाहिए। प्रेमचन्द आंदोलन के भीतर के आदमी थे। उन्होंने लंदन घोषणा-पत्र का हिंदी अनुवाद करके 'हंस' के फरवरी, 1936 के अंक में टिप्पणी के साथ छापा था, जिसमें उन्होंने लिखा था कि यही वह चीज है जिसकी मैं तलाश कर रहा था। इससे स्पष्ट है कि प्रगतिशील लेखक संघ के आयोजकों और संगठनकर्ताओं को प्रेमचन्द के महत्त्व का अहसास था और उस समय मुल्कराज आनंद को भले भारत की साहित्यिक-सांस्कृतिक परंपरा का ज्ञान न रहा हो, लेकिन लंदन घोषणा-पत्र की जो दिशा दी, उसे अनुभव करके प्रेमचन्द इतने खुश हुए कि उन्हें लगा कि वे इसी की तलाश बहुत दिनों से कर रहे थे और इस समझ के साथ उन्होंने सज्जाद ज़हीर को एक पत्र में लिखा कि मैंने अपने को तुम्हारे हवाले किया। अहमद अली ने इस प्रसंग में लिखा, ''प्रेमचन्दजी ने उस समय एक मार्के की बात यह कही कि प्रगतिशील लेखकों के आंदोलन के लिए हमारा देश तैयार हो गया है और हम लोग बहुत ही उपयुक्त और शुभ अवसर पर इस एसोसिएशन का आरम्भ

कर रहे हैं।" (मार्क्सवाद और प्रगतिशील साहित्य, पृ. 347)। रामविलासजी अहमद अली के इस कथन से सहमत हैं, इसके बावजूद वे जोर देकर कहते हैं कि प्रगतिशील लेखक संघ गलत दिशा में जा रहा था। इसके लिए वे लेखक संघ के और राजनीतिक आंदोलन के नेताओं को जवाबदेह समझते हैं। नेतृत्व करनेवाले तो सही और गलत दोनों के लिए जवाबदेह होते ही हैं, लेकिन मौजूदा प्रसंग में असलियत क्या है? रामविलासजी लिखते हैं, "1935 में मुल्कराज आनंद और सज्जाद ज़हीर ने लंदन में भारतीय प्रगतिशील लेखक संघ की स्थापना की। इन्होंने जो घोषणा-पत्र जारी किया उसमें ब्रिटिश साम्राज्यवाद या भारतीय स्वाधीनता का जिक्र नहीं है। सन् '36 में थोड़े हेरफेर से यह घोषणा-पत्र फिर जारी किया गया। स्वाधीनता का लक्ष्य पहले की तरह गायब रहा।" (प्रगतिशील काव्यधारा और केदारनाथ अग्रवाल, पृ. 26)। इस कथन को आगे के उद्धरण में मिलाकर पढ़ें तो रामविलासजी की स्थापना का उद्देश्य और स्पष्ट होगा। वे प्रगतिशील लेखक संघ की स्थापना के प्रसंग में कहते हैं, "भारतीय स्वाधीनता-आंदोलन के लिए जितना महत्त्व ताशकंद-पार्टी के संस्थापक एम.एन.राय का है, उतना ही महत्त्व लंदन लेखक संघ के संस्थापक मुल्कराज आनंद का है।" (मार्क्सवाद और प्रगतिशील साहित्य, पृ. 339)। इस कथन में कितनी ऐतिहासिक सच्चाई है, इसे समझने के लिए तथ्यों को देखें। भारत में 1925 में जो भारतीय कम्युनिस्ट पार्टी की स्थापना हुई, उसके संयोजक श्री सत्यभक्त थे और अध्यक्षता की थी मद्रास के किसान मजदूर नेता सिंगरावेलु चेट्टियार ने। मौलाना हसरत मोहानी उसके स्वागताध्यक्ष थे। सार रूप में यह कहें कि ताशकंद-पार्टी के संस्थापकों में से कोई भी कानपुर में नहीं था। इतना ही नहीं, बहुत दिनों के बाद एम. एन. राय भारत लौटे भी तो उनका कम्युनिस्ट पार्टी से कुछ लेना-देना नहीं था। इससे भिन्न लंदन घोषणा-पत्र तैयार करनेवालों में एक सज्जाद ज़हीर लखनऊ सम्मेलन के संयोजक ही थे। मुल्कराज आनंद भी उसमें थे ही। मुल्कराज आनंद अब भी प्रगतिशील लेखक संघ के साथ हैं और सन् 1986 में लखनऊ में ही आयोजित प्रगतिशील लेखक संघ के स्वर्ण जयन्ती समारोह का उन्होंने उद्घाटन भी किया। अपने उद्घाटन भाषण में उन्होंने अत्यंत भावपूर्ण भाषा में प्रेमचन्द को याद भी किया।

जहाँ तक लंदन और लखनऊ के घोषणा-पत्रों की दिशा का सवाल है, उस पर गौर करें। लंदन घोषणा-पत्र में एक जगह उन मुद्दों का जिक्र किया गया है जिनसे प्रगतिशील लेखकों को आमने-सामने होना है। उसके शब्द इस प्रकार हैं, "हमारी धारणा है कि भारत के नये साहित्य को हमारे वर्तमान जीवन के मौलिक तथ्यों का समन्वय करना चाहिए और वे हैं—हमारी रोटी का, हमारी दरिद्रता का, हमारी सामाजिक अवनति का और हमारी पराधीनता का प्रश्न।" घोषणा-पत्र की भाषा से किसी को एतराज हो सकता है, लेकिन स्वाधीनता का प्रश्न गायब नहीं है यहाँ। जनता भी है उसमें और स्वाधीनता भी। स्वाधीनता शब्द नहीं है, लेकिन 'पराधीनता' का प्रश्न

साहित्य में शामिल करने का अर्थ क्या है? सन् 36 के लखनऊ घोषणा-पत्र में उपर्युक्त बातें इन शब्दों में कही गयी हैं, "हम चाहते हैं कि भारत का नया साहित्य जीवन की बुनियादी समस्याओं को अपना विषय बनाए। वे हैं हमारी रोटी की, हमारी दरिद्रता, हमारी सामाजिक अवनति की और राजनीतिक पराधीनता की समस्याएँ।" राजनीतिक पराधीनता से लड़ना एक बुनियादी समस्या है, यह स्पष्ट है। आगे चलकर संघ के उद्देश्यों में एक स्थल पर "देशवासियों के स्वाधीनता संग्राम को आगे बढ़ाना" तथा "स्वतंत्रता और स्वतंत्र विचार की रक्षा करना" लिखा है। इसलिए 'स्वतंत्रता' का प्रश्न यहाँ से गायब नहीं है, बल्कि वह प्रमुख उद्देश्य है। 'संघ' के उपर्युक्त उद्देश्य सन् 38 के घोषणा-पत्र में भी स्वीकार किए गये थे। सन् 1947 में हिंदी प्रगतिशील लेखक संघ का अधिवेशन इलाहाबाद में हुआ था। अब तक देश आजाद हो चुका था। राजनीतिक और सामाजिक दृष्टि से भी यह एक बड़ा परिवर्तन था। इस परिवर्तन को न समझकर इलाहाबाद घोषणा-पत्र में एक जगह कहा गया है, "हम जानते हैं कि दो सौ साल की साम्राज्यवाद की गुलामी की विरासत एक दिन में खत्म नहीं हो सकती। देश में ऐसी प्रतिक्रियावादी शक्तियाँ हैं, जो स्वतंत्र भारत में जनता के अभ्युत्थान को अपने लिए सबसे बड़ा संकट समझती हैं। यह स्वाभाविक भी है; क्योंकि साम्राज्यवाद ने अपनी जड़ जमाए रखने के लिए ही उनकी सृष्टि की थी और प्रत्यक्ष रूप से राजनीतिक स्वाधीनता देने पर भी साम्राज्यवाद आशा करता है कि इन सहयोगी शक्तियों के भरोसे वह हमारे सामाजिक और सांस्कृतिक जीवन पर पहले की ही भाँति अपना प्रभुत्व कायम रख सकेगा। देश की जनता के अपार बलिदान और लंबे संघर्ष के बाद जो स्वाधीनता हमने पाई है, उसके फलों से वह हमें वंचित रखना चाहता है। यही शक्तियाँ खेत का अन्न भूखी जनता के मुख तक नहीं पहुँचने देतीं। यही शक्तियाँ तन ढँकने के लिए गरीब जनता तक मिल का कपड़ा नहीं पहुँचने देतीं। यही शक्तियाँ साम्प्रदायिक आग को धधकाने में नितांत हृदयहीनता से अपने संपूर्ण साधनों का उपयोग कर रही हैं। साहित्य के क्षेत्र में प्रेस और प्रचार के तमाम साधनों पर अधिकार जमाकर वे लेखकों की स्वतंत्रता और जनवाद की भावनाओं को दबा देना चाहती हैं। प्रगतिशील लेखक इस बात का बीड़ा उठाते हैं कि निरन्तर और संगठित प्रयोग से इन तमाम शक्तियों का विरोध करेंगे। उनके प्रभाव से कला, साहित्य और संस्कृति का विनाश करनेवाली जो प्रवृत्तियाँ फिर से सिर उठा रही हैं और जो जनता में विद्वेष और निराशा की भावनाएँ भरकर उसे मध्ययुग की ओर ठेल देना चाहती हैं, इन सब प्रवृत्तियों का भी हम उठकर सामना करेंगे।" यह लम्बा उद्धरण यहाँ आवश्यक है। इसमें देश की स्वाधीनता के फलस्वरूप आये राजनीतिक परिवर्तन और उससे उत्पन्न नयी सम्भावना को स्वीकार करते हुए सामाजिक ढाँचे में निहित प्रतिक्रियावादी खतरे को स्पष्ट रूप से रखा गया है। देश में मौजूद साम्राज्यवादी स्वार्थ को भी सही ढंग से अंकित किया गया है। संघर्ष और विश्वास की नयी सम्भावना को पूरी प्रतिबद्धता से कबूल किया गया है।

अब सन् 1949 के भिवंडी सम्मेलन में स्वीकृत घोषणा-पत्र पर गौर करें। रामविलासजी ने 1949 के घोषणा-पत्र के बारे में लिखा है, "प्रगतिशील साहित्यिक आंदोलन के समूचे इतिहास को ध्यान में रखते हुए 1949 का घोषणा-पत्र तैयार किया गया था।...निषेधात्मक दृष्टिकोण को त्यागकर (पहले के घोषणा-पत्रों में सांस्कृतिक विरासत के प्रति निषेधात्मक दृष्टिकोण था, ऐसा रामविलासजी का मानना है—लेखक) प्रगतिशील लेखकों के 1949 के घोषणा-पत्र में पहली बार कहा गया था, 'प्रगतिशील लेखक प्राचीन साहित्य और संस्कृति के सच्चे उत्तराधिकारी हैं और मानव-सभ्यता की सर्वश्रेष्ठ परम्पराओं को आगे ले जाते हैं।' " (प्रगतिशील काव्यधारा और केदारनाथ अग्रवाल, पृ. 26)। इस वाक्य में जो घोषणा है, वह एकदम सही है। परम्परा के स्वस्थ और गतिशील प्रवृत्तियों एवं उपलब्धियों के सच्चे उत्तराधिकारी प्रगतिशील लेखक ही हैं जो उसे आगे बढ़ाते हैं। लेकिन भिवंडी-सम्मेलन में जो राजनीतिक स्थापना है, वह इससे भिन्न है। इस घोषणा-पत्र के आरम्भ में ही कहा गया है, "आज भारतीय साहित्य के विकास में निर्णायक परिवर्तन हो रहे हैं। पहले की अपेक्षा कहीं ज्यादा तीक्ष्ण रूप में प्रगतिशील और प्रगतिविरोधी प्रवृत्तियाँ एक-दूसरे के मुकाबले पर खड़ी हैं। दूसरे इस बात का पता चलता है कि भारतीय जनता की जनतंत्र और समाजवाद की लड़ाई ने एक बड़ा मोड़ लिया है।

"अगस्त 1947 के बाद भारतीय जनता की स्वाधीनता की लड़ाई एक नये दौर में दाखिल हुई है। भारतीय पूँजीपति वर्ग जो राष्ट्रीय आंदोलन के काल में सदा साम्राज्यवाद से समझौता किया करता था, अब खुलेआम उसका गठबंधन साम्राज्यवाद से हो गया है। ब्रिटिश कॉमनवेल्थ में बने रहने का जो निश्चय भारत सरकार ने किया है, वह इस गठबंधन की चरम परिणति है। यह समझौता भारतीय जनता की इस इच्छा का विरोधी है कि इस देश में एक पूर्ण स्वतंत्र सार्वभौम प्रजातांत्रिक राज्य कायम किया जाए।" इसी घोषणा-पत्र में आगे चलकर एक जगह यह भी लिखा गया है, "मजदूरों, किसानों और मध्यवर्गीय जनता के बढ़ते हुए आंदोलन पर वहशियाना हमला करके कांग्रेस सरकारों ने यह दिखा दिया है कि संस्कृति और साहित्य के प्रति उनका भी वही रवैया है जो इटली और जर्मनी के फासिस्टों का था।" ऊपर के लम्बे उद्धरण और इस छोटे-से उद्धरण की राजनीतिक स्थापना की व्याख्या करें तो स्पष्ट हो जाएगा कि वह किस हद तक यथार्थवादी है और कहाँ तक उससे परे। ऊपर एक गलत बात यह है कि भारतीय पूँजीपति वर्ग राष्ट्रीय आंदोलन के दौर में साम्राज्यवाद से सदा समझौता किया करता था। सच्चाई यह है कि इसका स्वार्थ ब्रिटिश साम्राज्य से टकराता था, इसलिए वह आजादी के लिए लड़ता था, लेकिन जनता की शक्ति के उभार से डरता था इसलिए अपने स्वार्थ की रक्षा के लिए साम्राज्यवाद से समझौता भी कर लेता था। उसका रुख संघर्ष और समझौते का था। दूसरी गलत बात यह है उसमें कि भारतीय पूँजीपति वर्ग ने अगस्त 1947 के

बाद तो साम्राज्यवाद से एकदम गठबंधन कर लिया। इसी समझ का नतीजा है कि आगे चलकर कांग्रेस की सत्ता के जनविरोधी और दमनात्मक रवैये को इटली और जर्मनी में फासिस्टों से मिलाकर देखा गया है। इसी समझ के आधार पर यह भी समझा गया कि "भारतीय जनता की जनतंत्र और समाजवाद की लड़ाई ने एक बड़ा मोड़ लिया है।" जाहिर है कि तत्कालीन अवस्था को समाजवादी क्रांति की अवस्था समझ लिया गया। इसके पीछे यह समझ है कि भारतीय जनता का ध्रुवीकरण प्रगतिशील और प्रतिक्रियावादी खेमों में हो गया। यह पूरी समझ तत्कालीन सामाजिक, आर्थिक और राजनीतिक यथार्थ से मेल नहीं खाती। आगे चलकर स्वयं रामविलासजी ने इसे महसूस किया है। 'भारत में अंग्रेजी राज और मार्क्सवाद' नामक उनके ग्रंथ का अवलोकन करने से यह महसूस होता है। वास्तव में भिवंडी-सम्मेलन का घोषणा-पत्र उस राजनीतिक मान्यता से प्रभावित है, जिसके अनुसार पंडित नेहरू करेंसकी की तरह दिखाई पड़ रहे थे और 15 अगस्त 1947 रूस की फरवरी क्रांति की तरह। इसलिए अब नेहरू की सत्ता को उखाड़कर नवम्बर क्रांति करनी थी। इतिहास साबित कर चुका है कि यह सब कितना आत्मघातक और कितना बचकाना था। पूछा जाता है कि संकीर्णता कहाँ है? इसका उत्तर यह है कि तत्कालीन परिस्थिति भारत में क्रांति की अवस्था, भारतीय पूँजीवाद की चारित्रिक विशेषता आदि के बारे में जो समझ उस दौर में कम्युनिस्ट पार्टी ने आधिकारिक रूप से अपनाई थी, वही संकीर्णतावादी थी। यहाँ इस बात की व्याख्या अपेक्षित नहीं है। आगे के घटनाक्रम ने और स्वयं कम्युनिस्ट पार्टी की आत्मालोचना ने उस दौर की रणनीति और कार्यनीति को गलत साबित कर दिया है। प्रगतिशील लेखक संघ के भिवंडी घोषणा-पत्र में उस दौर की संकीर्णतावादी नीति की छाप पड़ी हुई दिखाई पड़ती है। मुझे तो ऐसा महसूस होता है कि यह पहला घोषणा-पत्र है, जिस पर पार्टी की राजनीतिक लाइन की छाप स्पष्ट है। इस लाइन ने जनता की एकता को तोड़ने का काम किया। प्रगतिशील लेखक संघ की धारा में लेखकों की एकता में खलल पड़ गया। अतिवाद एकता का आधार नहीं बन सकता। जब बात चल ही पड़ी है और स्वयं रामविलासजी ने स्वीकार किया है कि पार्टी के भीतर ही बहस का असर लेखकों की बाहरी बहस पर भी पड़ जाता था, इसीलिए यहाँ मैं कहना चाहता हूँ कि उस संकीर्णता के नतीजों पर गौर करना चाहिए।

कम्युनिस्ट आंदोलन के ऐतिहासिक दस्तावेज बताते हैं कि 1948 तक आते-आते देश-भर में कम्युनिस्ट पार्टी के एक लाख से अधिक सदस्य हो गये थे। एक उभरती हुई क्रांतिकारी शक्ति के रूप में पार्टी देश के लोगों का ध्यान आकृष्ट कर रही थी। लेकिन 1948-49-50 में अपनाई गयी अतिवादी राजनीति और हथियारबंद संघर्ष में उसके कार्यान्वयन ने यह हाल कर दिया कि 1951 में पार्टी के सिर्फ दस हजार सदस्य रह गये। कई हजार पुलिस की गोलियों से मारे गये। लेकिन ज्यादा लोग

उदास और हताश होकर घर बैठ गये। जब कम्युनिस्ट आंदोलन का यह हाल हुआ तो फिर आसानी से समझा जा सकता है कि उन बुद्धिजीवियों और लेखकों को एकजुट किए रहना कितना कठिन रहा होगा, जो पार्टी के सदस्य भी नहीं थे। अतः प्रगतिशील लेखक संघ का जो हाल सन् 53 के दिल्ली सम्मेलन के बाद हुआ, उसके लिए वह अतिवाद ही था, जिसे कुछ दूसरे शब्दों में संकीर्णतावाद भी कहते हैं। भिवंडी-सम्मेलन का घोषणा-पत्र प्रत्यक्षतः उसी अतिवाद का शिकार था और उस दौर में प्रगतिशील लेखकों में जो बहस हुई, उसमें उसकी छाप देखी जा सकती है। यों मैं यह नहीं मानता और न कहना चाहता हूँ कि पार्टी की नीति का कार्यान्वयन साहित्य में या साहित्य में चल रही बहस में फटाफट हो जाता था।

3

यहाँ मैं कहना चाहता हूँ कि प्रगतिशील पक्ष से उन दिनों रामविलासजी ने तत्कालीन प्रश्नों का उत्तर अत्यंत संजीदगी से और वैज्ञानिक ढंग से देने की कोशिश की है। अपने उत्तर के साथ उन्होंने जो व्याख्याएँ दी हैं, उनसे तत्कालीन लेखकों ने कितना लाभ उठाया, यह तो कहना मुश्किल है, लेकिन पाठकों ने जरूर लाभ उठाया है। एक प्रश्न था—प्रगतिशील साहित्य किसे कहते हैं? रामविलासजी कहते हैं, "प्रगतिशील साहित्य जनता की तरफदारी करनेवाला साहित्य है, इसलिए वह उसकी जातीय विरासत, उसकी साहित्यिक परम्पराओं की रक्षा करने के लिए भी लड़ता है।" (मार्क्सवाद और प्रगतिशील साहित्य, पृ. 111) जनता की तरफदारी की मान्यता में स्पष्टतः न कोई संकीर्णता है और न किसी तरह का अतिवाद। जनता की तरफदारी तो समाज की सर्जनात्मक शक्ति की, जनतांत्रिक शक्ति की तरफदारी है; क्योंकि जनता के शोषक और उत्पीड़क न तो सर्जनात्मक कार्य करते हैं और न जनतांत्रिक ही होते हैं। इस क्रम में एक जगह उनका यह स्पष्टीकरण ध्यान देने योग्य है; क्योंकि इसमें संकीर्णता का निषेध करने की कोशिश की गयी है, "प्रगतिशील साहित्य के बारे में कुछ मिथ्या धारणाएँ प्रचलित हैं। हममें से अनेक लेखकों के सहयोग में वे बाधक हैं। कहा जाता है कि जो लेखक जनता के आर्थिक कष्टों के बारे में लिखते हैं या मजदूरों से हड़ताल करने को कहते हैं, वही प्रगतिशील हैं। ऐसा नहीं है। जनता के जीवन में जो कुछ भी महत्त्वपूर्ण है, उसका प्रेम, सुख-दुःख, उन सबको प्रगतिशील साहित्य प्रतिबिम्बित करता है। प्रकृति सम्बन्धी कविता, प्रगीत-काव्य, ऐतिहासिक उपन्यास, जनता के नैतिक गुणों को व्यक्त करनेवाली रचनाएँ—ये सब प्रगतिशील साहित्य का जीवंत अंश हैं।" (मार्क्सवाद और प्रगतिशील साहित्य, पृ. 394) सैद्धांतिक रूप से ही नहीं, व्यावहारिक रूप से भी उपर्युक्त धारणा प्रगतिशील साहित्य की व्यापकता को स्वीकार करती है। उन दिनों एक प्रश्न परम्परा और सांस्कृतिक विरासत के बारे में उठ रहा था। रामविलास जी कहते हैं, "कुछ लोगों का दावा है कि प्रगतिशील

साहित्य सांस्कृतिक विरासत का विरोध करता है। बात इससे उलटी है। हम मानते हैं कि सांस्कृतिक विरासत जनता की प्रगति की जबरदस्त प्रेरक शक्ति है। हम उन पुनरुत्थानवादियों का विरोध करते हैं, जो जाति-बिरादरी, साम्प्रदायिकता, और अंधविश्वासों के गीत गाते हैं। हमारी राष्ट्रीय संस्कृति को बहुत दिनों तक ब्रिटिश साम्राज्यवाद का दबाव सहना पड़ा था। हम उसका मुक्त विकास चाहते हैं, जनता में राष्ट्रीय गर्व की भावना जगाना चाहते हैं।" (उपर्युक्त, पृ. 394)। 'हम जनता में राष्ट्रीय गर्व की भावना जगाना चाहते हैं।' यह वाक्य रामविलासजी के समग्र लेखन का जैसे सूत्र-वाक्य बन गया है। वे यह बताना चाहते हैं कि राष्ट्रीय गर्व की भावना वास्तव में प्रगतिशीलों और क्रांतिकारियों में होती है, रूढ़िवादियों और पुनरुत्थानवादियों में नहीं। रामविलासजी तत्कालीन प्रश्नों अथवा प्रतिरोधी स्थापनाओं से टकराते हैं, इसलिए कि उन्हें अपनी परम्परा, अपनी जनतांत्रिक विरासत और सर्जनात्मक मूल्यों से अखंड प्रेम है। उनमें निष्कम्प वैचारिक निष्ठा है। वे विचारधारात्मक संघर्ष की प्रक्रिया में अपने सहयोगियों से और विरोधियों से दृढ़तापूर्वक वैचारिक संघर्ष करते हैं। दोनों प्रकार के संघर्षों में फर्क है और इस फर्क के बारे में रामविलासजी स्वयं कहते हैं कि अपने लोगों की गलतियों की तीखी आलोचना की जानी चाहिए। आलोचना मीठी होगी या तीखी यह एक अलग बात है, मुख्य बात यह है कि उसका उद्देश्य क्या है? मेरा ख्याल है कि आलोचना अपने आंदोलन के सहयोगियों की हो या विरोधियों की, उसे रचनात्मक होना चाहिए, तथ्यों पर आधारित और युक्तिसंगत होना चाहिए। मुझे लगता है कि रामविलासजी उपर्युक्त बात अपने आंदोलन के लोगों की अत्यन्त तीखी आलोचनाओं का औचित्य सिद्ध करने के लिए कह रहे होते हैं। यहाँ मैं पाठकों का ध्यान उस समय हुई बहस की ओर खींच रहा हूँ। उस बहस पर गौर करने पर हम देखते हैं कि रामविलासजी जैनेंद्र और अज्ञेय जैसे 'प्रगति'-विरोधियों के मुकाबले ही नहीं, राहुल सांकृत्यायन, यशपाल, रांगेय राघव, अमृत राय, शिवदान सिंह चौहान आदि के मुकाबले भी खड़े दिखते हैं। प्रगतिशील आंदोलन के प्रसंग में उठे प्रश्नों का वैचारिक उत्तर जिस संजीदगी से रामविलासजी देते हैं, उसी संजीदगी का परिचय वे व्यावहारिक आलोचना के प्रसंग में नहीं देते। कभी-कभी तो ऐसी धारणाएँ और स्थापनाएँ मिलती हैं कि आज भी पढ़कर परेशानी और खीझ होती है और तब स्वभावतः स्वर तीखा हो जाता है। जैसे शिवदान सिंह चौहान का यह कथन, "इस छायावाद की धारा ने हिंदी के साहित्य को जितना धक्का पहुँचाया है, उतना शायद ही हिन्दू महासभा या मुस्लिम लीग ने पहुँचाया हो।" (विशाल भारत, 1938)। शिवदान सिंह चौहान ने हिंदी आलोचना और प्रगतिशील आलोचना के विकास में महत्त्वपूर्ण योगदान किया है, लेकिन उपर्युक्त किस्म की आलोचना को तो आलोचना कहा ही नहीं जा सकता। और ऐसी आलोचना की प्रतिक्रिया में खीझ होना तो स्वाभाविक है। ऐसा नहीं कि शिवदान सिंह चौहान की साहित्य सम्बन्धी या प्रगतिशील साहित्य सम्बन्धी

समझ गड़बड़ है, लेकिन आलोचना के व्यावहारिक क्षेत्र में उस समय मार्क्सवादी आलोचकगण और प्रगतिवादी लेखकगण आपस में भिड़ते रहे। उनके आपसी रिश्ते भी बहुत बिगड़ गये थे। रामविलासजी और शिवदानजी के प्रसंग में भगवान सिंह का यह वाक्य यथार्थपरक है, "हाल यह था कि एक का प्रिय रचनाकार दूसरे का प्रिय न था या अपेक्षाकृत कम प्रिय था। जिन कवियों को रामविलासजी ने महत्त्व दिया, वे सभी शिवदान सिंह की नजर में ओछे रहे।" (माध्यम, जनवरी-मार्च, 2001, पृ. 185)। वे एक दूसरे पर दुश्मनों जैसा प्रहार करने लगे थे, एक दूसरे को त्रात्स्कीवादी यानी गद्दार साबित कर रहे थे, आगे चलकर रामविलासजी ने 'विसर्जनवाद' शब्द का उपयोग कम्युनिस्ट आंदोलन और प्रगतिशील लेखक संघ के भीतर के अपने विरोधियों के लिए किया। उनके विरोधी विसर्जनवादी थे। साहित्य में विसर्जनवाद के बारे में रामविलासजी के विचारों के कुछ अंश को देखना रोचक होगा। प्रगतिशील लेखक संघ के अपने महासचिव काल में ही उन्होंने लिखा, "कांग्रेस की दिवालिया राजनीति और जनता को लूटनेवाली अर्थनीति के समान ही उनका संस्कृति सम्बन्धी काम रहा है। उसने जिस दर्शन का सोते-जागते पाँच साल से प्रचार किया है, उसका उद्देश्य है मौजूदा व्यवस्था को कायम रखना और जनता के प्रतिरोध को दबा देना। इस दर्शन के मुताबिक साम्राज्यवादियों का हृदय-परिवर्तन करके स्वराज्य हासिल होता है, इजारेदारों के ट्रस्टी बनाकर बेकारी बढ़ाई जाती है और मजदूरों की मजदूरी मारकर मुनाफाखोरी की जाती है। सामंतों और जमींदारों के लिए प्रीवीपर्सों और मुआवजे का प्रबंध होता है और भूखे किसानों पर गोलियाँ चलाई जाती हैं। एक दूसरा दर्शन आर्य संस्कृति का है, जिसके उपासक और प्रचारक कांग्रेस के बाहर तो हैं ही, उसके भीतर हैं।...इस संस्कृति के उपासक शक्कर के व्यापारियों के लिए जनता की जेब काटकर सोमनाथ का मंदिर बनवाते हैं, अमरीकी जंगबाजों को जनतंत्र का अवतार कहकर देश-विदेश के मामलों में उनके प्रति वफादारी निबाहते हैं, साहित्य-सम्मेलन में अखिल भारतीय मंच से आये संस्कृति, आर्यभाषा और आर्य जाति के उद्धार के लिए प्रतिज्ञाएँ करते हैं। साम्राज्यवादी शिक्षा और शिक्षा की पुस्तकें कायम ही नहीं हैं। उनमें इजाफा भी हुआ है।...पेरिस की शांति कांग्रेस में शामिल होने सोवियत संघ जाने के लिए मुल्कराज, कृष्णचंदर, अली सरदार वगैरह पर पाबंदी उसके संस्कृति-प्रेम के उदाहरण हैं। अंधविश्वास, साम्प्रदायिक विद्वेष, पुनरुत्थानवाद, नग्न शृंगारिकता, सांस्कृतिक क्षेत्र में ये पौधे सींचे जा रहे हैं। कांग्रेसी राज में बड़े-बड़े कोष निर्मित हुए जिन पर जनता की गाढ़ी कमाई के लाखों रुपये खर्च किए गये हैं। डॉक्टर रघुवीर और महापंडित राहुल ने इतने कोष तैयार किए हैं कि उनसे हिंदी ही नहीं, भारत की तमाम भाषाएँ कई हजार साल तक बेधड़क शब्द उधार ले सकती हैं। कांग्रेसी शासकों ने साहित्य के उद्धार के लिए अखबार निकाल रखे हैं, रेडियो में सुमित्रानंदन पंत जैसे कुछ कलाकारों को हजार-हजार रुपए वेतन पर रख छोड़ा

है कि वे सामंतों के चारणों की तरह उनके यश गाया करें।" यह लम्बा उद्धरण मैंने यहाँ इसलिए दिया कि आज के पाठक यह महसूस कर सकें कि कैसे उस समय के यथार्थ की व्याख्या की जा रही थी। यह व्याख्या भिवंडी सम्मेलन घोषणा-पत्र में स्वीकृत भारतीय राजसत्ता के चरित्रांकन पर ही आधारित है। जैसे वह चरित्रांकन यथार्थ से परे था, वैसे ही यह भी। लेनिन ने पूँजीवादी राजसत्ता के दमनकारी औजारों और गैर दमनकारी औजारों के प्रति रुख में फर्क करने की बात कही है, यानी यह कि पुलिस प्रशासन और विश्वविद्यालय और बैंक को एक ही नजरिए से नहीं देखना चाहिए, भले ही वे सभी शोषक वर्ग की ही सेवा अपने-अपने ढंग से करते हैं। लेकिन रामविलासजी ने इस लेख में पुलिस-फौज आदि से लेकर डॉ. रघुबीर, महापंडित राहुल और सुमित्रानंदन पंत तक को एक ही डंडे से हाँक दिया है। बेशक यह विसर्जनवाद नहीं है, उस पर प्रहार है, लेकिन इसमें निहित अतिवाद या संकीर्णतावाद बहुतों को प्रगतिशील कतार से अलग हटा रहा था। एक तरफ पी. सी. जोशी जैसे नेता और शिवदान सिंह चौहान जैसे लेखक नयी परिस्थिति में नेतृत्व देने में असमर्थ हो रहे थे, तो दूसरी ओर रणदिवे-लाइन का क्रांतिकारी नेतृत्व राजनीतिक से लेकर सांस्कृतिक संगठन तक की एकता बचाए रखने तथा उन्हें बढ़ाने में असमर्थ हो रहा था।

यही समझ थी, जो रामविलासजी से राहुलजी, यशपाल, रांगेय राघव आदि पर तीखे हमले इस तरह करा रही थी। यही समझ थी जो रामविलासजी जैसे प्रतिभाशाली और वैचारिक निष्ठा वाले आलोचक को हिंदी-आलोचना के विकास में अनुकरणीय भूमिका अदा करने से रोक रही थी। रामविलासजी के इस कथन को देखें, "भारती और चौहान एक ही रथ के दो पहिए हैं। वे पहिए अपनी घरघराहट को सौंदर्यमूलक प्रवृत्ति, मानववाद वगैरह नाम देते हैं, लेकिन वह घरघराहट है जानी-पहचानी हुई—मार्क्सवाद के खिलाफ हर देश में पूँजीवादी लेखकों की चीख-पुकार। उस रथ के ऊपर जो झंडा फहराता है वह वही चिर-परिचित कला कला के लिए वाला झंडा है।" (मार्क्सवाद और प्रगतिशील साहित्य, पृ. 110-111)। साहित्य के किसी बिंदु पर भारती और शिवदानजी या अन्य किसी मार्क्सवादी के मत में समानता होना अस्वाभाविक नहीं है, लेकिन भारती के साथ चौहान को भी 'कला कला के लिए' का झंडाबरदार कहना वास्तव में शिवदानजी के आलोचनात्मक अवदान की ओर से आँखें मूँद लेने के सिवा कुछ नहीं है। राहुलजी ने 'दिमागी गुलामी' में लिखा है, "जिन ग्रंथों में अछूतपन की बात भरी पड़ी है और जिन ऋषि-मुनियों ने अपने आश्रमों के आसपास मनुष्य नामधारी दास-दासियों के ऊपर सहस्राब्दियों तक अमानुषिक अत्याचार होते देखकर भी अपनी तपस्या भंग न की उनके ग्रंथ अछूतोद्धार में बाधक छोड़, साधक कैसे हो सकते है।" इस कथन में राहुलजी की चिंता के केंद्र में है—दास-दासियों की मुक्ति। वे समझते हैं कि प्राचीन ग्रंथ इसमें साधक नहीं हो सकते, ऋषि-मुनियों की वह परंपरा भी नहीं हो सकती, जिसमें मुक्ति की चिंता से अधिक

जरूरी है अपनी तपस्या और साधना। इस पर रामविलासजी टिप्पणी करते हुए कहते हैं, "वर्ग-सम्पत्ति से संस्कृति का सम्बन्ध जोड़ने के अनूठे उद्धरण हमें महापंडित राहुल सांकृत्यायन की रचनाओं में मिलते हैं। उन्हें वेदों में ओजपूर्ण काव्य नहीं मिलता, उन्हें वहाँ वर्णाश्रम धर्म की प्रतिष्ठा, आर्य-अनार्य रक्त का सम्मिश्रण और समाज की सम्पदा उड़ानेवाले ऋषि मिलते हैं। वेदों में ओजपूर्ण काव्य हो सकता है, लेकिन वह ओज दास-दासियों की भक्ति के लिए तो नहीं है।" जाहिर है कि वैदिक ऋषियों के ओज और सौंदर्यबोध को जिस सहानुभूति से रामविलासजी देखते हैं, उसी सहानुभूति से राहुलजी की चिंता को नहीं देखते। राहुलजी के इतिहास-बोध और सांस्कृतिक चेतना के प्रति भी वे अनुदार हैं और कहते हैं, "यशपालजी की तरह राहुलजी ने नायिका-भेद में यथेष्ट उन्नति की है। उनका नायिका-भेद ऐतिहासिक भौतिकवाद के नाम पर, सामाजिक विकास-क्रम में मनुष्य के आचार-विचार के चित्र देने के नाम पर है।" (मार्क्सबाद और प्रगतिशील साहित्य, पृ. 171)। और भी कहते हैं : "इस तरह ध्वस्त होती हुई सामंती संस्कृति को राहुलजी ने ऐतिहासिक चित्रण के नाम पर साहित्य में सुरक्षित रखा है।" (उपर्युक्त, 172)। यह पौराणिक और ऐतिहासिक उपन्यासों को देखने का सही नजरिया नहीं है। उस समय की पूरी बहस में राहुलजी ने जो रुख अपनाया था, वह भी इस प्रसंग में उल्लेखनीय है। राहुलजी स्वयं लिखते हैं : "22 सितम्बर को दिल्ली के साप्ताहिक 'नवयुग' में मेरा द्वाराहाट की यात्रा वाला लेख छपा। उसी में मेरे विरुद्ध रामविलास शर्मा का लेख निकला, जिसमें उन्होंने सिद्ध करने की कोशिश की कि 'राहुलजी मार्क्सवादी नहीं केवल बौद्ध हैं।' उसमें कुछ सत्य का अंश भी था, लेकिन झूठ का अंश ज्यादा। रामविलासजी उन आदमियों में हैं जो किसी बात पर तुल जाएँ तो वह किसी हथियार को भी इस्तेमाल करने से बाज नहीं आते। इसके बाद और भी लेख उसी तरह लिखे। मुझे जवाब देने के लिए सम्पादक और दूसरे मित्रों ने भी कहा, लेकिन मैंने उसे बेकार समझा। हजारों पृष्ठ मैंने इन विषयों पर लिखे हैं, अगर वे मेरी सफाई नहीं दे सकते, तो कुछ पृष्ठों को तू-तू, मैं-मैं से काला करना बेकार था।....मुझे बुद्ध का वचन याद आया। 'सत्ता हे सद्दो भविष्यन्ति' झूठे प्रचार का हल्ला सप्ताह भर रहता है, फिर अपने आप ठंडा हो जाता है। प्राचीन दर्शनों में बौद्ध दर्शन मार्क्सीय दर्शन के अत्यन्त समीप है। धर्मकीर्ति मार्क्स के हेगेल से भी अधिक समीप है, इसलिए धर्मकीर्ति के दर्शन को मैं बतलाऊँ तो आश्चर्य नहीं।" (मेरी जीवन यात्रा, खंड-4, पृ. 519-520)। यही रचनात्मक दृष्टि उस समय के सभी मार्क्सवादी दिग्गज अपनाते तो शायद अजय घोष को प्रगतिशील लेखक संघ के दिल्ली अधिवेशन के समय (मार्च 1953) ई. एम. एस. नम्बूदिरिपाद के हाथों यह पुर्जा न भेजना पड़ता कि "प्रगतिशील लेखक संघ से लाभ के बदले नुकसान अधिक हुआ है।" यह बात अजय घोष ऐतिहासिक मूल्यांकन के आधार पर नहीं कह रहे थे, बल्कि कम्युनिस्ट लेखकों के तू-तू-मैं-मैं की आवाज

सुनते-सुनते आजिज होकर ही कहने को मजबूर हुए होंगे। वैसे लेखकों ने अजय घोष की राय नहीं मानी, यह अच्छा ही हुआ।

रामविलास जी जब प्रगतिशील लेखक संघ के दिल्ली अधिवेशन में स्वाधीन भारत के जनवादी सांस्कृतिक परिप्रेक्ष्य की व्याख्या करते हैं तो वास्तव में नयी प्रेरणा देते हैं, सांस्कृतिक भविष्य का बोध कराते हैं और ऐसा करते हुए वे यथार्थवादी चिंतक के रूप में सामने आते हैं। दिल्ली अधिवेशन में उन्होंने अपने प्रतिवेदन में प्रगतिशील आंदोलन के विकास की वस्तुपरक चर्चा की : "इस थोड़े से समय में भी प्रगतिशील लेखकों के आंदोलन ने भारतीय जनता के सांस्कृतिक जीवन में जगह बना ली है। देश के अन्य किसी आंदोलन की तुलना में वह तेजी से बढ़ा और फैल गया है। आज साहित्य की धनी भारत की कोई भाषा नहीं है, जिसमें एक प्रगतिशील साहित्यिक धारा विकसित नहीं हो रही हो।" इसी प्रसंग में वे कहते हैं, "प्रगतिशील लेखकों का बुनियादी कार्य साहित्य-रचना द्वारा राष्ट्रीय संस्कृति की रक्षा करना और उसे समृद्ध करना है...हम भारतीय रूढ़िवाद से भी अपनी राष्ट्रीय संस्कृति की रक्षा करते हैं।...हमारी राष्ट्रीय संस्कृति मानवतावादी है, वह आक्रमण और उत्पीड़न के विरुद्ध वीरतापूर्ण प्रतिरोध की संस्कृति है। जन-जीवन से इस संस्कृति का घनिष्ठ संपर्क है, वह लोकप्रिय और जनवादी संस्कृति है।" जो आलोचक यह प्रस्थापना देता है, वही राहुलजी के बारे में लिखता है, "निस्संदेह राहुलजी ने गद्दारों और क्रांति विरोधियों के 'क्रांतिकारी' जीवन का जितना गम्भीर अध्ययन किया है, उतना स्तालिन के जीवन का नहीं।" (मार्क्सवाद और प्रगतिशील साहित्य, पृ. 176)। इसी तरह अश्कजी के बारे में निष्कर्ष दिया, "साहित्य के छिछलेपन का दूसरा नाम है अश्क।" इस कतार में यह टिप्पणी भी देखिए—"साहित्य में संकीर्णतावाद क्या है, कुत्सित समाजशास्त्र क्या है, इसे समझने के लिए रांगेय राघव का तुलसी सम्बन्धी निबंध पढ़ लेना काफी है।" (मार्क्सवाद और प्रगतिशील साहित्य, पृ. 117)। तुलसी सम्बन्धी रांगेय राघव का दृष्टिकोण और विवेचन गलत है, मैं भी मानता हूँ, बल्कि तुलसी के बारे में रामविलासजी के दृष्टिकोण से मैं बहुत दूर तक सहमत भी हूँ, लेकिन इसी एक निबंध के आधार पर रांगेय राघव के समस्त लेखन के बारे में उपर्युक्त निष्कर्ष कतई स्वीकार्य नहीं है। यशपाल के बारे में भी उनका निष्कर्ष हिंदी पाठकों, आलोचकों और लेखकों को स्वीकार नहीं है। यह कथन देखिए, "जैनेंद्रजी ने सुनीता में जो भाभीवाद शुरू किया था, यशपालजी ने मानो वही सूत्र पकड़ लिया था। वही आतंकवादी, वही साड़ी-जंफर उतार परिस्थिति। 'दादा' कामरेड' से लेकर 'मनुष्य के रूप' तक यशपाल ने यथार्थ के किस रूप को प्रतिबिम्बित किया है? बुनियादी तौर से यशपाल की समस्याएँ वही हैं जो अज्ञेय जैनेद्र की।" (मार्क्सवाद और प्रगतिशील साहित्य, पृ. 165-166)। यशपालजी की रचनाओं में जहाँ नग्न सेक्स है, उसका अनपेक्षित चित्रण है, वहाँ आलोचना करना उचित है, लेकिन मध्यवर्गीय आधार और

जहाँ-तहाँ सेक्स देखकर यशपाल, अज्ञेय और जैनेंद्र की समस्याओं को बुनियादी तौर पर एक कहना कतई तर्कसंगत नहीं है। ध्यान देने की बात यह है कि जब रांगेय राघव या राहुलजी तुलसी या वाल्मीकि की आलोचना करते हैं, तो रामविलासजी कहते हैं कि उनकी "कल्पना में यह बात नहीं आती कि जिस राम को जनता ने अपना 'हीरो' बना लिया, उसके गुण जनता के गुण भी हो सकते हैं। 'रामायण' और 'महाभारत' जैसे महाकाव्यों में जिन वीर नायकों के चरित्र वर्णित हैं, उनकी लोकप्रियता उनके सामंती ऐश्वर्य के कारण नहीं है। ये महाकाव्य आज भी हमारी जनता को प्रिय हैं, इसलिए उनमें हमारे पूर्वजों के अनेक ऐसे गुणों का वर्णन है जिन्हें हमारी जनता प्यार करती है।" (उपर्युक्त, पृ. 112)। जो जनता में लोकप्रिय है, उसकी आलोचना एकदम सरपट निषेधात्मक नहीं करनी चाहिए। यदि हम इसे मान लें तो क्या यही बात राहुलजी और यशपालजी के बारे में लागू नहीं होगी? राहुलजी और यशपाल को पढ़कर कम्युनिस्ट बनने वाले सैकड़ों हैं। उनकी रचनाओं के सामाजिक प्रभाव को ध्यान में रखें तो रामविलासजी का निष्कर्ष स्वतः गलत सिद्ध हो जाता है। मानदंड तो सबके लिए समान होना चाहिए, वाल्मीकि, तुलसी के लिए कुछ और, राहुल, यशपाल के लिए कुछ और, यह कैसे होगा?

आज इतने दिनों के बाद सन् पचास के आस-पास के वर्षों में चली बहस को याद करके बहुत लाभ नहीं भी हो सकता है, और रामविलासजी की देन का सही मूल्यांकन तो उस बहस के आधार पर किया ही नहीं जा सकता। लेकिन आज जब कुछ लोग रामविलासजी को आलोचना से परे साबित करने की कोशिश कर रहे हैं, तो लगता है कि उन्हें मार्क्सवाद से भी ऊपर उठाने की कोशिश की जा रही है। ऐसी स्थिति में उनकी समीक्षा आवश्यक हो जाती है। रामविलासजी के हवाले से कई लोग प्रगतिशील लेखक संघ के विसर्जन और विघटन का प्रचार करते रहे हैं। रामविलासजी ने विघटन नहीं, बल्कि विसर्जन की चर्चा कई जगह की है, जिसका कारण मनोवैज्ञानिक है। मैं इसकी चर्चा कर चुका हूँ। प्रगतिशील लेखकों की तत्कालीन बहस में कई बार ऐसा लगता है कि वे दूसरों को नीचा दिखाने के लिए बाल की खाल खींच रहे थे या जबरदस्ती भी कर रहे थे। मुल्कराज आनंद ने सज्जाद ज़हीर के उपन्यास 'लंदन की एक रात' की समीक्षा करते हुए लिखा था, "उत्तर भारत में लगभग अटूट सामंती परंपरा के दौरान सही अर्थ में कोई उपन्यास लिखा ही नहीं गया।" यह कहना सही नहीं है; क्योंकि जब यह समीक्षा लिखी गयी, तब प्रेमचन्द गुजर चुके थे और 'गोदान' तक उनकी उपन्यास लेखन-यात्रा पूर्ण विराम पर पहुँच गयी थी। यह मुल्कराज की गैरजानकारी भी हो सकती है, तब भी यह कथन अक्षम्य है। लेकिन इस पर रामविलासजी जो टिप्पणी करते हैं, देखिए : "भारतीय साहित्य में सामंती परंपरा अटूट है, रामचंद्र शुक्ल, प्रेमचन्द और जयशंकर प्रसाद के सामने बनारस की गोष्ठी में कुछ ऐसी ही बातें जवाहरलाल नेहरू ने भी कही थीं। उन

दिनों जवाहरलाल नेहरू प्रगतिशील लेखक संघ के सदस्य हुआ करते थे।'' (मार्क्सवाद और प्रगतिशील साहित्य, पृ. 342)। इसमें अंतिम वाक्य जबरदस्ती लाया गया है; क्योंकि बनारसवाली गोष्ठी 1930 में हुई थी और प्रगतिशील लेखक संघ की स्थापना 35-36 में हुई। लेकिन मुल्कराज आनंद और प्रगतिशील लेखक संघ को विसर्जनवादी साबित करने के लिए रामविलासजी ऐसा लिख देते हैं। आखिर यह लेख तो रामविलासजी ने बहुत बाद में लिखा!

दिल्ली-अधिवेशन में प्रगतिशील लेखक संघ के महासचिव पद से मुक्त होने के बाद रामविलासजी की मानसिकता में बदलाव आया। वे आंदोलनात्मक गतिविधियों से अलग हटकर लिखने-पढ़ने की साधना में लग गये। तब से अंतिम साँस तक वे लगातार प्रगतिशील आंदोलन और कम्युनिस्ट आंदोलन के लिए ही कलम के मजदूर की तरह अनवरत मेहनत करते रहे। प्रगतिशील लेखक संघ में उनकी रुचि तब भी बनी रही। उसके विकास की चिंता करते रहे। पाठकों से क्षमा-याचना करते हुए उनकी चिंता का एक प्रसंग सुनाना चाहता हूँ--रामविलास जी ने अपने कवि-मित्र केदारनाथ अग्रवाल को 6.2.74 को एक पत्र में इस तरह लिखा, ''पर साल प्रगतिशील लेखकों के सम्मेलन की बड़ी चर्चा थी, इस साल इलाहाबाद लेखक सम्मेलन की चर्चा सुनाई दे रही है। लगता है कुछ संयुक्त सोशलिस्ट पार्टी से और कुछ मार्क्सवादी कम्युनिस्ट पार्टी से सम्बद्ध लेखकों ने यह सम्मेलन आयोजित किया था। मार्कंडेय और भैरवप्रसाद गुप्त थे, रघुवंश सूत्रधार थे। शायद अमृत राय भी शामिल हुए थे। महादेवी वर्मा भी थीं। धर्मवीर भारती, कमलेश्वर और जगदीश गुप्त आदि किसी कारणवश रघुवंश आदि से असंतुष्ट थे। कल रघुवंश यहाँ आये थे। उनसे सब बातें मालूम हुईं। एक सम्मेलन बिहार में हुआ, उसका हाल खगेंद्र से सुना था।'' (मित्र-संवाद, पृ. 372)। पत्र की भाषा साफ-साफ बता रही है कि रामविलासजी प्रगतिशील लेखक संघ के सम्मेलन और उसकी चर्चा से प्रसन्न हैं। और ये सम्मेलन उनके विघटन या विसर्जन के नहीं, बल्कि उसके विरुद्ध प्रमाण हैं। कवि केदारनाथ अग्रवाल ने उपर्युक्त पत्र के उत्तर में उन्हें 13.2.74 को लिखा : ''बिहार में हुआ सम्मेलन डॉ. खगेंद्र के प्रयास से आयोजित हुआ था। वहाँ की पूरी रिपोर्ट नहीं देख सका। पर वह इलाहाबादी सम्मेलन से भिन्न तो था ही।'' (उपर्युक्त, पृ. 374) 'मित्र-संवाद' के उपर्युक्त पत्रों में बिहार के जिस सम्मेलन का जिक्र है, वह 30-31 दिसम्बर, 1973 को सुलतानगंज (भागलपुर) में हुआ था, जहाँ मैं उन दिनों मुरारका कॉलेज में अध्यापक था। यह वही सुलतानगंज है जहाँ से सन् 1930 में आचार्य शिवपूजन सहाय और पंडित रामगोविंद त्रिवेदी के सम्पादन में 'गंगा पत्रिका' निकली थी और जिसके बहुचर्चित पुरातत्त्वांक के संपादन के लिए वहाँ राहुलजी तीन महीनों के लिए गये थे। सुलतानगंज सम्मेलन का महत्त्व रामविलासजी और केदार बाबू, दोनों ही इस दृष्टि से भी आँकते

हैं कि वह इलाहाबाद सम्मेलन से भिन्न था और भिन्नता यह थी कि इसमें तो 'परिमली' लेखकों की कोई भूमिका न थी।

4

रामविलास शर्मा यद्यपि सन् 53 के बाद से ही आंदोलनात्मक गतिविधियों से अलग रहे और एकांत भाव से लेखन-कार्य में लगे रहे, फिर भी मेहनतकश जनता से, उत्पादक श्रम में लगी हुई जनता से, भारत के क्रांतिकारी संघर्ष से और उन सबके लिए कभी विचलित हुए बिना, कभी थकावट महसूस किए बिना कुंठारहित और दुविधामुक्त होकर अध्ययन, चिंतन एवं लेखन करते रहे। एक विचारक के रूप में उनका अत्यन्त महत्त्वपूर्ण काम तो सेवा-निवृत्त होने के बाद ही हुआ। मैं यह कहना चाहता हूँ कि जनता के पक्ष में, उसकी स्वतंत्रता और संस्कृति के पक्ष में वे लगातार लड़ते रहे। उन्होंने जो वैचारिक सामग्री अपने विविधतापूर्ण लेखन में प्रस्तुत कर दी है, उसका अध्ययन करके कोई भी बौद्धिक रूप से ईमानदार व्यक्ति क्रांतिकारी संघर्ष में पूरे सामर्थ्य के साथ भाग ले सकता है।

रामविलासजी आलोचना हो या भाषाविज्ञान, इतिहास हो या दर्शन, राजनीति हो या संस्कृति, हर क्षेत्र के लेखन के जरिए अपनी दृष्टि से समाजवादी चेतना को आगे बढ़ाते रहे। इसलिए वे सबसे अधिक व्यक्तिवाद पर हमला करते हैं। वे अच्छी तरह समझते और समझाते हैं कि व्यक्तिवाद का अभिन्न सम्बन्ध व्यक्तिगत स्वामित्व और व्यक्तिगत स्वार्थ से है। यह व्यक्तिवाद ही कला, साहित्य चिंतन आदि क्षेत्रों में व्यक्ति को जनतांत्रिक और वैज्ञानिक चिंतन से दूर ले जाता है। इस तरह व्यक्तिवाद पूँजीवाद का वैचारिक एवं व्यावहारिक रूप है। दोनों में अन्योन्याश्रय सम्बन्ध है। रामविलासजी लिखते हैं, "यूरोप और अमेरिका का चरम व्यक्तिवाद अनेक कलाकारों को उस सीमा तक खींच ले गया है जहाँ कला अपनी सारी विशेषताएँ खो बैठती है। इसी व्यक्तिवाद से प्रभावित हिंदी के अनेक कवि हैं जिनका मन सभी तरह की सामाजिकता से मुक्त हो गया है; छिन्न लय, प्रच्छन्न अर्थ, विच्छिन्न शब्दावली से अलंकृत रचनाओं में अपनी कुंठा, घुटन और व्यक्तित्व के विघटन के चित्रण में ही उन्हें कला और सौंदर्य की इतिश्री दिखाई पड़ती है। इस कवि-कर्म के मूल में यह धारणा है कि सौंदर्य, रस आदि का निरपेक्ष स्रोत व्यक्ति का मन है।" (आस्था और सौंदर्य, पृ. 23)। कला और साहित्य के क्षेत्र में पूँजीवाद और साम्राज्यवाद के खिलाफ संघर्ष का मतलब है व्यक्तिवाद के खिलाफ संघर्ष यानी सामाजिकता और यथार्थ के आग्रह को, उनके दायित्व को अंगीकार करना। रामविलासजी यथार्थवाद, विचारधारा आदि को महत्त्व देते हुए भी कला और साहित्य के रचनात्मक क्षेत्र में इंद्रियबोध और भावजगत की बुनियादी भूमिका को स्वीकार करते हुए उनके स्वरूप की व्याख्या करते हैं। इसका उद्देश्य है एक तरफ यथार्थ को महत्त्वहीन मानने वाले व्यक्तिवादियों,

कलावादियों की सीमा बताना तो दूसरी तरफ प्रगतिशीलों को कला और साहित्य में विचारधारा को ही सब कुछ समझने की भूल करने से रोकना। वे कहते हैं, ''इंद्रियबोध का संसार बहुत विशाल है, उसमें एक से अधिक वर्गों और देशों के लोग भाग लेते हैं। ललित कलाओं की सार्वजनीन लोकप्रियता का बहुत बड़ा कारण है इन्द्रियबोध की व्यापकता। रूप, रस, गंध, स्पर्श आदि की अनुभूति में मनुष्य एक-दूसरे से उतने पृथक नहीं हैं, जितने भावों और विचारों के संसार में।'' (आस्था और सौंदर्य, पृ. 24)। उपर्युक्त कथन में जो मान्यता और धारणा है, वह वास्तव में सृजनशीलता के सहज, स्वाभाविक स्रोत की ओर हमारा ध्यान खींचती है। इन्द्रियबोध की भूमिका पर जोर देने का महत्त्व तब खुलता है, जब हमें ऐसे लेखक मिलते हैं, जो अपने मनोजगत् को यानी अंतर्जगत् को ही रचना का स्रोत मानते हैं।

क्रिस्टोफर कॉडवेल के हवाले से रामविलासजी कहते हैं कि, ''सौंदर्य सामाजिक है। वह वस्तुगत है; क्योंकि उसका अस्तित्व मुझसे अलग समाज में है।'' (उपर्युक्त, पृ. 28)। इस समझ को आगे बढ़ाते हुए रामविलासजी कहते हैं, ''मनुष्य का सौंदर्यबोध उसके सामाजिक जीवन का ही परिणाम नहीं है। उससे भी पहले वह उसके प्राग्मानवीय विकास का परिणाम है।...मार्क्सवादी साहित्य में कभी-कभी सौंदर्यबोध को आर्थिक जीवन का प्रतिबिम्ब मान लिया जाता है। सौन्दर्यबोध आर्थिक जीवन से प्रभावित होता है, किंतु वह उसका प्रतिबिम्ब नहीं है।'' (उपर्युक्त, पृ. 29)। सौंदर्यबोध को आर्थिक जीवन का प्रतिबिम्ब मान लेने पर मनुष्य की सर्जनात्मकता का पता नहीं चलता। मनुष्य सृजनशील प्राणी है, इस बात को ध्यान में रखना है। इसी तरह विचारधारा के प्रसंग में वे स्पष्ट करते हैं कि : ''साहित्य भी शुद्ध विचारधारा का रूप नहीं है; उसका भावों और इन्द्रियबोध से घनिष्ठ सम्बन्ध है। इससे स्पष्ट है कि ललित कलाओं को विचारधारा के रूप में गिनना सही नहीं है।'' (उपर्युक्त, पृ. 30)। यहाँ भी वे एक तरफ विचारधारात्मक जड़ता से बचने पर जोर दे रहे हैं, तो दूसरी ओर विचारधारा के निषेध से भी सावधान करते हैं। इसी प्रसंग में ध्यान देने योग्य है रामविलास शर्मा द्वारा नयी कविता का विरोध और उसके लिए उनका मुख्य तर्क। वे कहते हैं, ''इन्द्रियबोध और भावना से पृथक् विचार की सत्ता गद्य में हो सकती है, कविता में नहीं। नयी कविता की 'बौद्धिक चेतना' का दोष यह है कि वह विचारों को इन्द्रियबोध से संयुक्त करने, भावना से अनुप्राणित करने, मार्मिक और प्रभावशाली बनाने के बदले उन्हें कथन मात्र रहने देती है।'' (आस्था और सौंदर्य, पृ. 236)। कवित्व की खोज करने की जो प्रक्रिया इस कथन में दिखाई पड़ती है, वह वास्तव में कविता को नयी परिस्थिति में परिभाषित करने की या कविता की पहचान बताने की कोशिश है। नयी कविता के दौर में परिमलवादियों ने कविता को संवेदन-शून्य बना देने के लिए अंग्रेजी आलोचना और औपनिवेशिक चिंतन के प्रभाव से हिंदी में भी कविता को वह स्वरूप देने का अभियान चलाया, जिससे कविता और

जनता का सम्बन्ध टूट जाए, बल्कि यह कहना ज्यादा सही होगा कि उन लोगों ने कविता को ऐसा रूप देने की कोशिश की कि कविता के परम्परागत पाठक उससे मुँह मोड़ लें। रामविलासजी ने इस अभियान की सच्चाई को समझकर उसकी तीखी आलोचना की। एक उदाहरण काफी होगा। 'नयी कविता' के संपादक जगदीश गुप्त ने स्थापित किया कि कविता में शब्द नहीं, अर्थ की लय का महत्त्व है। इस प्रकार शब्द और अर्थ के 'कहियत भिन्न न भिन्न' सम्बन्ध को विच्छिन्न करने का प्रयत्न किया गया। रामविलासजी कहते हैं, "यदि शब्द और अर्थ अभिन्न अवस्था प्राप्त करते हैं तो शब्दों से पूर्णतः स्वतंत्र अर्थ-लय की सत्ता असम्भव है।" (आस्था और सौंदर्य, पृ. 238)। बात यह है कि यथार्थवाद के विरोधी हर जगह अमूर्त्तता को स्थापित करने का प्रयत्न करते हैं। रामविलासजी ने इसका विरोध किया और सही विरोध किया। रामविलासजी का निम्नलिखित मन्तव्य ध्यान देने योग्य है, "वह सभ्यता जो अपना नाश निश्चित समझती है, पूँजीवादी सभ्यता ही है। उसका अंतिम स्वर इलियट और उसकी मंडली की रचनाओं में सुना जाता है। उसकी फीकी प्रतिध्वनि जगदीश गुप्त, श्री लक्ष्मीकांत वर्मा तथा प्रयाग के अन्य प्रयोगवादियों के गद्य-पद्य में सुनी जाती है।" (उपर्युक्त, पृ. 225)। और आगे : "इलियट ने इंग्लैंड और अमरीका की स्वस्थ परम्परा से नाता तोड़ा। उसके तरकस के तीरों से नयी कविता के प्रतिमान रचकर प्रयोगवादियों ने छायावादी और प्रगतिशील कविता पर वार किए।" (उपर्युक्त, पृ. 227)। रामविलासजी के ये मन्तव्य उस समय भी प्रगतिशील साहित्य के तत्त्वों की रक्षा कर रहे थे और आगे भी शक्ति देते रहेंगे।

वास्तव में नयी कविता के दौर में रामविलासजी उपनिवेशवादियों, अस्तित्ववादियों और व्यक्तिवादियों के साहित्य सम्बन्धी विचारों से संघर्ष कर रहे थे। यह संघर्ष प्रगतिशील आंदोलन के लिए अनिवार्य है। साम्राज्यवादी और पूँजीवादी विचारकों ने हमेशा अपने स्वार्थ की रक्षा के लिए एक तो वर्गीय अवधारणा से मनुष्य की चेतना को मुक्त करने का अभियान चलाया, दूसरे, इसी कारण अपने को मानवीय स्वतंत्रता का रक्षक बताया। सन् 1950 में उपनिवेशवादी विद्वानों ने एक घोषणा-पत्र जारी किया। रामविलासजी बताते हैं, "उन्होंने समाजवादी देशों को मानव-जाति के लिए सबसे बड़ा खतरा बतलाया और बुद्धिजीवियों को सचेत किया कि इस खतरे के प्रति उदासीन रहना मानव-जाति के बुनियादी मूल्यों के प्रति विश्वासघात करना होगा।" (मार्क्सवाद और प्रगतिशील साहित्य, पृ. 399-400)। यह घोषणा-पत्र 'कांग्रेस फॉर कल्चरल फ्रीडम' की ओर से जारी किया गया जिसमें आर्थर कोएस्लर की मुख्य भूमिका थी। भारत में भी 1953 में मुम्बई में उक्त संस्था का सम्मेलन हुआ था, जिसमें मार्क्सवाद के खतरे से आगाह करते हुए लेखकों से कहा गया कि साहित्य को राजनीति से बचाए रखें। आज के जनतांत्रिक युग में साहित्य को राजनीति से अलग रखने का मतलब है यह मान लेना कि 'सन्तन को कहा सीकरी सों काम' या 'कोउ नृप

होंहि हम हिं का हानी।' ऐसी पंक्तियों में मध्यकालीन राजनीतिक चेतना व्यक्त होती रही है। उस समय हमारे देश में मनुष्य की चेतना को पीछे मोड़ने का प्रयास करके पुनरुत्थानवादियों की और यथास्थितिवादियों की वैचारिक मदद की जा रही थी। 'आलोचना' के तत्कालीन संपादक धर्मवीर भारती ने लिखा, "यदि हम ऐसा नहीं करते और भविष्य के किसी अदृश्य वर्गहीन समाज की स्थापना के नाम पर मानववादी मूल्यों का तिरस्कार करते हैं तो हम प्रगति की आस्था को आंतरिक रूप से पराजित करके एक प्रकार के नये भाग्यवाद को प्रश्रय देने लगते हैं।" (उपर्युक्त, पृ. 401)। यह थी नयी कविता की वास्तविक पृष्ठभूमि। यों एक बात यह भी है कि नयी कविता के अंतर्गत कई प्रमुख कवि थे, जो प्रगतिशील आंदोलन से जुड़े थे और तब भी वे यथार्थवाद को स्वीकार करके चल रहे थे। उनमें मुक्तिबोध और शमशेर जैसे कवि भी थे। उस समय उभर रहे कई नये कवि भी थे, जिनमें रघुवीर सहाय और केदारनाथ सिंह ध्यान खींच रहे थे। रामविलासजी इन कवियों की अलग से पहचान नहीं करते। यह उनकी सीमा है।

रामविलासजी साहित्य में मूल्यहीनता के खिलाफ थे। इस प्रसंग में नयी कविता के साथ ही प्रसिद्ध रूसी कवि और 'डॉ. जिवागो' के लेखक पास्तरनाक को वे अच्छी तरह याद करते हैं। उन्होंने पास्तरनाक की बेलाग आलोचना इसलिए नहीं की कि वे अपने उपन्यास 'डॉ. जिवागो' में सोवियत व्यवस्था पर प्रहार करते हैं। आलोचना का मूल बिंदु यह है कि पास्तरनाक इहलोक के प्रति, जीवन के प्रति उदासीनता का सिद्धांत प्रतिपादित करते हैं। पास्तरनाक संसार की घटनाओं को एक शृंखला में नहीं, पास्परिक लगाव में नहीं, बल्कि अलग-अलग करके देखने का आग्रह करते हैं। उनके शब्द हैं, "ये सब गतिविधियाँ एक सामान्य जीवन-प्रवाह द्वारा प्रेरित और संयुक्त होती हैं। वे सचेत न होकर इस प्रवाह के मद में मत्त होती हैं। लोग अपनी व्यक्तिगत चिंताओं और आकांक्षाओं द्वारा परिचालित होते हैं, किंतु कर्म के ये स्रोत रिक्त हो जाएँ और जीवन-तंत्र को ठप कर दें, यदि गम्भीर भावना उन्हें नियंत्रित न किये रहे।...यह भावना इस आह्लादकारी विश्वास से उत्पन्न होती है कि संसार में जो कुछ होता है वह मृत्युलोक में ही नहीं होता, वरन् किसी दूसरे लोक में भी होता है, जिसे कुछ लोग मोक्षधाम (किंगडम ऑफ गॉड) कहते हैं, अन्य जन इतिहास और अन्येतर जन किसी अन्य नाम से अभिहित करते हैं।" इस पर रामविलासजी की टिप्पणी इस प्रकार है, "मनुष्य जीवन की एक सुखद आवृत्ति परलोक में भी होगी—यह भी अनेक धर्माचार्यों से सुना है। किंतु मोक्षधाम के जीवन को इतिहास भी कहा जा सकता है, यह अवश्य मौलिक सूझ है। पास्तरनाक के कथन में महत्त्व का सूत्र यह परलोक सम्बन्धी कल्पना नहीं है, महत्त्व का सूत्र इहलोक सम्बन्धी गम्भीर उदासीनता की भावना है।" (आस्था और सौंदर्य, पृ. 194-95)। उदासीनता का मूल पदगत अर्थ लें तो बात और गम्भीर हो जाती है। उदासीनता—उत् + आसीन +

ता यानी ऊँचे आसन पर विराजने का भाव यानी इस धरती के यथार्थ से, उसके जंजाल से ऊपर उठकर स्थित होने का भाव और उसी प्रेरणा से अपने को संचालित करना। यह अवस्था जीवन और जगत् के यथार्थ से अलग होती है। इस अवस्था में रहनेवाला और तद्नुकूल प्रेरणा से संचालित मनुष्य इस समाज के बदलने के बारे में सोच ही नहीं सकता। इसीलिए रामविलासजी इस अवस्था और भाव का विरोध करते हैं। यह सवाल प्रगतिशील आंदोलन से जुड़ा इसलिए है कि यह आंदोलन मनुष्य-जीवन के भवितव्य की चिंता से प्रेरित है, उसे बदलकर मानवीय बनाने से प्रेरित है। इस प्रेरणा से सृजित कला और साहित्य जीवन के लिए होता है, कला के लिए नहीं। इसी दृष्टि से नयी कविता की मूल्यहीनता और धुरीहीनता की रामविलासजी की आलोचना की प्रासंगिकता समझी जा सकती है। आज इतने दिनों के बाद उलटकर कविता के इतिहास का सिंहावलोकन करने पर अनुभव होता है कि नयी कविता के दौर में भी श्रेष्ठ कविताएँ नागार्जुन, केदारनाथ अग्रवाल, शमशेर, मुक्तिबोध, त्रिलोचन आदि ने ही मुख्य रूप से लिखीं। इसका यह मतलब नहीं कि अज्ञेय ने कोई श्रेष्ठ कविता नहीं लिखी। अनेक श्रेष्ठ कविताएँ उन्होंने भी लिखीं, लेकिन कविता के जरिए जो मूल्य वे स्थापित कर रहे थे, वह मनुष्य को व्यक्तित्वहीन बना रहा था, उसे निःसत्व बना रहा था। यही चिंता की बात है और रामविलासजी की आलोचना में यह चिंता भरपूर है। वे इसीलिए इलियट के 'वेस्टलैंड', पास्तरनाक के 'डॉ. जिवागो' और नयी कविता के मनुष्य में समानता देखते हैं और वह समानता है उनकी असामाजिकता, जीवन एवं जगत से उदासीनता।

रामविलासजी का विशाल एवं व्यापक लेखन साहित्यालोचन से लेकर भाषा-चिंतन, दर्शन-इतिहास, राजनीति और समाजवादी क्रांति की संभावना तक जो लेखन है, वह प्रगतिशील और क्रांतिकारी आंदोलन के भवितव्य के प्रति उनकी चिंता की बौद्धिक अभिव्यक्ति है। रामविलासजी ने भारतीय साहित्य की परम्परा, हिंदी जाति की चेतना, हिंदी नवजागरण, भारतीय भाषा-चिंतन, हमारी सांस्कृतिक विरासत, आदि की व्याख्या करते हुए जो कुछ और जितना लिखा है, उसका संजीदगी से अध्ययन मनुष्य के व्यक्तित्व को नयी ताकत देने का विपुल स्रोत है। उनसे मतभेद होना संभव है। दूसरा कारण मेरी समझ से यह है कि उन्होंने गत चार दशकों में मुख्यतः मार्क्सवाद के शास्त्रीय स्वरूप को ध्यान में रख प्राचीन से लेकर समकालीन समस्याओं का, दर्शन से लेकर सौंदर्यबोध तक के प्रश्नों का विवेचन-विश्लेषण किया। यदि उनके अध्ययन-चिंतन और विवेचन-विश्लेषण में व्यावहारिक गतिविधियों और कार्रवाइयों के जीवंत अनुभवों का सामंजस्य होता तो उनके अध्ययन-विश्लेषण का स्वरूप अवश्य ही कुछ भिन्न होता। उन्होंने समस्त भारतीय परंपरा का अध्ययन करके जो उसके स्वस्थ, प्रगतिशील और जनतांत्रिक तत्त्वों को उभारकर हमारे सामने रखा है, वह प्रगतिशील आंदोलन की अमूल्य निधि ही नहीं, अक्षय शक्ति भी है। अब हमारा

और आगेवाली पीढ़ियों का काम है, इनके विशाल लेखन से सकारात्मक और गतिशील तत्त्वों को ग्रहण करके आगे बढ़ना। रामविलासजी मार्क्सवादी थे, क्रांतिकारी थे, क्रांति की वैचारिक एवं सांस्कृतिक साधना में लीन थे, इसलिए हम न तो उनके बिना आगे बढ़ सकते हैं और न उनकी देव-प्रतिमा बनाकर उनके ऐतिहासिक ध्येय को आगे बढ़ा सकते हैं।

हम इस युग को संकट का युग कहते रहे हैं। दुनिया-भर में संकट व्याप्त है, हमारे देश और जीवन में भी। संकट मूलतः पूँजीवादी व्यवस्था का है, उससे उत्पन्न है, चाहे वह महँगाई हो या भ्रष्टाचार या आपराधिक राजनीति। हम पिछले अनेक वर्षों से आर्थिक, राजनीतिक, सांस्कृतिक, वैचारिक संकट की चर्चा करते रहे हैं। सब कुछ विघटित हो रहा है। निर्माण और सृजन उपेक्षित है। विघटन और विक्रय का विजय रथ चल रहा है। इसी को भूमंडलीकरण कहा जा रहा है। मनुष्यता और जनतंत्र को रौंदा जा रहा है। इस संकट में जहाँ अनेक युवा लेखक जन-पक्षधरता और प्रतिबद्धता को अपनाए रखना मुश्किल बता रहे हैं, फेंस पर रहना उन्हें सुखद लग रहा है, वहीं रामविलासजी इस संकट का मुकाबला करते रहे हैं। उनका लेखन हमें जितनी शक्ति देता है, उससे अधिक ताकत हमें उनका व्यक्तित्व देता है। यह महान व्यक्तित्व प्रगतिशील आंदोलन में भागीदारी से बना है, वह उसकी उपलब्धि है तो उसे अक्षय शक्ति देनेवाला भी है। उनका यह कथन मुझे याद आ रहा है, "कला के लिए महान युग वे रहे हैं जब मनुष्य ने जीवन की बहुमुखी कार्रवाई में भाग लिया है, जब उसका सौंदर्यबोध एक ही कला तक सीमित नहीं रहा है।" (आस्था और सौंदर्य, पृ. 53)। यह वाक्य हमें रामविलासजी की कार्यवाहियों, गतिविधियों की विविधता के माध्यम से युग की महानता को समझने का सूत्र देता है। संकटों के कारण युग पतनशील है और संकटों से जूझने की निष्कम्प साधना युग को महान बनाती है। रामविलास शर्मा उन हस्तियों में हैं, जो महान ऐतिहासिक ध्येय तक पहुँचने के संघर्ष में इस युग की महानता महसूस करते हैं।

5

विचारधारा और संगठन के कुशल रचनाकार भीष्म साहनी

1

भीष्म साहनी से मेरी पहली मुलाकात सन् 1974 में दिल्ली में हुई। वे उन दिनों प्रगतिशील लेखक संघ के राष्ट्रीय महासचिव थे। 1972 में अल्माअता में अफ्रो-एशियन लेखक संघ के अधिवेशन के समय सज्जाद ज़हीर का निधन हो जाने के बाद ही लोगों का ध्यान भीष्म जी पर गया और उन्होंने प्रगतिशील लेखक संघ का दायित्व सम्हाल लिया था। तो भीष्म जी ने दिल्ली में प्रगतिशील लेखक संघ की एक राष्ट्रीय बैठक बुलाई थी। मैं उसी में भाग लेने के लिए आया, तो उनसे मिलने और उनकी बातें सुनने का प्रेरणादायी अवसर प्राप्त हुआ था। बैठक का संचालन भीष्म जी ने स्वयं किया था। वे धीमी गति से, मद्धिम आवाज में बोलते थे, संक्षेप में अपनी बात कह जाते थे, लेकिन अध्ययन और अनुभव के दुर्लभ सामंजस्य से वे ऐसी बातें बोलते थे कि उन्हें सुनने और उन पर विचार करने को विवश होना पड़ता था। यह विवशता इतनी स्वाभाविक थी कि मन प्रसन्न हो जाता था। उनके सौम्य चेहरे और मद्धिम आवाज में तो अनोखा तालमेल था ही, अनुभव सिद्ध बातों से उनका सौंदर्य और बढ़ जाता था। हर तरह से वे लोगों को आकृष्ट करते थे, प्रभावित करते थे। मैं उन दिनों 1973 के दिसम्बर महीने से ही बिहार प्रगतिशील लेखक संघ का महासचिव था। इस नाते मुझे दिल्ली की उक्त बैठक में शामिल होना था। लेकिन भीष्म जी तो मशहूर और प्रतिष्ठित कहानीकार थे, इसलिए उनके व्यक्तित्व में एक अतिरिक्त आकर्षण था। लेखक और संगठनकर्त्ता के गुणों का अनोखा समन्वय था उनमें। कभी ऐसा नहीं महसूस होता कि वे किसी पर दबाव डाल रहे हों। यह भी नहीं महसूस होता कि बड़ा कथाकार होने का अहसास उनमें हो। हाँ, उनकी बातें सुनकर अवश्य लगता था कि हम एक बड़े लेखक को सुन रहे हैं।

भीष्म जी 1972 से 1986 के लखनऊ में आयोजित स्वर्णजयन्ती-समारोह (9,

10 अप्रैल) तक प्रगतिशील लेखक संघ के महासचिव रहे। मैंने भीष्म जी को महासचिव के रूप में काम करते देखा है। यदि दिल्ली में कोई राष्ट्रीय सेमिनार या सम्मेलन या ऐसा ही कोई आयोजन होता था, तो उसके लिए कार्ड छपाने और बाँटने, अखबारों में सूचना देने, हॉल का प्रबंध करने, बाहर से आये लेखकों के ठहरने-खाने का इंतजाम करने से लेकर बाद में अखबारों में रिपोर्ट भेजने और इकाइयों को भी जानकारी देने तक का काम वे निःसंकोच करते थे। उन्हें इन सबके लिए दौड़-धूप करते देख मुझे अक्सर याद आता कि गाँव में किसी बहुगुणी आदमी को देखकर लोग कहते—अरे यह तो जूता सिलाई से चंडीपाठ तक में पारंगत है। या फिर यह भी कहा जाता कि—यह तो छप्पर छाने से लेकर सत्यनारायण कथा तक जानता है। भीष्म जी डाक में चिट्ठी डालने से लेकर प्रतिवेदन लिखकर लेखकों का वैचारिक नेतृत्व करने तक का काम बखूबी करते थे। संगठन का कोई काम उनके लिए छोटा नहीं था। संगठन के कारण उनके मन में कोई महत्त्वाकांक्षा जगी हो, ऐसा मुझे नहीं महसूस हुआ।

प्रगतिशील लेखक संघ का पुनर्गठन-सम्मेलन 1975 में 6 से 9 मई तक गया में हुआ। भीष्म जी ने अपनी याददाश्त से अपनी आत्मकथा 'आज के अतीत' में लिखा है—"1976 के आसपास इसका (प्रगतिशील लेखक संघ का) पुनर्गठन हुआ, जब इसे संघ से महासंघ बनाया गया।" (पृ. 270) लेकिन सम्मेलन '76 नहीं, '75 में हुआ था। इस सम्मेलन में भीष्म जी बाजाब्ता महासचिव चुने गये और बांग्ला के विख्यात कवि विष्णु दे अध्यक्ष बनाए गये थे। इस सम्मेलन में देश की विभिन्न भाषाओं के एक सौ से अधिक लेखक जुटे थे, अनेक प्रतिष्ठित, साथ ही नये लेखक भी थे। इस सम्मेलन में नया घोषणा-पत्र स्वीकृत किया गया था, जिसका पहला प्रारूप अली सरदार जाफरी ने तैयार किया था। उसे विचार-विमर्श के लिए सम्मेलन से काफी पहले ही देश-भर में वितरित किया गया था। भीष्म जी ने प्राप्त सभी सुझावों और संशोधनों के साथ घोषणा-पत्र को सम्मेलन में पेश किया था और संशोधित रूप ही स्वीकृत हुआ था। यहाँ से प्रगतिशील लेखक संघ ने एक नयी यात्रा नयी परिस्थिति में शुरू की थी। गया-सम्मेलन अचानक नहीं हुआ था। जैसे 1936 का लखनऊ सम्मेलन देश के भीतर स्वाधीनता-संग्राम और अंतर्राष्ट्रीय स्तर पर फासीवाद और विश्वयुद्ध के खिलाफ शांति, जनतंत्र और मानवीय संस्कृति का पक्ष मजबूत करने के लिए लेखकों की बेचैनी को व्यक्त करने तथा संगठित भूमिका के लिए उन्हें तैयार करने के लिए 1935 में पेरिस-सम्मेलन की पृष्ठभूमि में हुआ था, उसी तरह सातवें दशक में राष्ट्रीय मुक्ति आंदोलन की अभूतपूर्व सफलता और अपने देश में नये सामाजिक-राजनीतिक विकल्प की तलाश की पृष्ठभूमि में दिल्ली में 1970 में अफ्रो-एशियाई लेखक सम्मेलन, 1970 में ही पटना में बिहार प्रगतिशील लेखक संघ का पुनर्गठन सम्मेलन, फिर 1973 में बिहार का राज्य सम्मेलन, 1973 में ही बाँदा में प्रगतिशील साहित्यकार-सम्मेलन आदि के बाद गया में प्रगतिशील लेखक

संघ का राष्ट्रीय सम्मेलन हुआ था। उन्हीं दिनों बिहार में संपूर्ण क्रांति का आंदोलन जयप्रकाश नारायण के नेतृत्व में चल रहा था। इस दृष्टि से गया-सम्मेलन बहुत कठिन परिस्थिति में हुआ था। भीष्म जी ने गया-सम्मेलन का जिक्र करते हुए 'आज के अतीत' में लिखा है—"गया सम्मेलन के बाद हम रात की गाड़ी से लौटने वाले थे। स्टेशन पर पहुँचे तो पता चला गाड़ी दस घंटे लेट है। अँधेरा पड़ चुका था और अब हम न अपने ठिकाने पर लौट सकते थे और न कोई वाहन मिल सकता था। हम लोग प्लेटफॉर्म पर ही लंबे पड़ गये।...उस रात को याद करो तो लगता है हम किसी पिकनिक पर गये हुए थे। कहीं कोई शिकवा-शिकायत नहीं थी।" (पृ. 271)

मुझे याद आ रहा है कलकत्ता से प्रकाशित साप्ताहिक 'स्वाधीनता' में गया-सम्मेलन पर जो रिपोर्ट और टिप्पणी छपी थी, उसका शीर्षक दिया गया था—'गया में प्रगतिशीलता को पिंडदान'। लेकिन स्थिति इसके विपरीत थी। भीष्म जी ने लिखा है—"प्रगतिशील लेखक संघ एक लहर के रूप में उभरा था। आज भी उसका स्वरूप एक लहर जैसा ही है, बँधी-बँधाई संस्था का नहीं है। वह भारत की सभी भाषाओं का साझा मंच था, धर्मनिरपेक्ष, जनतंत्रात्मक दृष्टि से प्रेरित और वामपंथी विचारधारा से गहरे में प्रभावित जो एक ओर देश के स्वतंत्रता-संग्राम से जुड़ता था, तो दूसरी ओर विश्वव्यापी उठनेवाले घटना-चक्र के प्रति सचेत था।" ('आज के अतीत', पृ. 270) उन पंक्तियों में व्यक्त दृष्टि से देखकर ही प्रगतिशील आंदोलन को ठीक से समझा जा सकता है। वह केवल संगठन नहीं, एक लहर है। लहर कभी तेज होती है, कभी शान्त, लेकिन जल-प्रवाह तो हमेशा रहता है। इस दृष्टि से नहीं देखनेवाले ही स्वातंत्र्योत्तर काल के दिनों में कुछ वर्षों तक सांगठनिक गतिविधियों की कमजोरी को देखते हुए अनेक वामपंथी और प्रगतिशील लेखक भी कहने लगते हैं, बल्कि कहते रहे हैं कि प्रगतिशील लेखक संघ में विसर्जनवादी दृष्टिकोण हावी हो गया। कई मित्रों ने तो उसे विघटित तक घोषित कर दिया। स्वातंत्र्योत्तर काल में सांगठनिक गतिविधियों के कमजोर पड़ने या आंदोलन की लहर के धीमी पड़ जाने का सही कारण सन् 1948 से 1951 तक अपनाया गया अतिवादी और संकीर्णतावादी दृष्टिकोण भी था। इसके कारण अनेक लेखक प्रगतिशील लेखक संघ को छोड़ गये। उस ऐतिहासिक कट्टरता और संकीर्णता का अवशेष जिन लोगों की चेतना में आज तक मौजूद है, वे ही लगातार प्रगतिशील लेखक संघ को विघटित या विसर्जित घोषित करते रहे हैं। प्रगतिशील लेखक संघ के तरह-तरह के विरोधी उसके बारे में तरह-तरह की बातें गढ़के फैलाते रहे हैं। एक यह बात भी फैलाई गयी कि आपातकाल के समर्थन में गया में प्रगतिशील लेखकों ने सम्मेलन किया था। यह झूठ है, क्योंकि आपातकाल 25 जून 1975 की रात में घोषित किया गया था और गया-सम्मेलन 6 मई से 9 मई तक 1975 में हुआ था। अवश्य प्रगतिशील लेखक उस समय चल रहे तथाकथित संपूर्ण क्रांति आंदोलन के खिलाफ थे और उस आंदोलन से कैसे-कैसे तत्त्व भारतीय

राजनीति में विकसित होकर आये, इस पर ध्यान देने पर आज कोई भी जो राजनीति में सम्प्रदायवाद, जातिवाद और अपराध कर्म के बढ़ते प्रभाव से चिंतित है वह संपूर्ण क्रांति के विरोध को जायज करार दे रहा है।

भीष्म साहनी जैसे प्रतिष्ठित और लोकप्रिय कथाकार और नाटककार की अगुआई में उस दौर में प्रगतिशील लेखक संघ ने प्रगतिशीलता के कारवाँ को मजबूत किया और आगे बढ़ाया। 1976 में भीष्म जी ने मुझे पत्र लिखकर सूचित किया कि "असम जा रहा हूँ प्रगतिशील लेखक संघ के राज्य सम्मेलन में, उधर से लौटते हुए पटना में एक दिन रुक सकता हूँ। कृपया सूचित करें।" हमारे लिए यह खुशी की सूचना थी। कार्यक्रम तय किया और उनको लिख दिया। हम लोगों ने एक गोष्ठी आयोजित की। कम समय की सूचना पर, बल्कि अखबार में सूचना प्रकाशित करा देने से ही पटना में प्रायः सभी नये लेखक एकत्र हो गये। भीष्म जी के व्यक्तित्व में एक प्रकार की चुम्बकीय शक्ति थी। लेखकों-पाठकों के बीच उन्हें देखकर यह महसूस होता था। पटना की उस गोष्ठी में उन्होंने कहा—"प्रगतिशील लेखक संघ की ओर लेखक आकृष्ट हो रहे हैं। पहले मुझे भी लगता था कि प्रगतिशील लेखक संघ में लेखकों के लिए आकर्षण नहीं रह गया है। लेकिन अनुभव कुछ और ही कह रहा है। मैं जहाँ कहीं जाता हूँ बड़ी तादाद में लेखक आते हैं, खास करके नये लेखक प्रगतिशील लेखक संघ में शामिल हो रहे हैं। यह सब देखकर मैं चकित हूँ और समझने की कोशिश कर रहा हूँ कि ऐसा क्यों हो रहा है। इतना तय है कि प्रगतिशील आंदोलन में एक नयी लहर आयी है।" भीष्म जी स्वयं बहुत उत्साहित थे। इस नयी लहर को और व्यापक बनाने के लिए भीष्म जी संगठन में भी खुलापन पसंद करते थे। मुझे एक घटना याद आ रही है। सन् 1982 में जयपुर में इस नये दौर में प्रगतिशील लेखक संघ का तीसरा सम्मेलन हो रहा था। अंतिम दिन अंतिम सत्र संगठन सत्र के रूप में हो रहा था। इस सत्र के प्रारम्भ में ही पटना के एक लेखक प्रतिनिधि (जो बाद में प्रगतिशील लेखक संघ में नहीं रहे) ने उठकर कहा—"यहाँ अनेक लोग हैं, जो प्रगतिशील लेखक संघ के प्रतिनिधि नहीं हैं, उन्हें बाहर जाने को कहा जाए, तभी संगठन-सत्र हो।" इस पर भीष्म जी ने कहा—"यार, मैं तो चाहता हूँ कि जो बाहर हैं, वे भी भीतर आ जाएँ, आप भीतर आये हुए को बाहर करने को कह रहे हैं।" सभा-भवन में उपस्थित सभी लेखक ठठाकर हँस पड़े और संगठन-सत्र आगे बढ़ गया। संगठन और आंदोलन में सामंजस्य कायम करने का यह सहज तरीका था। इसके साथ ही संगठन को सहज आत्मीयता के साथ चलाने और उसे व्यापक बनाने का तरीका भी। वे संगठन को चला रहे थे और कुशलता से चला रहे थे, उसे आंदोलन का रूप भी दे रहे थे, लेकिन ध्यान देने की बात यह है कि वे संगठनवादी नहीं थे। संगठन और आंदोलन के ध्येय को हमेशा ध्यान में रखते थे, साथ ही लेखकीय मर्यादा को भी। मैं एक प्रसंग का जिक्र करना चाहता

हूँ। 1985 में 'नागार्जुन की राजनीति' नाम से एक लेख पटना प्रगतिशील लेखक संघ की तत्कालीन बुलेटिन में प्रकाशित किया गया। इस लेख में राजनीतिक लाइन के आधार पर नागार्जुन की आलोचना की गयी थी। इस पर तरह-तरह की प्रतिक्रियाएँ हो रही थीं। मैंने निजी तौर पर उसके लेखक और भूमिका-लेखक दोनों को बता दिया था कि यह लेख उचित नहीं है। बिहार प्रगतिशील लेखक संघ ने भी उससे अपने को अलग बताया। इस विवाद में भीष्म जी ने एक पत्र लिखा और स्पष्ट कहा कि लेखक को लिखने की आजादी है, लेकिन उसे प्रगतिशील लेखक संघ से नहीं छापना चाहिए था। भीष्म जी की समझ एक तरफ राजनीतिक लाइन को आलोचना का आधार बनाने से मना करती है, दूसरी तरफ संगठन को व्यक्तिगत विवाद और आक्षेप से अलग रखने की हिदायत देती है। भीष्म जी संगठन को सामूहिकता का पर्याय मानते थे। इसीलिए वे उसे व्यक्तिगत लाभ-हानि, व्यक्तिगत प्रशंसा या निंदा अथवा आक्षेप से अलग रखने के लिए हमेशा सचेत रहते थे। इस प्रसंग में एक और घटना याद आ रही है। 1980 में जबलपुर में प्रगतिशील लेखक संघ का अधिवेशन हो रहा था। उसी समय अरुण कमल का पहला कविता-संग्रह 'अपनी केवल धार' प्रकाशित हुआ था। हिंदी के एक आलोचक जो उन दिनों अरुण कमल की कविताओं के 'फैन' थे और 1985 के बाद उनको खराब कवि कहने लगे, उन्होंने जबलपुर में भीष्म जी से कहा कि अरुण कमल के कविता-संग्रह का मंच से लोकार्पण करा दीजिए। भीष्म जी असमंजस में पड़ गये। वे मेरे पास आये। उन्होंने उपयुक्त बात का जिक्र करते हुए कहा—"आपकी क्या राय है!" मैं अरुण कमल की कविताओं को पसन्द करता रहा हूँ। उनका पहला संग्रह मुझे भी बहुत अच्छा लगा था। लेकिन भीष्म जी ने मेरी राय पूछी, तो मैंने एक बार उन्हें देखा और फिर कहा—"किसी एक कवि के संग्रह का अधिवेशन के मंच से लोकार्पण मुझे उचित नहीं लग रहा है।" भीष्म जी का असमंजसवाला चेहरा खिल गया। बोले—"मैं भी यही सोच रहा था।" वे गये और उक्त आलोचक महोदय को प्रेमपूर्वक समझा दिया। अरुण कमल अधिवेशन में भाग ले रहे थे, लेकिन वे इस मामले से अलग और अनजान थे। उनके संग्रह का लोकार्पण अधिवेशन परिसर में एक अलग आयोजन करके किया गया, जिसमें मैं, भीष्म जी और भी बहुतेरे लोग शरीक हुए।

2

भीष्म जी आंदोलन के आदमी थे। इस बात पर गौर करने की जरूरत है। जिस दौर में भीष्म जी ने अपने निरंतर क्रियाशील जीवन की आखिरी साँस जी, वह ऐसा है, जिसमें बहुत से लेखक अपने जीवन के लिए, अपने लेखन के लिए, लेखकीय व्यक्तित्व के विकास के लिए संगठन और आंदोलन को जरूरी नहीं समझते। कुछ तो ऐसे भी हैं, जो संगठन और आंदोलन को बाधक समझते हैं। आज के लेखन

की एक बड़ी विशेषता कुछ लोग यह मानते हैं कि उस पर किसी आंदोलन का प्रभाव नहीं है। लेकिन भीष्म जी का व्यक्तित्व उस तरह की बातों को, उनके पीछे छिपी समझ को एकदम गलत साबित करता है। भीष्म जी की आत्मकथा 'आज के अतीत' पढ़ने से यह साफ-साफ पता चलता है कि अपने जीवन में वे पहले आंदोलनकर्त्ता बने, लेखक तो बहुत बाद में हुए। इस सम्बन्ध में उनके अनुभवों पर गौर करना चाहिए। युवावस्था से ही उन्होंने कांग्रेस के माध्यम से स्वाधीनता आंदोलन में भाग लेना शुरू किया जो एक गम्भीर राजनीतिक आंदोलन था। उन्होंने खुद लिखा है–''पर एक बार जरूर भावनाओं के ज्वार से विवश होकर मैंने कदम उठाया था और कांग्रेस के दफ्तर में जा पहुँचा था और सदस्यता के लिए अपना नाम लिखवा आया था।'' ('आज के अतीत', पृ. 102) फिर लिखते हैं–''कांग्रेस में नाम लिखवाया, तो मुझे लगा जैसे मैं किसी बड़े विशाल आँगन में प्रवेश कर गया हूँ।...मैं कहीं जुड़ रहा था, मैं अपने को उस देशव्यापी आंदोलन का अंग मानने लगा था, जो उस समय सैलाब की तरह उठ रहा था। सड़क पर चलते हुए मेरा मन रहता, कोई मेरी ओर देखे और कहे कि यह आदमी भी उस विशाल आंदोलन में शामिल है, उसका हिस्सा है।'' ('आज के अतीत', पृ. 103) अपने जीवन के इस दौर में भीष्म जी पिताजी के साथ रहकर उनके व्यापार में हाथ बँटा रहे थे। यह हाथ बँटाना उन्होंने एक निर्णय के तहत किया था और ऐसा लगा था कि यही उनका पेशा होगा। लेकिन उनकी मानसिकता व्यापार के अनुकूल नहीं थी। वे लिखते हैं–''व्यापार में मेरी रुचि बढ़ नहीं पा रही थी। इससे मुझे आंतरिक सुख नहीं मिलता था।...एम. ए. तक की पढ़ाई करने के बाद दूकानदार की गद्दी पर बैठना मेरे लिए नागवार था। विलायती माल बेचने से भी मुझे चिढ़ थी और मुनाफे पर मैं काम करना नहीं चाहता था।'' तभी एक नाटक खेलने का उपक्रम किया रावलपिंडी में और इसी प्रसंग में अस्थायी अध्यापक नियुक्त कर लिए गये। अंग्रेजी में एम.ए. थे तो साहित्य पढ़ते ही थे, पढ़ाने भी लगे। फिर बंगाल में दुर्भिक्ष के दिनों में रावलपिंडी में विनय राय के नेतृत्व में जन नाट्य संघ का एक नाटक देखते हुए उससे जुड़ गये। साहित्य का माहौल कुछ-कुछ तो घर में था ही, बड़े भाई बलराज साहनी पहले साहित्य की ओर बढ़े, उनका प्रभाव भीष्म जी पर था। बचपन में ही सुदर्शन का व्याख्यान सुना था। प्रेमचन्द को थोड़ा बहुत पढ़ने का मौका मिला था। उन सबने आगे बढ़ाया। भीष्म जी लिखते हैं–''साहित्य-सृजन की ओर भी मैं कोई दो टूक निर्णय लेकर उन्मुख हुआ हूँ। मैं अपनी परिस्थितियों के चौखटे में ही अपनी रुचियों को फिट बिठाने की चेष्टा करता रहा हूँ।'' (पृ. 101) लेकिन एकदम ऐसा ही जीवन में नहीं होता रहा। उन्होंने अपनी समझ, अपनी जिद्द और विचारधारा से भी काम लिया जीवन की प्रारम्भिक अवस्था में भी। अंग्रेजी फौज को गाली देनेवाले दो सरदारों के खिलाफ गवाही देने से उन्होंने अदालत में इनकार कर दिया। गवाही देने से इनकार करने के गंभीर नतीजे भी

हो सकते थे, लेकिन उस नतीजे के बारे में उन्होंने नहीं सोचा। राजेंद्र यादव को शिकायत है कि भीष्म के जीवन में कोई रोमांस नहीं है, कुछ उठा-पटक जैसा नहीं है। यों रोमांस और उठा-पटक का ही नहीं, स्वयं जिंदगी का जो अर्थ राजेंद्र यादव के लिए है, वही भीष्म जी के लिए नहीं है। अफसोस भीष्म जी को भी था कि उन्होंने शीला से शादी के पहले रोमांस नहीं किया। लेकिन शादी के बाद 'हनीमून' के लिए श्रीनगर पहुँचे तो एक दिन दो साइकिलों का इन्तजाम किया, एक तो अपना था, एक शीला के लिए औरताना साइकिल और दोनों निकल पड़े सड़क पर। इरादा था डल झील जाने का। मन में एक हुत्थल (पंजाबी शब्द) आया, हिंदी में कहें तो एक झोंका आया और चल पड़े गान्धारबल के रास्ते जो श्रीनगर से आठ किलोमीटर था। पहुँच तो गये, लेकिन थक गये, शीला ज्यादा थकी हुई थी। छोटी जगह, खाने-पीने को कुछ नहीं। किसी तरह एक दुकान में ठंडी पूरी और ठंडी सब्जी मिली। तब तक एक बस मिली और साइकिलें छत पर रखकर उससे श्रीनगर लौटे। हॉकी के अच्छे खिलाड़ी थे, कॉलेज की टीम में चुने गये थे, लेकिन कप्तान ने अपने निर्णय से उन्हें खेलने का मौका नहीं दिया, तो झोंक में आकर हॉकी को सदा के लिए 'गुडबॉय' कह दिया। ऐसे अवसर उनके जीवन में कई बार आये। व्यापक अर्थों में 'रोमांस' स्त्री प्रेम से कहीं बड़ा और ऊँचा अर्थ रखता है। भीष्म जी ने बड़े और ऊँचे अर्थ में रोमांस किया। इस अर्थ में समाज और जीवन के यथार्थ को बदलने की साहसिक कल्पना भी शामिल है।

1947 में देश आजाद हुआ 15 अगस्त को। लेकिन भीष्म जी का परिवार तो रावलपिंडी में था। खुद भी वहीं थे। छह जून को पाकिस्तान बनाए जाने का ऐलान हो गया। जहाँ भीष्म और उनके पिताजी थे, वहाँ तो पाकिस्तान बनने का जश्न मनाने की तैयारी होने लगी, 'कायदे आजम जिन्ना जिन्दाबाद' का नारा गूँजने लगा। लेकिन इन सबसे चकित भीष्म आजादी का जश्न देखने, लालकिले पर तिरंगा फहरते देखने दिल्ली चले आये। दिल्ली आ गये तो महसूस हुआ कि अब लौटना सम्भव नहीं था। जाहिर है, भीष्म जी ने पाकिस्तान को स्वीकार नहीं किया, तभी तो आजादी का जश्न देखने दिल्ली आये थे। इससे एक बात साफ है कि भीष्म जी ऊपर से शरणार्थी बनकर नहीं आये। पुरुषार्थ उनके साथ था। बलराज जी पहले से मुम्बई में थे। पिता पितृभूमि छोड़ने को तैयार नहीं थे, लेकिन अंततः उन्हें भी छोड़ना पड़ा। बिखरा हुआ परिवार दिल्ली में आकर कालक्रम में मिला। भीष्म तो दिल्ली के जश्न से सीधे मुम्बई ही चले गये थे बड़े भाई के पास और देश, समाज और परिवार को बाँटने वाली भयानक त्रासदी से लापरवाह भाई के साथ नाटक करने में लग गये। यह कोई साधारण बात तो नहीं थी और किसी निजी रोमांस से बढ़कर ऐतिहासिक रोमांस था यह। ऐसा रोमांस वही आदमी कर सकता है जो किसी बड़े

आंदोलन का अंग रहा है, जिसका एक ऐतिहासिक ध्येय रहा है और मनुष्य एवं समाज पर जिसको भरोसा रहा है। भीष्म जी ऐसे व्यक्ति थे। आंदोलनवाले व्यक्ति की विशेषता यह होती है कि वह लगातार ऐसी कोशिश करता रहता है कि उसका साथ देनेवालों की संख्या बढ़े। ऐसा नहीं होने पर वह परेशान होता है।

भीष्म जी के व्यक्तित्व-निर्माण की प्रक्रिया और विशेषताओं की ऐतिहासिक समझ का वस्तुगत ज्ञान उनकी आत्मकथा से प्राप्त होता है, वह आत्मकथा नहीं बल्कि आत्म और अनात्म यानी व्यक्ति और समाज के सम्बन्धों के विकास की कथा है। इसीलिए वह भीष्म जी के लिए आत्मकथा नहीं है। उन्होंने उसे आत्मकथा कहा भी नहीं। उनकी अपनी कथा 'आज के अतीत' की कथा है, यानी उस वर्तमान की कथा जो बीतता जा रहा है, बीतता जा रहा है, लेकिन बीतने पर भी आज की तरह ही साथ है। यह वह कथा है, जिसका नायक और कोई नहीं भीष्म साहनी स्वयं हैं, जो शुरू में नायक नहीं है, लेकिन धीरे-धीरे नायक बन जाता है। ऐसा महान नायक, जो जीवन को कथा बनाता है और मामूली आदमी को उसका नायक बना देता है। स्वयं भीष्म जी जीवन की साधारण अवस्था से उठकर इतिहास निर्माण की प्रक्रिया में शामिल होकर ऐसे धीर-उदात्त नायक बन गये कि उनकी धीरता और उदात्तता की प्रशंसा निर्विकार रूप से सब लोग कर रहे हैं—नामवर सिंह, निर्मल वर्मा, राजेंद्र यादव, अशोक वाजपेयी, विष्णुचंद्र शर्मा आदि।

भीष्म जी के जीवन का 'अतीत' पढ़कर जन नाट्य संघ, प्रगतिशील लेखक संघ, अफ्रो-एशियन लेखक संघ आदि के जरिए एक ऐतिहासिक-साहित्यिक-सांस्कृतिक आंदोलन का संक्षिप्त और प्रतीकात्मक परिचय भी मिलता है। यह भी समझ में आता है कि सांस्कृतिक आंदोलन की अगुआई कैसे की जा सकती है। इसके लिए नेता जैसा मिजाज होना नुकसानदेह होता है। भीष्म जी बड़े लेखक थे, लेकिन उनके साथ काम करनेवाले छोटे लेखक को भी अपने बड़प्पन का बोध नहीं होने देते। ऐसा लगता था कि जो उनके साथ है वही बड़ा है और वे उससे छोटे। यह लेखकीय बड़प्पन और व्यक्तित्व की ऊँचाई भीष्म जी ने कैसे प्राप्त की यह जानना भी लेखकों के बीच काम करने के लिए जरूरी है। लेखन के लिए कोई सामग्री पाने का आभास मात्र मिलने पर उसे समग्रता में जानने की रचनात्मक बेचैनी कैसी होती है, यह भीष्म जी के जीवनानुभवों से समझ में आती है। हानूश की कथा पाने के लिए प्राग, मास्को से दिल्ली तक वे व्यग्रता से घूमते रहे, दौड़ते रहे। वे प्रतिकूल प्रतिक्रिया अथवा टिप्पणी से पस्त नहीं हुए और प्रशंसा पाकर असंतुलित नहीं हुए। रचनात्मक सामग्री पाकर तुरंत लिख मारने के लिए वे तत्पर नहीं हुए। यह सब समझने-बूझने के लिए आज के लेखकों को 'आज के अतीत' पढ़ना चाहिए और धैर्य से पढ़ना चाहिए। एक लेखक के रूप में भीष्म जी कभी जल्दबाजी में नहीं रहे न लिखने के लिए और न ख्याति के लिए। वे किसी नये दौर का प्रवर्तक बनने या किसी नयी प्रवृत्ति का

सूत्रधार बनने की आकांक्षा से परे हमेशा दिखाई पड़े और शायद व्यक्तित्व की निरपेक्ष सापेक्षता ने उन्हें धीरे-धीरे प्रगतिशील आंदोलन का सूत्रधार बना ही दिया। यह मैं इसलिए नहीं कह रहा हूँ कि वे प्रगतिशील लेखक संघ के महासचिव हो गये, बल्कि इसलिए कि अपने लेखन से उन्होंने उसी तरह अपने समय के पाठकों और सहयात्री लेखकों की चेतना का नायकत्व ग्रहण कर लिया, जैसे प्रगतिशील लेखक संघ की अध्यक्षता करने के पहले ही प्रेमचन्द ने नायकत्व ग्रहण कर लिया था। भीष्म जी कहते हैं–"भले ही कोई व्यक्ति कितना ही नगण्य और निःसहाय क्यों न हो, फिर भी जिन्दा रह पाने के लिए उसका अहम् उसकी रक्षा करता है, उसका अवलम्ब बनता है।" ('आज के अतीत', पृ. 297) भीष्म जी ने यहाँ अहम् का उपयोग आत्मबोध के अर्थ में किया है। यह आत्मबोध जिंदा रहने का सहारा है, इसलिए वह अहंकार नहीं है, घमंड नहीं है। उपर्युक्त रचनात्मक अनुभव लेखकों का व्यावहारिक मार्गदर्शन करता है।

भीष्म जी के औपन्यासिक एवं ऐतिहासिक जीवन की यह सांस्कृतिक कथा है, जिसका उत्तरार्द्ध वैचारिक दृष्टि से, सांस्कृतिक दृष्टि से अत्यंत समृद्ध है। कहानी, नयी कहानी, सोद्देश्यता, कहानीपन, पक्षधरता, साहित्य, साहित्य की भूमिका, मानव-मूल्य आदि के बारे में अत्यंत सुलझे हुए विचार मिलते हैं, विचारों की उलझन को सुलझानेवाले सूत्र मिलते हैं।

इन विचारों और सूत्रों से यह भी स्पष्ट होता है कि ऊपर से नरम, विनम्र और कोमल महसूस होने वाला यह व्यक्तित्व, भीतर से कितना दृढ़ और मजबूत था। यह हिंदी में अपने ढंग का आत्मवृत्त है, अवश्य पढ़ने योग्य। यह वृत्त लेखकों और लेखकों के संगठनकर्त्ताओं की व्यावहारिक एवं सैद्धांतिक मदद करता है। इसलिए मैंने यहाँ इसका जिक्र किया है।

3

भीष्म जी कांग्रेस में, सरगर्मी से काम कर रहे थे, लेकिन द्वितीय विश्वयुद्ध के बाद की परिस्थिति और अपने अध्ययन के सम्मिलित प्रभाव से वे वामपंथ की ओर आकृष्ट हुए। युद्धोत्तर काल की परिस्थिति का वर्णन करते हुए भीष्म जी कहते हैं–"बड़ी संख्या में युवा पीढ़ी के लोग वाम विचारधारा की ओर आकर्षित हुए थे। बलराज जो पहले कहा करते थे कि उनकी राजनीति में कोई दिलचस्पी नहीं है, कि वह सदा सांस्कृतिक क्षेत्र में ही काम करेंगे, अब बड़ी गर्मजोशी से वामपंथी विचारधारा में विश्वास करने लगे थे।...

"वामपंथी विचारधारा का असर मुझ पर भी हुआ था। मेरे एक अध्यापक मित्र वी. डी. चोपड़ा कम्युनिस्ट पार्टी के कार्यकर्त्ता थे और मुझे अक्सर वाम साहित्य पढ़ने के लिए देते रहते थे। रजनी पामदत्त द्वारा लिखित 'Rise of National

Socialism in Europe' में यूरोप में फासीवादी ताकतों के उत्तरोत्तर बढ़ते खतरे पर प्रकाश डाला गया था। और बाद में उनकी पुस्तक 'इंडिया टुडे'। उन्हीं दिनों फिलिस बॉटम का उपन्यास 'The mortal Storm' मेरे हाथ लगा था, जिसमें जर्मन परिवार के अंदर बढ़ते फासीवादी प्रभाव का रोंगटे खड़े करनेवाला चित्रण था। इससे पहले मेरा अध्ययन बर्ट्रेंड रसेल, ऑल्डस हक्सले तक ही सीमित रहा था, जिनमें ऊँचे पर चिंतन तो था, जो जनतंत्रात्मक मूल्यों तथा पद्धति पर बल देता था, पर जो इंगलैंड के साम्राज्यवादी रवैये को नजरअंदाज कर जाता था। जिस जुझारू स्थिति में से दुनिया गुजर रही थी, उसके प्रति एक प्रकार की अकादमिक तटस्थता उनके लेखन में पाई जाती थी।" ('आज के अतीत', पृ. 125-127) यह लम्बा उद्धरण मैंने यहाँ इसलिए दिया है कि यहाँ कई बातें ध्यान देने योग्य हैं, जिनसे भीष्म जी की चेतना का विकास और चिंतन की उनकी क्षमता स्पष्ट होती है। एक बात है जर्मन फासीवाद को पराजित करने में सोवियत संघ की निर्णायक भूमिका और उसका दुनिया तथा भारत के भी युवकों पर प्रभाव और वह प्रभाव वामपंथ की ओर उन्हें ले जाता था। दूसरी बात है फासीवाद के खतरनाक चरित्र को बेपर्द करने में मार्क्सवादी विद्वानों एवं लेखकों की वैचारिक एवं बौद्धिक भूमिका। तीसरी बात है स्वयं भीष्म जी की अपनी बौद्धिक एवं आलोचनात्मक क्षमता, जिस आधार पर वे बर्ट्रेंड रसेल और ऑल्डस हक्सले जैसे चिंतकों की सीमा समझकर आगे बढ़ जाते हैं। उन सब में देशभक्ति की भावना, जनतांत्रिक चेतना और साम्राज्यवाद के खिलाफ संघर्ष की आवश्यकता उन्हें प्रेरणा दे रही थी। यही कारण है कि वे अकादमिक तटस्थता को पसन्द नहीं करते। इन बातों पर गौर करते हुए आसानी से समझा जा सकता है कि भीष्म जी एक प्रतिबद्ध लेखक, जनता के भवितव्य के प्रति, उसके ऐतिहासिक ध्येय और उसके मार्गदर्शक सिद्धांत मार्क्सवाद से कैसे प्रतिबद्ध हो गये। इस प्रतिबद्धता की ऐतिहासिक पृष्ठभूमि पर ध्यान दें। राष्ट्रीय स्वाधीनता-संग्राम, मजदूर-किसान-आंदोलन, जनतांत्रिक सांस्कृतिक आंदोलन आदि से आत्मीय लगाव और अंततः द्वितीय विश्वयुद्ध में सोवियत संघ, सोवियत जनता और सोवियत कम्युनिस्ट पार्टी की भूमिका तथा युद्धोत्तर काल में विकसित नये शक्ति संतुलन का प्रभाव, इन सबने भीष्म साहनी को प्रगतिशील आंदोलन से आंतरिक रूप से जोड़ दिया। प्रगतिशील आंदोलन का ध्येय उनकी चेतना का अंग बन गया। भीष्म जी की ये पंक्तियाँ ध्यान देने योग्य हैं, "कम्युनिस्ट पार्टी से मेरा सम्बन्ध मेरी सरगर्मियों के अनुरूप ही था। इप्टा, कॉलेज के अध्यापकों की यूनियन, तथा प्रगतिशील लेखक संघ यही तीन इदारे थे, जिनमें मैं सक्रिय रहा था।....प्रगतिशील लेखक संघ का दौर सबसे लंबा रहा और इस दौरान पार्टी का निर्देशन सबसे कम रहा।...मैं किन्हीं निष्कर्षों पर पहुँचा तो अपने ही अनुभवों के आधार पर।" ('आज के अतीत', पृ. 157) ध्यान देने योग्य यही है कि भीष्म जी ने लिखा है कि गया-सम्मेलन के बाद जब-जब मैंने एच. के. व्यास को फोन किया, तो कहा जाता कि वे बाथरूम

में हैं। लगा जैसे कि वे गया से सीधे बाथरूम चले गये थे। दूसरी बात यह वे कहते हैं कि लोग प्रगतिशील लेखक संघ को बाहर से मदद मिलने की बात प्रचारित करते थे, लेकिन मुझे तो कभी कोई मदद नहीं मिली।

साहित्य में प्रगतिशील आंदोलन के उद्भव के बाद अक्सर विचारधारा और साहित्य के सम्बन्ध पर बहस होती रही है। साहित्य में विचारधारा की भूमिका के विरोधी अक्सर प्रगतिशील आंदोलन और मार्क्सवाद पर यह आरोप लगाते रहे हैं कि उन्होंने विचारधारा के प्रभाव में, पार्टी के निर्देश या प्रभाव में लिखकर साहित्य को संवेदनहीन और कलाहीन बना दिया। साहित्य में या रचना की प्रक्रिया में विचारधारा की भूमिका के बारे में भीष्म जी का यह कथन विचारणीय है—"कम्युनिस्ट विचारधारा से प्रभावित व्यक्ति की दृष्टि निश्चय ही सामाजिक स्तर पर अधिक स्पष्ट और सटीक होती है। वह साम्प्रदायिक नहीं होता, जातिभेद में विश्वास नहीं रखता, न रंगभेद में। हमारे समाज में इस दृष्टि से सबसे विश्वसनीय लोग वाम विचारधारा को माननेवाले लोग रहे हैं और आज भी हैं। उनकी मानसिकता जनजीवन से जुड़ने की मानसिकता होती है। उनके लिए आर्थिक-सामाजिक सरगर्मियों को आँकने की मुख्यतः एक ही कसौटी होती है कि वह मेहनतकश जनता के हित में है या नहीं। उनके चिंतन का धरातल ही जनहित होता है।" ('आज के अतीत', पृ. 157) इस तरह से जो मानसिक बनावट तैयार होती है, उसमें विचारधारा या राजनीति का दबाव अलग से महसूस नहीं होता। अतः मामला जीवन की गतिविधियों का हो या सृजनशीलता का यानी साहित्य की किसी भी विधा में चिंता करने का, उसमें स्वाभाविक रूप से रचनाकार की दृष्टि जीवन के यथार्थ पर रहती है, यथार्थ की गतिशीलता पर रहती है। इन्द्रियबोध से जो अनुभव प्राप्त होता है, वह जीवन के संदर्भों के साथ चित्रित होकर रचना को ताजगी और जीवंतता प्रदान करता है। उल्लेखनीय है कि जिस दौर में भीष्म जी प्रगतिशील लेखक संघ के महासचिव थे, उसी दौर में उन्होंने 'तमस' जैसे अपने श्रेष्ठ उपन्यास की रचना की। 'तमस' की कथा-सामग्री तो सन् '46-47 के वर्षों के साम्प्रदायिक उन्माद, दंगों और देश के विभाजन के अनुभवों से जुटाई गयी है, लेकिन तात्कालिक रूप से लिखने की प्रेरणा भिवंडी के दंगों से मिली। जाहिर है कि लेखक की किसी रचना के पीछे एक बार का अनुभव नहीं बार-बार के अनुभवों से उत्पन्न उद्विग्नता या बेचैनी होती है। भीष्म जी किसी तरह रचना के लिए यथार्थ के संपर्क से प्रेरित होते हैं और किस तरह लिखने को बेताब हो उठते हैं, यह लेखकों और पाठकों के लिए भी ध्यान देने योग्य है। वे लिखते हैं—"मुझे ठीक से याद नहीं कि कब बम्बई के निकट भिवंडी नगर में हिंदू-मुस्लिम दंगे हुए। पर मुझे इतना याद है कि उन दंगों के बाद मैंने 'तमस' लिखना आरंभ किया था। बलराज जी बम्बई में रहते मैं अक्सर उनके पास जाता रहता था। एक बार पहुँचा तो दो ही दिन पहले भिवंडी में दंगा हुआ था और बलराज अपने कुछ साथियों—ख्वाजा अहमद अब्बास,

आई. एस. जौहर—आदि के साथ भिवंडी का दौरा करने जा रहे थे। मोटरकार में एक जगह खाली थी, मैं उनके साथ हो लिया। भिवंडी में दाखिल हुए तो मुझे लगा जैसे मैं उस नगर का दृश्य कहीं देख चुका हूँ। चारों ओर छाई चुप्पी, बरामदों, छतों पर खड़े इक्का-दुक्का लोग, खाली सड़कें, मानो समय की गति थम गयी हो।...गलियाँ लाँघते हुए, अपने कदमों की आवाज, अपनी पदचाप सुनते हुए लगने लगा जैसे मैं यह आवाज पहले कहीं सुन चुका हूँ। चारों ओर छाई चुप्पी को भी सुन चुका हूँ। अकुलाहट भरी इस नीरवता को भी अनुभव कर चुका हूँ। सूनी गलियाँ लाँघ चुका हूँ।'' ('आज के अतीत', पृ. 225-227) जन-जीवन से प्रेम और मनुष्यता के संकट की वेदना ने भीष्म जी को भिवंडी पहुँचाया और भिवंडी की सूनी गलियों ने उन्हें रावलपिंडी की गलियों में पहुँचा दिया। इतिहास को दुहराने की अमानुषिक हरकतों ने रचनाकार के संवेदनशील मन को इतना उद्वेलित कर दिया कि दिल्ली लौटने के बाद 'तमस' की रचना होने लगी। 'तमस' की रचना करते हुए भीष्म जी कहते हैं, ''यह सच है। किसी उपन्यास की रचना लेखक की कलम नहीं करती, उसका मस्तिष्क नहीं करता, उसका भाव-विह्वल दृश्य करता है।...मेरी कलम चल निकली। कभी एक दृश्य आँखों के सामने उभरता, कभी दूसरा, उन्हें तरतीब देने का विचार ही उस समय मन में नहीं उठ रहा था।'' (वही, पृ. 228) कहानी लेखन के बारे में भी भीष्म जी के विचार लेखकों का व्यावहारिक मार्ग-दर्शन करते हैं। वे कहते हैं—''मेरे लिए यही बहुत था कि कहानी में कहानीपन हो, उसमें जिंदगी की सच्चाई झलके, वह विश्वसनीय हो, उसमें कुछ भी आरोपित न हो और वह वास्तविकता पर खरी उतरे।'' (पृ. 210) भीष्म जी ने जिस सहजता से, जिस भावना से 'तमस' की रचना की, उसी सहजता और भावना से 'आज के अतीत' में इन प्रसंगों का जिक्र किया है। अतः अत्यन्त स्वाभाविक और विश्वसनीय ढंग से बता जाते हैं कि कोई बड़ी रचना, महान रचना कैसे रची जाती है। इस प्रक्रिया को वे नहीं समझ पाते जो हत्यारों के तरफदार होते हैं या जो जन और जनहित के प्रति संवेदनशील नहीं होते। 'हानूश' नाटक की वस्तु की खोज में वे किस बेचैनी से प्राग, मास्को और दिल्ली में दौड़ते रहे और रचना पूरी होने पर धैर्य से उस पर लोगों की प्रतिक्रिया ग्रहण करते रहे, यह देखने योग्य है।

इस प्रसंग में एक बात और कहना चाहता हूँ। 'तमस' पर धारावाहिक टेलीफिल्म बनी। उसका प्रसारण शुरू हुआ तो संघ परिवार के सम्प्रदायवादी रंगरूटों ने दूरदर्शन केंद्रों पर हमले किए, कई जगह टेलीविजन सेट तोड़ दिए और उसके प्रसारण को बंद करने के नारे लगाए जाने लगे। सम्प्रदायवादियों को अपनी करतूतों का जीवन चित्रण और प्रसारण सह्य नहीं था। यह देखिए कि जीवन और समाज का यथार्थ साहित्य में चित्रित होकर ज्यादा ताकतवर और प्रभावकारी बन जाता है। यह 'तमस' की सफलता थी। लेकिन इसका दूसरा पक्ष यह है कि देश भर में लेखक, कलाकार,

संस्कृतिकर्मी, सामाजिक-राजनीतिक कार्यकर्त्ता जो सम्प्रदायवाद के विरोधी थे, वे एकजुट होने लगे। हमने पटना में 'तमस' के पक्ष में लेखकों और संस्कृतिकर्मियों की सभा आयोजित की। प्रगतिशील लेखक संघ ही नहीं, ऐसे अन्य संगठनों के लेखक-कलाकार और ऐसे भी जो किसी संगठन में नहीं थे, भारी संख्या में जुटे और सबने सम्प्रदायवादियों की फासीवादी हरकतों की निंदा करते हुए 'तमस' का पक्ष लिया। भीष्म जी की कृति 'तमस' लेखकों-कलाकारों को एकजुट करने का माध्यम बन गया। कहने की नहीं, अनुभव करने की बात है कि भीष्म जी प्रगतिशील लेखक संघ के महासचिव रूप में संगठन को सक्रिय बनाकर ही नहीं, एक संवेदनशील और अनुभवी रचनाकार के रूप में भी प्रगतिशील आंदोलन को सम्पन्न करते हैं, और उसे शक्ति प्रदान करते हैं। आंदोलन और रचना के बीच संतुलन कायम करने की ऐसी क्षमता और तत्परता हमने अपने अनुभव के दौर में बहुत कम देखी। भीष्म जी की रचनाओं की चर्चा करके इस बात को सम्पुष्ट करना मुश्किल काम नहीं है, लेकिन उसके लिए यहाँ अवकाश और जगह की कमी है। 'चीफ़ की दावत', 'वाङ्चू', 'मेड इन इटली', 'ओ हरामजादे', 'पिकनिक', 'झुटपुटा', 'अमृतसर आ गया है', 'मुर्गी की कीमत', 'मैं भी दीया जलाऊँगा' जैसी कहानियाँ हैं, जो राष्ट्रीय चेतना, मानवीय संवेदनशीलता, सामाजिकता आदि जैसे मूल्यों को विभिन्न प्रसंगों में हमें महसूस कराती हैं। हमारे ये मूल्य कैसे किन शक्तियों के कारण, किन परिस्थितियों में संकट में पड़ जाते हैं, यह भी बखूबी भीष्म जी ने दिखाया है। इस प्रक्रिया में ऐसे-ऐसे चरित्र और व्यक्तित्व हमारे सामने आये हैं, जो एक तरफ भयानक लगते हैं, तो दूसरी ओर ऐसे चरित्र आते हैं जो मनुष्यता के प्रति, समाज की संवेदनशीलता के प्रति विश्वास पैदा करते हैं। यह एक प्रगतिशील लेखक की रचनात्मक भूमिका है। 'हानूश', 'कबिरा खड़ा बजार में', 'माधवी' और 'मुआवजे' जैसे नाटकों के बल पर भीष्म जी ने यदि हिंदी नाटक के इतिहास में अपनी जगह जयशंकर प्रसाद, लक्ष्मीनारायण मिश्र, मोहन राकेश की पंक्ति सुरक्षित कर ली, तो दूसरी ओर हानूश और कबीर जैसे कारीगरों के जीवन के जरिए, माधवी के जीवन की व्यथा के ऐतिहासिक चित्रण के जरिए समाज को प्रगतिशील मूल्य और चेतना की राह दिखाई है। जीवन की असंगतियों, विसंगतियों, अंतर्विरोधों और विडम्बनाओं के चित्रण के जरिए भीष्म जी पाठकों को इन सामाजिक, सांस्कृतिक एवं मानवीय दुर्गुणों अथवा अमानुषिक चारित्रिक विशिष्टताओं से मुक्त समाज की ओर बढ़ने का संकेत देते हैं। वे कहते हैं, ''व्यवस्थाएँ स्थापित होंगी और टूटेंगी भी, पर मानव जाति का एक बेहतर न्यायसंगत व्यवस्था के लिए संघर्ष बराबर बना रहेगा—यह मानव स्वभाव का एक नैसर्गिक गुण है।'' मानव स्वभाव का नैसर्गिक गुण भीष्म जी के ध्यान में है। मानव-मनोविज्ञान के जरिए इस नैसर्गिक गुण का स्वरूप समझा जा सकता है। यह नैसर्गिकता है मनुष्य में मनुष्यत्व का होना, उसमें बेहतर जीवन के सपनों का होना। ऐसे सपने का सम्बन्ध यथार्थ और कल्पना

दोनों से होता है। यथार्थ के बिना कल्पना नहीं हो सकती और कल्पना के बिना यथार्थ को बेहतर बनाया नहीं जा सकता। भीष्म जी के ये विचार अत्यन्त महत्त्वपूर्ण हैं—"बेशक, वास्तविकता की जानकारी आधार का काम करेगी, पर उसके अंदर पाई जानेवाली सच्चाई का उद्‌घाटन कल्पना द्वारा ही होगा। वरना आप पढ़ते रहिए, तथ्य और आँकड़े बटोरते रहिए, जितना अधिक आप किसी रचना को जानकारी के आधार पर तथ्य आँकड़ों की मदद से लिखेंगे उतनी ही रचना कमजोर होती जाएगी।" भीष्म जी के उन विचारों की रोशनी में आज के अनेक प्रमुख कथाकारों की रचनाओं को देखेंगे, तो उनकी कमजोरी दिख जाएगी। भीष्म जी जीवन को ताकत का, उत्साह का स्रोत मानते रहे। और रचना के लिए भी जीवन को ही स्रोत मानते रहे। 'आज के अतीत' के अंत में वे मार्मिक शब्दों में कहते हैं, "मैंने जब जन्म लिया था, तो जीने के लिए ही जन्म लिया था और आज अगर अभी भी जिंदगी का दामन थामे रहना चाहता हूँ तो अपनी जन्मजात भूमिका ही निभा रहा हूँ। कोई भी वयोवृद्ध व्यक्ति अँधेरे बंद कमरे में पड़े रहना नहीं चाहता।" ('आज के अतीत', पृ. 310) 'अंधेरे बंद कमरे' पर ध्यान दीजिए। भीष्म जी ने 'तमस' लिखा, लेकिन रोशनी में लिखा और उसके जरिए रोशनी फैलाई। वे अँधेरे में तो नहीं ही रहते, अँधेरे से प्रकाश की ओर भी नहीं जाते। जहाँ अँधेरा है, वहीं रोशनी पैदा करने के लिए संघर्ष करते रहे। वे उपयुक्त प्रसंग में ही यह शेर उद्धृत करते हैं—

गो हाथ को जुम्बश नहीं, आँखों में तो दम है
रहने दो अभी सागर-ओ-मीना मेरे आगे।

एकदम अंत में कहते हैं—"किसी-न-किसी तरह अखाड़े में बना रहूँ। ऐसा मन करता है।" (वही, पृ. 311) यह मन जीवन-प्रवाह में शामिल होने को, अखाड़े पर उतरने को तड़पता रहा। पाठक अन्यथा न लें तो कहना चाहता हूँ कि भीष्म जी ने अंतिम साँस लेने के कुछ माह पहले टेलीफोन पर कहा—"मुझसे काम लीजिए, प्रगतिशील लेखक संघ का आगे कार्यक्रम बनाइए, दिल्ली आइए तो मिलने का मौका दीजिए।" मैं दिल्ली पहुँचा जरूर, लेकिन अफसोस मौका मिलकर बात करने का नहीं रहा, फूल चढ़ाने का अवसर रह गया था। वे चले गये, लेकिन लगता है, जैसे कह रहे हैं—"करवटें लेती इस जिंदगी की अबाध गति थमने में नहीं आती।" भीष्म जी के रचनात्मक एवं आंदोलन व्यक्तित्व की स्मृति के रूप में उल्लेखनीय है। उनके प्रगतिशील लेखक संघ के महासचिव रहते हुए गया-सम्मेलन के बाद हुए तीन अधिवेशन। पहला अधिवेशन 1980 में जबलपुर में हुआ। कई मामलों में यह ऐतिहासिक रूप से चिरस्मरणीय अधिवेशन था। इसमें लगभग सभी भारतीय भाषाओं के नये-पुराने रचनाकार शामिल हुए थे। पूरा विवरण यहाँ देना जरूरी नहीं है, लेकिन यह उल्लेख करना आज के लेखकों और पाठकों के लिए तथा प्रगतिशील-आंदोलन के वस्तुगत

इतिहास में रुचि लेनेवालों के लिए उपयोगी होगा। उक्त अधिवेशन में हिंदी के लेखकों में नागार्जुन, शमशेर, केदारनाथ अग्रवाल, त्रिलोचन, अमृतराय, रमेश कुंतल मेघ आदि से लेकर अरुण कमल और राजेश जोशी तक थे। उर्दू के लेखकों में गुलाम रब्बानी ताबां, कैफ़ी आज़मी, जगन्नाथ आज़ाद, कमर रईस, अजमल अजमली आदि के साथ नयी पीढ़ी के अनेक रचनाकार थे। मराठी से नारायण सुर्वे, सतीश काल्सेकर के साथ अनेक लोग। तमिल, तेलुगु आदि के भी अनेक प्रतिष्ठित लेखक थे। संक्षेप में यह कि कोई भाषा बची नहीं थी। कैफ़ी आज़मी ने गर्मजोशी से कहा था कि यह प्रगतिशील लेखक संघ ही है जो आज देश की तमाम भाषाओं के लेखकों को एक मंच पर जमा कर सकता है, और सांस्कृतिक एकता का अहसास करा सकता है। हरिशंकर परसाई अपनी शारीरिक असमर्थता के बाद भी लगातार उपस्थित रहते थे। यह कहना रोचक हो सकता है कि कवियों और शायरों की इतनी बड़ी तादाद थी वहाँ कि कार्यक्रम में दर्ज रहने के बावजूद व्यवहार में कवि सम्मेलन या मुशायरा कर पाना संभव नहीं हुआ। अगली सुबह लतीफे की तरह कुछ लोग कह रहे थे कि कवि-सम्मेलन नहीं हो पाया, इससे रात में कहानीकारों को अच्छी नींद आयी। इस लतीफे पर भीष्म जी मुस्कुरा रहे थे।

1982 में जयपुर में प्रगतिशील लेखक संघ का जो अधिवेशन हुआ वह भी उल्लेखनीय है। प्रगतिशील लेखक संघ की पाँत लगातार बड़ी और लंबी होती जा रही थी। उस समय उसके राष्ट्रीय अध्यक्ष जनाब गुलाम रब्बानी ताबां ने अपने वक्तव्य में कहा था कि नौजवान लेखकों को देखकर भरोसा होता है कि यह तहरीक आगे बढ़ रही है और आगे बढ़ती जाएगी। जयपुर अधिवेशन में विचारधारा और साहित्य के सम्बन्ध पर तथा प्रगतिशील साहित्य में रूप और अंतर्वस्तु के सम्बन्ध की समस्या पर जम के विचार-विमर्श किया गया था । तत्कालीन सामाजिक-राजनीतिक यथार्थ की पृष्ठभूमि में घोषणा-पत्र भी स्वीकृत किया गया था। अधिवेशनों में भीष्म जी आमतौर से उद्घाटन सत्र का संचालन स्वयं करते थे और बाद के सत्रों का संचालन अपने सहयोगियों पर सौंप देते थे। वे प्रायः झुंड के झुंड नये लेखकों से बातें करते रहते थे। उनके लिए नये से नया लेखक उतना ही महत्त्वपूर्ण था, जितना किसी पुजारी के लिए तुलसी का छोटे से छोटा पत्ता।

1986 ई. में 9-10 अप्रैल को लखनऊ में प्रगतिशील लेखक संघ का भव्य स्वर्ण जयंती समारोह आयोजित किया गया। 1937 में 9-10 अप्रैल को ही प्रेमचन्द की अध्यक्षता में प्रगतिशील लेखक संघ का पहला अधिवेशन हुआ था। पचास वर्ष पूरे होने पर 1986 में उन्हीं तारीखों पर यह अधिवेशन हुआ। उल्लेखनीय है कि सन् 37 में एक तरुण लेखक के रूप में शामिल हुए अमृतलाल नागर सन् 87 में स्वागत समिति के अध्यक्ष थे। सन् 37 के एक संयोजक मुल्कराज आनंद सन् 87 के अधिवेशन के उद्घाटनकर्त्ता थे। सन् 37 में शामिल हुए उर्दू के लेखक-विचारक

सिब्ते हसन पाकिस्तान से आये थे। अली सरदार ज़ाफरी, गुलाम रब्बानी ताबां, कैफ़ी आज़मी, नागार्जुन, नामवर सिंह, मुहम्मद हसन, कमर रईस आदि तो थे ही। तमिल के विख्यात लेखक जयकांतन के नेतृत्व में वहाँ से दस लेखकों का प्रतिनिधिमंडल आया था। इंगलैंड से भी उर्दू लेखकों का एक जत्था आया था। भीष्म जी के महासचिव काल में यह सचमुच में स्वर्णिम अधिवेशन था। प्रसिद्ध रंगकर्मी हबीब तनवीर अपनी मंडली के साथ आये थे।

लेखकों-कलाकारों का अनोखा जुलूस जब रवींद्र भवन से चलकर रिफ़ाए आम (जहाँ सन् '37 का अधिवेशन हुआ था) के लिए चला तो प्रायः छह-सात किलोमीटर के लंबे रास्ते में हजारों लोग दोनों तरफ खड़े होकर उसे देख रहे थे। सब लोग जब रिफ़ाए आम पहुँचे तो ऐसा लगा कि प्रगतिशील आंदोलन के इतिहास की पुकार गूँज रही है। यहाँ अधिवेशन की रिपोर्ट देने की जरूरत नहीं है, लेकिन अवश्य मैं यह कहना चाहता हूँ कि बीसवीं सदी के आठवें-नवें दशक में भीष्म जी की अगुआई में वास्तव में प्रगतिशील आंदोलन ने एक सांस्कृतिक जागरण को चरितार्थ किया। भीष्म जी की भूमिका इसमें एक संगठनकर्त्ता के रूप में ही नहीं एक लेखक के रूप में भी, एक विचारक के रूप में भी महत्त्वपूर्ण रही है। लखनऊ अधिवेशन में हिंदी-उर्दू का विवाद अकारण और अनावश्यक रूप से उठ गया था। कुछ उत्तेजना भी फैली। भीष्म जी ने कुशलता से उसे सम्हाला केवल भावना जगाकर नहीं, बल्कि उन्होंने प्रस्ताव किया कि एक कमिटी बने, जो हिंदी-उर्दू के सम्बन्धों पर, साथ उर्दू के अधिकारों पर भी विचार कर एक सुसंगत भाषा नीति बनाने पर रिपोर्ट दे। इस कमिटी में अन्य लोगों के साथ अली सरदार जाफ़री और नामवर सिंह भी शामिल थे। रवींद्र भवन के विशाल सभागार में भरे लेखकों ने हर्षध्वनि के साथ इस प्रस्ताव का समर्थन किया। हमने या किसी ने भीष्म जी को कभी गुस्से में या आवेश में नहीं देखा। लेकिन एक युवा उर्दू लेखक ने अली सरदार जाफ़री की व्यक्तिगत आलोचना की, तो भीष्म ने थोड़े आवेश के साथ तेज आवाज में कहा, "आप इस तरह व्यक्तिगत आक्षेप करके किसकी बात कर रहे हैं, किसका काम कर रहे हैं। यह सोचिए।" इतना कहने के बाद स्वयं भीष्म का आवेश शांत हो गया।

भीष्म जी अफ्रो-एशियाई लेखक संघ से भी जुड़े थे। वे सज्जाद ज़हीर और सुभाष मुखोपाध्याय की तरह भारत के प्रगतिशील आंदोलन को समस्त अफ्रो-एशियाई लेखक आंदोलन से जोड़कर उसे एक अंतर्राष्ट्रीय स्वरूप देने की भूमिका अदा कर रहे थे। अफ्रो-एशियाई लेखक संघ की पत्रिका 'लोटस' और भारत में प्रगतिशील लेखक संघ की बुलेटिन 'लोटस इंडिया' को मिलाकर वे चलते थे और दोनों को भारत के लेखकों तक पहुँचाने का काम करते थे।

भीष्म जी महासचिव पद से लखनऊ में ही मुक्त हो गये। वहाँ हमने उनकी सत्तरवीं सालगिरह के उपलक्ष्य में उनका अभिवादन किया। राजीव सक्सेना महासचिव

चुने गये, भीष्म जी के सुझाव पर ही। इस दौर में भी भीष्म जी प्रगतिशील लेखक संघ के कामकाज में सक्रिय रुचि लेते रहे। 1994 में दिल्ली में हुए अधिवेशन में मैं महासचिव चुना गया। भीष्म जी ने कहा—''जब कभी मेरी जरूरत आप महसूस करें, निस्संकोच कहें।'' प्रगतिशील लेखक संघ की कार्रवाइयों में वे और नामवर जी प्रायः बिना नागा भाग लेते। कहना तो यह चाहिए कि दिल्ली प्रगतिशील लेखक संघ ही नहीं, बल्कि प्रगतिशील-जनवादी चेतना से प्रेरित होकर काम करनेवाले अन्य संगठनों और कार्रवाइयों को भी भीष्म जी के व्यक्तित्व का और सक्रियता का लाभ मिलता रहा। वे ऐसे संगठनों को मिलाने वाले संयोजक तत्त्व की भूमिका निभाते थे।

6

विचारों के बीज बोने वाला सर्जक योद्धा नामवर सिंह

1

नागार्जुन ने कहा, "नामवर सिंह वाचिक परम्परा के आचार्य हैं और भारत जैसे देश में वाचिक परम्परा समाज की एक क्रांतिकारी जरूरत है।" यह कहने का अवसर था—नामवर जी की षष्ठिपूर्ति का आयोजन, जो 1988 में बनारस में हुआ था। जिसे और लोग नामवर जी की कमजोरी समझते हैं, यह कह कर कि उनसे जमकर बैठने और लिखने की मेहनत नहीं हो सकती। घूमने-फिरने और सभा-सोसायटियों में आदर पाने में उनका मन रम गया है, उसी को बाबा ने उनके व्यक्तित्व की खूबी बताकर पेश किया। मैं समझता हूँ कि यह कोई औपचारिक बात नहीं है। उन्होंने जब कहा—"भारत जैसे देश में", तब उनके ध्यान में आज भारत की निरक्षर जनता थी, जो पत्र-पत्रिकाएँ या अखबार नहीं पढ़ सकती। उस जनता के बीच जनपक्षी विचारों को फैलाने की सामाजिक जरूरत, क्रांतिकारी जरूरत वाचिक परम्परा की मदद से ही पूरी की जा सकती है। पुस्तकालय या वाचनालय में या अपने सजे, अध्ययन कक्ष में बैठकर जनता की वैचारिक जरूरत कभी पूरी नहीं की जा सकती। डॉ. रामविलास शर्मा ने प्रायः सन् 1953 के बाद कहीं बाहर आना-जाना बंद कर दिया। बैठकर जमकर उन्होंने साधना की और शोध एवं लेखन का अद्भुत काम किया। लेकिन जनसंपर्क से अलग रहने के कारण लेखन की जो सीमा बनती है वह भी उनमें है। उससे भी आगे बढ़कर यह बात ध्यान देने की है कि उनके व्यक्तित्व वैचारिक प्रसार में जो मदद मिलती, वह नहीं मिली। वे विद्वानों के विद्वान अवश्य हो गये, जनता के बुद्धिजीवी भी हुए, लेकिन जनता के शिक्षक नहीं हो पाये। इससे मित्र नामवर सिंह जब बनारस हिंदू विश्वविद्यालय के शिक्षक पद से मुक्त हो गये तो व्यापक रूप में जनता के शिक्षक हो गये। मुझे याद आ रहा है कि चिली के क्रांतिकारी कवि पाब्लो नेरूदा ने अपने संस्मरणों में लिखा है कि उन्होंने घूम-घूम कर चिली में कविता के बीज बोये हैं। इस बात को थोड़ा बदल कर मैं कहना चाहता हूँ कि नामवर सिंह ने देश भर में विशेषकर हिंदी क्षेत्र में घूम-घूमकर क्रांतिकारी विचारों

के बीज बोये हैं। बीज का अंकुरित होना केवल बीज पर नहीं निर्भर करता, उसके लिए अच्छी मिट्टी, मिट्टी में नमी और अनुकूल मौसम चाहिए। विचारों के बीज कभी नष्ट नहीं होते। सामाजिक जरूरत कभी भी उस बीज को अंकुरित होते देख सकती है। नामवर जी ने जिस तरह से जिन विचारों के बीज बोये हैं वे इतिहास से सम्बन्ध रखते हुए भी, भारतीय विचार-परंपरा का अंग होते हुए भी महत्त्वपूर्ण इसलिए हैं कि वे वर्तमान में वैचारिक लड़ाई में शामिल हैं। वे वैचारिक लड़ाई की सामग्री ही जुटा कर नहीं देते, बल्कि स्वयं लड़ाई की अगुआई करते रहे हैं। इसलिए नामवर जी के लिए कोई वैचारिक आयोजन करना यानी उनका व्याख्यान कराना वास्तव में लड़ाई का एक मोर्चा खोलना है और यह आसान काम नहीं है। नामवर जी के साथ मोर्चे के एक सहयोगी के रूप में मेरे जो अनुभव हैं, उन सबका जिक्र करना भी मुश्किल है मेरे लिए। इसलिए अभी मैं पटना तक अपने को सीमित रखकर नामवर जी की भूमिका की चर्चा करना चाहता हूँ।

वाचिक परंपरा का आचार्य होना कोई मामूली बात तो है नहीं लेकिन नामवर जी ने उसे इतना आसान बना दिया कि एक बार एक सज्जन ने कहा, "इस सादगी पर कौन न मर जाए ऐ खुदा।" दूसरी ये पंक्ति भी, "लड़ते हैं मगर हाथ में तलवार भी नहीं"—कही जा सके। नामवर जी लड़ते हैं, तो पूरी तरह हथियारबंद होकर और वे अच्छी तरह जानते हैं कि आधुनिक समाज में विचारों की लड़ाई कैसे लड़ी जा सकती है और किन विचारों से लड़ा जाना चाहिए। एक बार उन्होंने यह प्रसंग सुनाया कि स्तालिन से परेड के पहले एक सैनिक अधिकारी ने पूछा कि क्या परेड हथियारबंद होगी? उस पर स्तालिन ने कहा, "हम लेखक तो अपना हथियार हमेशा साथ रखते हैं, तुम सैनिक हो सोच लो।" जाहिर है परेड को हथियारबंद ही होना था। लेकिन उससे भी मुख्य बात यह है कि लेखकों को अपना हथियार हमेशा साथ रखना चाहिए। नामवर जी ने जब यह प्रसंग सुनाया तो स्पष्ट है कि वे इससे सहमत थे। वाचिक परंपरा के आचार्य के लिए हथियार क्या है? अपने समय की समस्याओं, भविष्य के निर्माण की जरूरतों और कठिनाइयों तथा उनसे जुड़े अनुकूल प्रतिकूल प्रश्नों का ज्ञान नहीं, उनके उत्तर का भी ज्ञान आवश्यक है। एक बार डॉ. भगवतशरण उपाध्याय ने दिल्ली की एक गोष्ठी में नामवर जी के विषय प्रवर्तन के बाद कहा, नामवर जी गणित शैली में बोलते हैं, एक साफ-साफ और जरूरत भर ही विचार बिंदुओं को एक, दो, तीन, चार, पाँच करके गिनाते हुए। यही कारण है जो उनके वैचारिक आयोजन को पसंद नहीं करते, वे भी आयोजन हो जाने पर सुनने जरूर आ जाते हैं।

1979 में हमने बिहार प्रगतिशील लेखक संघ की ओर से प्रेमचन्द जन्मशती के आयोजन का प्रारम्भ किया। मैं दिल्ली गया हुआ था, वहीं नामवर जी से बात हुई। राजी ही नहीं हुए, बल्कि ये कहा, "जरूर कीजिए, मैं आऊँगा।" खर्च के इंतजाम की चर्चा हुई। उन्होंने पूछा कैसे कीजिएगा? फिर स्वयं बोले, "एक काम कीजिए,

अगर एक भी व्याख्यान पटना विश्वविद्यालय के हिंदी विभाग में हो जाए, तो मेरे आने-जाने का खर्च यू. जी. सी. से मिल जाएगा।" मुझे खुशी हुई सुनकर कि मेरा काम कुछ आसान हो गया। नामवर यू. जी. सी. के राष्ट्रीय अध्यापकों की सूची में थे, इसीलिए विश्वविद्यालय में आयोजन होने से मार्गव्यय यू. जी. सी. से मिल जाता। मैंने जितना आसान इस काम को समझा था, उससे कहीं ज्यादा कठिन वह निकला। उन दिनों विभाग और विश्वविद्यालय के प्रशासन का स्वरूप ऐसा था कि वहाँ पौराणिक कथानायकों की तरह विख्यात नामवर सिंह जैसे अध्यापक के भाषण का प्रबंध नहीं हो सका। फिर प्रगतिशील लेखक संघ को अपनी ओर से अपने स्रोत से इंतजाम करना था और इंतजाम किया गया। एक व्याख्यान बी. एन. कॉलेज के सभागार में 'प्रेमचन्द के अंतर्विरोध' पर, दूसरा चेम्बर ऑफ कामर्स के हाल में 'प्रेमचन्द और स्वाधीनता संग्राम' पर तथा तीसरा व्याख्यान 'प्रेमचन्द की कला' पर बिहार इंडस्ट्रीज एसोसिएशन के हॉल में हुआ। हर जगह सभाकक्ष पूरा का पूरा भरा रहता था। जीवन के सभी पक्षों और तबकों के लोग सुनने के लिए आते रहे। स्वाधीनता संग्राम वाले व्याख्यान के समय श्रोताओं की अगली कतार में विख्यात स्वतंत्रता सेनानी का. किशोरी प्रसन्न सिंह बैठे थे। व्याख्यान के बाद किशोरी भाई बढ़े नामवर जी की ओर तो नामवर स्वयं लपककर उनके पास गये और आदर प्रकट किया। किशोरी भाई ने कहा, "डॉक्टर, तुम्हारा भाषण तो बहुत जमा। हम लोग आजादी की लड़ाई के दिनों में प्रेमचन्द को जो समझकर पढ़ते थे, उसमें आज तुमने इजाफा कर दिया। बधाई स्वीकारो!" पटना उच्च न्यायालय के प्रतिष्ठित अधिवक्ता ब्रजकिशोर प्रसाद से मैंने आने का आग्रह किया था, वे आये भी थे, लेकिन उन्होंने कहा था कि एक जरूरी काम है, इसलिए थोड़ी देर रह कर चला जाऊँगा। मैंने दूसरे दिन सुबह फोन करके उनसे पूछा, "आप कितनी देर तक थे?" तो उन्होंने कहा—"उठकर जाना संभव था क्या? अंत तक रह गया काम छोड़कर।" सभा के अध्यक्ष थे डॉ. कुमार विमल। अध्यक्षीय भाषण करने वे खड़े हुए तो इतना ही बोले, "श्रोताओ! मैं नहीं चाहता कि अपने अध्यक्षीय भाषण से नामवर जी के भाषण का स्वाद बिगाड़ूँ। इसलिए नहीं बोल रहा हूँ।" प्रश्नोत्तर के प्रसंग में पटना विश्वविद्यालय के हिंदी-विभाग के एक अध्यापक ने पूछा, "आपने बताया कि प्रेमचन्द अहिंसा के समर्थक थे, लेकिन अहिंसा को वे किस हद तक बर्दाश्त कर सकते थे!" यही सवाल उन्होंने एक दिन पहले भी पूछा था। लगता है पहले दिन वे नामवर जी के उत्तर से संतुष्ट नहीं हुए, इसीलिए दुबारा पूछ लिया। नामवर जी भी पहचान गये थे कि प्रश्नकर्ता कल वाले ही, और प्रश्न भी वही। तो नामवर जी ने कहा—देखिए, प्रेमचन्द के जीवन का ही प्रसंग है। एक बार एक आदमी ने उनसे पूछा—यदि कोई आपके सामने खड़ा होकर पेशाब करने लगे आप क्या करेंगे? प्रेमचन्द ने कहा—हम हट जाएँगे, और क्या करेंगे? वह फिर सामने आ जाए तो? तो हम फिर हट जाएँगे। वह फिर आपके सामने आ

जाए तो? इस बार प्रेमचन्द ने कहा—अरे, वह पेशाब ही न करेगा, कोई मशक बाँध कर तो आयेगा नहीं? पूरा सभागार ठहाके से हँसने लगा जैसे! तीसरे व्याख्यान में नामवर जी ने प्रेमचन्द की कला पर बोलते हुए यह प्रश्न स्वयं उठाया कि कुछ लोग कहते हैं प्रेमचन्द की कला में मन की गहराई में पैठने की क्षमता नहीं है। क्या सच है? नामवर जी ने अनेक प्रसंगों और पात्रों की चर्चा करते हुए दिखाया कि प्रेमचन्द को मानव-मन की गहरी समझ थी। यों जो लोग केवल प्रेम को मन की गहराई समझते हैं, उनको क्या कहा जाए। यों प्रेम प्रसंगों की प्रेमचन्द में कमी नहीं है, हालाँकि मुझे नहीं मालूम कि प्रेमचन्द के जीवन में कोई प्रेम प्रसंग था या नहीं। फिर चुटकी लेते हुए उन्होंने कहा, "अपना कोई प्रेम-प्रसंग होता तो दूसरों के बारे में भी पता लगाते।" उस पर हिंदी के प्रसिद्ध कवि पोद्दार रामावतार अरुण, जो अगली कतार में बैठे थे, उन्होंने चुटकी ली, "जवानी के दिनों में याद रहा हो ऐसा!" नामवर जी ने छूटते ही कहा, "देखिए; प्रेम और खुशामद करने की कोई उम्र नहीं होती।" फिर क्या था, श्रोताओं की सामूहिक हँसी ने हाल को ऐसा गुँजाया कि लगता है आज भी वह ठहाका सुनायी पड़ रहा हो।

नामवर के व्याख्यान का आयोजन पटना विश्वविद्यालय में भले नहीं हो पाया, लेकिन उनके इन तीनों व्याख्यानों ने पटना विश्वविद्यालय के हिंदी के छात्रों और अध्यापकों को प्रगतिशील लेखक संघ से किसी न किसी रूप में अवश्य जोड़ दिया और वे प्रगतिशील लेखक संघ की गोष्ठियों में आने लगे।

पटना उपन्यासालोचन की भूमि मानी जाती रही; क्योंकि यहाँ उपन्यासों के विशेषज्ञ प्रो. नलिन विलोचन शर्मा रहते थे। बाद में डॉ. गोपाल राय उपन्यास के विशेष अध्येता और समीक्षक के रूप में सामने आये। उपर्युक्त व्याख्यानों के बाद मुझसे कहा, भाई, हम लोग समझते थे कि नामवर जी कविता के आलोचक हैं, लेकिन ये तो कथा-साहित्य के भी मर्मस्पर्शी आलोचक हैं! मुझे तो इन व्याख्यानों से बड़ा लाभ हुआ है। इसी दौर में अँग्रेजी के विद्वान प्रो. रामचंद्र प्रसाद प्रगतिशील लेखक संघ के नजदीक आये। मेरा उनसे अच्छा लगाव हो गया। अब तक उनका लगाव हिंदी आलोचना में डॉ. नगेंद्र से था। डॉ. नगेंद्र एक दौर में देश के प्रभावशाली हिंदी विभागाध्यक्ष तो थे, लेकिन आलोचनात्मक मूल्य के क्षेत्र में रसवाद और रीतिवाद से आगे बढ़ नहीं पाये थे। जाहिर है कि जब डॉ. रामचंद्र प्रसाद प्रगतिशील लेखक संघ के आयोजनों में शामिल होने लगे, नामवर जी से भी संपर्क हुआ और एक बार 'मार्क्स और साहित्य' विषय पर नामवर जी के व्याख्यान के आयोजन की अध्यक्षता भी उन्होंने की, तो उनकी नगेंद्रीय चेतना में नयी खिड़की खुली। उसके बाद ही एक दिन जब मैं उनसे मिलने गया, तो उन्होंने मुझसे कहा, "भाई! मुझसे भारी भूल हुई कि मैं अब तक आप लोगों के संपर्क से दूर रहा।"

'मार्क्स और साहित्य' पर बोलते हुए नामवर जी ने एक नयी बात यह कही

कि लेनिन ने मार्क्सवाद के तीन स्रोतों और तीन घटकों की बात कही है, जर्मन दर्शन, ब्रिटिश अर्थशास्त्र और फ्रांसीसी समाजवाद, लेकिन मेरी समझ से मार्क्सवाद के विकास का एक स्रोत और है वह है ग्रीक ट्रेजडी। यह ग्रीक ट्रेजडी आगे चलकर विकसित हो कर साहित्य मात्र का रूप ले लेती है। मार्क्स साहित्य के अत्यंत संवेदनशील अध्येता थे। शेक्सपीयर को वे बार-बार पढ़ते थे। फ्रांसीसी उपन्यासकार बॉल्जाक ने पूँजीवादी समाज का जो चित्रण किया था, उसे पसंद करते थे। जर्मन कवि हेनरी हाइन की कविताएँ उनको बहुत पसंद थीं। असलियत तो यह है कि मार्क्स स्वयं पहले कवि थे, फिर दर्शन के अध्ययन को प्रवृत्त हुए और समाज को समझने ही नहीं, बदलने के उद्देश्य से शोषण के स्वरूप को समझने के लिए उन्होंने पूँजीवाद का गम्भीर अध्ययन किया, जिसके फलस्वरूप कैपिटल (पूँजी) जैसा ऐतिहासिक ग्रंथ दुनिया को मिला। जहाँ तक मुझे याद है उसी व्याख्यान में नामवर जी ने यह प्रश्न उठाया कि कुछ लोग साहित्य में मौलिकता का प्रश्न उठाते हैं। लेकिन जो चीज पहले नहीं थी, उसे अस्तित्व में लाने को ही मौलिकता मान लें, तो कहना होगा कि मौलिक कुछ भी नहीं होता। लेकिन यह गलत है मार्क्स ने हीगेल के द्वन्द्ववाद और फायरवाख के भौतिकवाद को मिलाया तो द्वंद्वात्मक भौतिकवाद का वैज्ञानिक दृष्टिकोण और दर्शन सामने आया। यह है मौलिकता। इस तरह अपनी बातों को प्रस्थापित करते हुए नामवर जी ने मार्क्स के माध्यम से साहित्य को समझने, मनुष्य की सृजनशीलता की व्याख्या करने की जो पद्धति बतायी, उसने उस दिन बहुतों को चकित किया। उस समय पटना विश्वविद्यालय में अंग्रेजी के बहुचर्चित विद्वान, अध्यापक प्रो. कपिलमुनि तिवारी भी श्रोताओं में बैठे थे। उन्होंने हिंदी आलोचना की सूक्ष्मता और ऊँचाई को अनुभव किया और हर्षमिश्रित आश्चर्य व्यक्त किया। नामवर जी का यह व्याख्यान जब हमने उत्तरशती में छापा तो उसे पढ़कर प्रसिद्ध कम्युनिस्ट नेता का. जगन्नाथ सरकार ने मुझे कहा—"एक्सेलेन्ट भाषण है यह।" इसी भाषण के बाद अपने अध्यक्षीय भाषण में डॉ. रामचंद्र प्रसाद ने नवकलावाद और नव्यरूपवाद की चर्चा करते हुए उनको आधुनिक साहित्य और समाज के लिए अप्रासंगिक बताया। यह एक रूप था प्रगतिशील लेखक संघ और डॉ. नामवर सिंह के व्याख्यानों के प्रभाव का। पटना में उन दिनों कुछ अंतराल पड़ जाने पर कई सहृदय श्रोता मिलने पर या फोन करके मुझसे पूछते थे—आपका अगला कार्यक्रम कब होने वाला है। ऐसे फोन भी आते थे कि भाई, सुना आपका कार्यक्रम बड़ा अच्छा हुआ, आगे मुझे भी अपने श्रोताओं में शामिल कर लीजिए। नामवर जी को सुनना वैचारिक ताजगी पाना समझा जाता था और उनको सुनने से वंचित रह जाना कुछ खोना था। बिहार सरकार के एक बड़े अधिकारी एक बार मेरे एक मित्र के साथ अचानक मेरे आवास पर पहुँचे। मेरे मित्र ने उनसे परिचय कराया और कहा कि ये डॉ. नामवर सिंह से मिलना चाहते हैं। नामवर जी शिवपूजन जन्मशती के

उपलक्ष्य में आये हुए थे और सत्कार होटल में ठहरे थे। मैंने यों ही जरा छेड़ दिया, "कैसे मालूम हुआ, उनके आने के बारे में!" तो उन्होंने कहा, "अर्जुन सिंह जी (तत्कालीन केन्द्रीय मानव संसाधन विकास मंत्री) ने दिल्ली से फोन करके कहा डॉ. नामवर सिंह पटना जा रहे हैं, उनका भाषण सुनो जाकर।" तो यह बात है। मैंने उसी समय उनके साथ जाकर नामवर जी से सत्कार होटल में उन्हें मिलाया। बड़े खुश थे वे।

पटना में अनेक ऐतिहासिक वैचारिक यज्ञ हुए जिनके मुख्य आचार्य नामवर जी रहे। प्रगतिशील लेखक संघ से अलग एक आयोजन पटना विश्वविद्यालय के हिंदी-विभाग की ओर से किया गया। लोक चेतना और साहित्य को केन्द्रीय विषय बनाकर एक वृहत परिचर्चा आयोजित की गयी, जिसमें डॉ. नामवर सिंह, उनके पहले रमेश कुंतल मेघ, विष्णुकांत शास्त्री, निर्मला जैन, शिवकुमार मिश्र, मैनेजर पांडेय, विश्वनाथ प्रसाद तिवारी आदि अनेक विद्वान आये थे। पटना के लोग तो थे ही। मैं भी आमंत्रित था उसमें। विश्वविद्यालय के छात्र और अध्यापक बड़ी संख्या में उसमें भाग ले रहे थे। इस पूरे आयोजन में लोक चेतना को परिभाषित करने और साहित्य से उसके सम्बन्ध को लेकर दो विचारधाराएँ लगातार टकराती रहीं—एक तरफ यथार्थवाद और दूसरी तरफ कलावाद या नवकलावाद। ध्यान देने की बात यह थी कि यथार्थवादी चिंतन के जोर से जहाँ अधिकतर अध्यापक परेशान थे वहीं छात्रगण उत्साहित होते थे। नामवर जी ने अपने समापन भाषण में कहा कि लोक चेतना में वे सारी बातें रहती हैं, जो समाज के विभिन्न तबकों में हैं। लोक चेतना में इहलोक है तो परलोक भी है। यह एक प्रकार की सामूहिक चेतना है, जिसकी कोई स्पष्ट दिशा नहीं होती। इसलिए लोक चेतना और जनचेतना या जनवादी चेतना में फर्क करना चाहिए। इसी आधार पर उन्होंने एक तरफ तो यह कहा कि साहित्य में लोक चेतना अलग-अलग पात्रों के माध्यम से व्यक्त होती है। नामवर जी की विशेषता यह रही है कि वे अपने व्याख्यान के क्रम में आवश्यक रूप से अवधारणाओं को स्पष्ट करने का प्रयत्न करते हैं। यह प्रयत्न उनके श्रोताओं और पाठकों को सोचने-समझने की नयी पद्धति देता है। इस आयोजन का जिक्र मैंने इसलिए किया कि मैं समझता हूँ कि इस दौर में पटना विश्वविद्यालय के छात्रों को साहित्य सम्बन्धी नयी समझ देने की दृष्टि से यह आयोजन बहुत महत्त्वपूर्ण था। विचारों की लड़ाई देखने लायक थी। इस लड़ाई का एक केंद्र और भागीदार होने के कारण प्रगतिशील लेखक संघ ने ऐसी शोहरत हासिल की कि कई बार प्रयत्न करने पर भी बिहार सरकार ने कभी उसे अनुदान नहीं दिया। इसका मुझे अफसोस नहीं है, बल्कि खुशी है। लेकिन यह एक उल्लेखनीय तथ्य तो है ही। एक बार मेरे मित्र एक कांग्रेसी विधायक ने कहा चलिए मैं आपको मुख्यमंत्री के पास ले चलता हूँ। हम लोग गये, उनको आवेदन दिया तो वे बिना पढ़े सचिव से कहते हैं कि देखो उस दिन मुझे फुरसत

है। झट मैंने कहा—नहीं, नहीं मुझे आपका कार्यक्रम नहीं, समारोह के लिए अनुदान चाहिए। फिर क्या था, मुख्यमंत्री का उत्साह ठंडा पड़ गया। वे बोले, "ठीक है तो इसे शिक्षा विभाग के पास भेज देते हैं।" आप जैसा उचित समझें कहकर मैं चला आया। एक और मुख्यमंत्री के पास मैं स्वयं गया, उन्होंने आवेदन ले लिया और कहा, "ठीक फोन से पूछ लीजिएगा।" मैंने जब पूछा तो बोले, "सोचना पड़ेगा, प्रगतिशील लेखक संघ है न!" मैंने कहा, "हाँ, है तो प्रगतिशील लेखक संघ ही और यह ऐसा ही रहेगा।" अंततः अनुदान नहीं मिला। मेरी समझ स्पष्ट रही कि सरकार का पैसा जनता का पैसा है, उसे लेना गलत नहीं है। हाँ, अपना चरित्र निष्कम्प रखना चाहिए।

1984 में बिहार प्रगतिशील लेखक संघ ने आचार्य रामचंद्र शुक्ल की जन्मशती के उपलक्ष्य में त्रिदिवसीय आयोजन किया। जब यह संपन्न हो गया तो लोगों ने कहा—यह एक शानदार बौद्धिक आयोजन था। इसका उद्घाटन भाषण 'हिंदी नवजागरण और शुक्ल जी' विषय पर नामवर जी ने किया। जिस दौर में महावीर प्रसाद द्विवेदी ने सरस्वती के संपादन के माध्यम से हिंदी नवजागरण को आगे बढ़ाने का काम किया था, उसी दौर में शुक्ल जी ने भी अपने ढंग से और कुछ मामलों में अधिक गहरे अर्थ में हिंदी नवजागरण को सम्पुष्ट और समृद्ध किया। नामवर जी ने शुक्ल जी के लेखों, अनुवादों और 'हिंदी साहित्य का इतिहास' जैसे ग्रंथ से उनके विचारों और मान्यताओं को पेश करते हुए उनकी भूमिका को उजागर किया। यह भी एक ऐतिहासिक व्याख्यान है जो शुक्ल जी और हिंदी नवजागरण दोनों को समझने में बहुत सहायक होता है। नामवर जी उक्त आयोजन में तीनों दिन रहे। अंत में शुक्ल जी की इतिहास-दृष्टि पर भी उन्होंने भाषण किया। यह असल में 'शुक्ल जी की इतिहास दृष्टि' विषय पर हुए सत्र का अध्यक्षीय भाषण है। इस सत्र में डॉ. मैनेजर पांडेय और डॉ. गोपाल राय ने आलेख पेश किये थे।

इन दोनों आलेखों में परस्पर विरोधी विचार पेश किये गये थे। नामवर जी ने रोचक ढंग से कहा कि शुक्ल जी ने इतिहास-दृष्टि या दर्शन पर तो कुछ ही पंक्तियों में विचार किया, लेकिन एक मुकम्मल इतिहास लिखकर पेश कर दिया सिर्फ चालीस साल की उम्र में। असल में जो दर्शन पर ज्यादा विचार करते, वे इतिहास नहीं लिख पाते। इस प्रसंग में उन्होंने यह भी कहा कि इतिहास लेखन की चर्चा होने पर मैं खुद अपराधबोध अनुभव करता हूँ, क्योंकि लोग मुझसे नये इतिहास की उम्मीद करते रहे, लेकिन इतिहास लिख नहीं पाया। फिर उन्होंने यह भी कहा कि मैं नित्य जिन पुस्तकों का कुछ देर पारायण करता हूँ, उनमें शुक्ल जी का इतिहास भी है। नामवर जी अपने हर व्याख्यान में कहते ही हैं मेरे गुरुदेव आचार्य हजारी प्रसाद द्विवेदी ने कहा है। लेकिन हमेशा सहमति ही नहीं जताते। इस व्याख्यान में उन्होंने कहा गुरुदेव आचार्य द्विवेदी से मैंने कहा कि गुरुदेव आप साहित्य की सामाजिक पृष्ठभूमि की चर्चा तो करते हैं, लेकिन पृष्ठभूमि की व्याख्या नहीं करते, इसका क्या कारण है।

इस पर द्विवेदी जी ने कहा—गुरुदेव रवींद्रनाथ से पूछा—आपके चित्रों में मुट्ठियाँ क्यों बँधी होती हैं तो उन्होंने कहा, मैं अँगुलियाँ बनाना नहीं जानता। उसी तरह मुझे पृष्ठभूमि का ज्ञान नहीं है।

शुक्ल जी पर आधारित इस आयोजन में नामवर जी के अतिरिक्त डॉ. विश्वनाथ त्रिपाठी, डॉ. मैनेजर पांडेय, डॉ. कमला प्रसाद, डॉ. धनंजय वर्मा, डॉ. बच्चन सिंह आदि बाहर से आये थे। एक अनोखी बात और हुई। मैंने डॉ. शिवमंगल सिंह सुमन को भी आमंत्रित किया था समापन वक्तव्य के लिए। उन दिनों वे लखनऊ में थे। उन्होंने जो स्वीकृति पत्र भेजा वह मुझे मिला नहीं। इसलिए उन्हें लाने के लिए हवाई अड्डे पर जाने का प्रश्न ही नहीं था। आयोजन समाप्त भी हो गया तीसरे दिन दोपहर में। दिन के भोजन के बाद नामवर जी मेरे विधायक क्लब वाले आवास में बैठे थे, मैं भी था। तभी मुझे लगा कि सुमन जी सड़क पर पार हुए। मैं झपट कर बाहर निकला और फिर दौड़कर उनके सामने हाजिर हुआ। "तुम्हें मेरा पत्र नहीं मिला" यह उन्होंने स्वयं कहा। उन्हें लेकर कमरे में आया। नामवर जी उनसे मिले। लेकिन वह विदाई मिलन ही साबित हुआ; क्योंकि थोड़ी देर बाद नामवर जी दिल्ली के लिए विदा हो गये। हाँ, एक बात शुक्ल जी के इस पूरे आयोजन में नागार्जुन जी मौजूद और शामिल थे। उन्होंने कहा—खगेन, देखो, तुम्हारे बुलाने पर सुमन पटना आ गये, अब शाम को एक गोष्ठी फिर कहीं कर ही दो। शाम को एक गोष्ठी विधायक आवास में ही की गयी। लगभग पचास आदमी जल्दबाजी में भी आ गये। सुमन जी खुश थे। जमकर उन्होंने शुक्ल जी के संस्मरण सुनाये। शुक्ल जी सम्बन्धी आयोजन की मुख्य बात यह है कि उनके विभिन्न पत्रों में पढ़े गये पर्चों और व्याख्यानों के जरिये आचार्य शुक्ल का नया मूल्यांकन या कहें कि पुनर्मूल्यांकन किया गया। पूरी सामग्री मेरे सम्पादन में प्रकाशित बिहार प्रगतिशील लेखक संघ की पत्रिका उत्तरशती के शुक्ल विशेषांक में छपी। यह स्वीकार किया गया कि शुक्ल जी पर छपे विशेषांकों में 'उत्तरशती' का विशेषांक श्रेष्ठ था। उसमें नामवर जी के व्याख्यान भी छपे हैं। अनायास ही यह बात सामने आ जाती है कि प्रगतिशील लेखक संघ के ऐसे आयोजन एक तरफ हमारी साहित्यिक-सांस्कृतिक उपलब्धि का मूल्यांकन करते हैं तो दूसरी तरफ श्रोताओं की चेतना में सोचने-समझने के नये पहलू देकर प्रगतिशील मानसिकता पैदा करने की भूमिका भी अदा करते रहे हैं। इन सबमें नामवर जी की भूमिका बहुत महत्त्वपूर्ण रही है। वे केवल एक अतिथि के रूप में आकर अपनी विद्वत्ता का इजहार करने वाला व्याख्यान झाड़ने की भूमिका नहीं अदा करते। उनके व्याख्यान विद्वत्तापूर्ण तो होते ही हैं, उनसे जानकारी तो बढ़ती ही है, लेकिन प्रश्न यह है कि कैसी विद्वत्ता, कैसी जानकारी? नामवर जी के बारे में कहा जाता है कि वे विवाद खड़ा करने में माहिर हैं, वे पॉलिटिक्स के उस्ताद हैं, आदि-आदि। लेकिन ध्यान देने की बात है कि विवाद और पॉलिटिक्स किससे करते हैं? वे जिससे विचार के क्षेत्र में भिड़ते

हैं, वे आमतौर से आम जनता के हितों के दुश्मन होते हैं। वे जब व्यक्तिवाद के खिलाफ, रूढ़िवाद और कट्टरवाद के खिलाफ, आधुनिकतावाद और उपनिवेशवाद और साम्राज्यवाद के खिलाफ बोलते हैं, तो केवल नकारात्मक बातें नहीं, कहते यथार्थवाद और प्रगतिशीलता के पक्ष में, जनतंत्र और समाजवाद के पक्ष में, मनुष्यता और मनुष्य की रचनात्मकता के पक्ष में पूरी तैयारी करके खड़े रहते हैं। यही है उनके विवाद और पॉलिमिक्स का स्वरूप। इस प्रकार उनके भाषण राजनीतिक और कार्यनीतिक भी होते हैं। यह संभव है कि इस प्रक्रिया में वे कभी ऐसी बात भी बोल जाते हैं, जिनसे अपने पक्ष के लोगों को भी कभी परेशानी होती हो, लेकिन हमेशा अपने को भी सुधारने और बदलने को तैयार रहे हैं, रहते हैं। वे मानते हैं कि जो अपने को बदलने के लिए तैयार नहीं रहेगा, वह दूसरों को या समाज को क्या खाक बदलेगा। जरा-सा पटना से बाहर चल कर एक प्रसंग सुनाता हूँ। मुजफ्फरपुर में प्रगतिशील लेखक संघ की ओर से निराला जयंती का आयोजन था। निराला पर बोलते हुए नामवर जी ने मार्क्सवाद से संपर्क की चर्चा छेड़ी और कहा—पता नहीं आज कल ऑफिसियल मार्क्सवाद क्या कहता है, खगेंद्र जी बता सकते हैं, लेकिन मैं यह कहना चाहता हूँ कि निराला ने अपने अनुभव से सन् 40 के आसपास जो सामाजिक, राजनीतिक अनुभव प्राप्त किये, उनकी जो रचनात्मक अभिव्यक्ति उस दौर की कविताओं में हुई, उससे लगता है कि वे मार्क्सवाद के करीब आ गये थे। ऐसा ही कुछ उन्होंने कहा। उनके बाद जब मैं बोलने के लिए खड़ा हुआ, तो निराला पर बोलते हुए मैंने भी प्रसंग निकालकर कहा, "नामवर जी को पता है कि लेखन के क्षेत्र में ऑफिसियल मार्क्सवाद उसी दिन समाप्त हो गया, जब सन् 1953 में प्रगतिशील लेखक संघ के दिल्ली-अधिवेशन में कम्युनिस्ट पार्टी का यह संदेश लेकर ई. एम. एस. नम्बूदिरिपाद गये थे कि प्रगतिशील लेखक संघ को भंग कर दिया जाए, और लेखकों ने इसे नहीं माना, उसे जारी रखा।" सभा की समाप्ति के बाद बिहार विश्वविद्यालय के तत्कालीन विभागाध्यक्ष डॉ. महेंद्र मधुकर के साथ उन्हीं की गाड़ी में हम लोग चले। रास्ते में नामवर जी ने कहा—मधुकर जी हमें ऐसा महासचिव मिला है (उस समय मैं प्रगतिशील लेखक संघ का राष्ट्रीय महासचिव था) जो गलत बात बर्दाश्त नहीं करता और मुझे भी संशोधित कर देता है। मैंने कम-से-कम तीन अवसरों पर यह देखा है। और यह मुझे अच्छा लगता है। फिर मेरी ओर मुड़कर उन्होंने कहा—बहुत अच्छा किया आपने जो 1951 में ही ऑफिसियल मार्क्सवाद की समाप्ति की बात कह दी। मैं तो चुपचाप उनके चेहरे को देख रहा था और समझने की कोशिश कर रहा था कि उनका भाव वास्तव में क्या है और मैं बताऊँ कि वे एकदम सहजभाव से बोल रहे थे। इससे उत्साहित होकर मैंने पूछा, "और दो अवसर कौन-कौन हैं, मुझे तो याद नहीं।" इस पर उन्होंने कहा, "एक अवसर तो मुझे स्पष्ट याद है, जब मैंने राहुल जी पर बोलते हुए कह दिया था कि राहुल जी अपने विचारों

में इतने दृढ़ थे कि उसके कारण उन्हें कम्युनिस्ट पार्टी भी छोड़नी पड़ी थी। तो आपने बाद में कहा कि यह आधी बात है। पूरी बात यह है कि वे फिर 1955 में कम्युनिस्ट पार्टी के केंद्रीय दफ्तर में तत्कालीन महासचिव अजय घोष से मिले और कहा—कि अजय मुझे फिर से पार्टी में दाखिल कर ले, ऐसा न हो कि मैं पार्टी से बाहर रहकर मर जाऊँ। यह भी एक आवश्यक संशोधन था।'' तब मैंने कहा, ''एक शायद दिल्ली में ही घटित हुआ जब आपने कहा धा कि कम्युनिस्ट पार्टियों के पास कोई सांस्कृतिक नीति नहीं है, तो मैंने कहा था कि आप सांस्कृतिक नीति की आशा कम्युनिस्ट पार्टी से क्यों करते हैं। रामविलास जी और आपके जैसे संस्कृति पुरुषों के रहते कम्युनिस्ट पार्टी क्या सांस्कृतिक नीति देगी। यह तो आप दीजिए, पार्टी को आगे-आगे चलकर मशाल दिखाइए।'' इस पर बहुत प्रसन्न होते हुए नामवर जी बोले, ''लगता है, आप एकदम ठीक कह रहे हैं। यही अवसर रहा होगा।'' दिल्ली में जब एक गोष्ठी में इस तरह की बात हुई तो मैं सोच रहा था कि नामवर जी कहीं दुखी न हो गये हों। लेकिन उस दिन वहाँ से चलते हुए उन्होंने कहा—खगेन जी कल विभाग में आइए। मैं दूसरे दिन विभाग (जे. एन. यू. में) पहुँचा तो बाहर ही काशीनाथ मिल गये। मिलते ही उन्होंने कहा, ''सुना कल आपने बड़ी अच्छी टिप्पणी की।'' कैसे मालूम हुआ? तो काशीनाथ ने कहा, ''भैया कह रहे थे।'' मैं आश्वस्त हो गया। मुझे डर था उनके दुखी होने का और वे तारीफ कर रहे थे। यह रचनात्मकता उनके व्यक्तित्व का अंग है, जो व्यावहारिक आलोचना में हमेशा उनके साथ रहती है और उनके आलोचना कक्ष में दिखाई पड़ती है। जाहिर है कि वे एक वैचारिक योद्धा ही नहीं, सर्जक भी हैं, इसीलिए अक्सर लोग महसूस करते हैं कि नामवर सिंह ने आलोचना को सर्जनात्मक बनाया।

प्रसंग तो बहुत हैं। एकाध और सुनाना चाहता हूँ। सन् 1993 का वर्ष था और राहुल जी की जन्मशती चल रही थी। मैं दिल्ली गया था। वहीं उनसे बातें हुईं कि पटना में राहुल जी पर बढ़िया आयोजन होना चाहिए। मैंने कहा—बिहार प्रगतिशील लेखक संघ का सम्मेलन भी उसके साथ होना है। तो उनसे तय हुआ कि 23, 24, 25 अक्टूबर को राहुल समारोह और 26 अक्टूबर को सम्मेलन हो जाए। तदनुसार पटना में एक स्वागत समिति बनाकर तैयारी शुरू हो गयी। एक संस्था 'राहुल स्मृति सभा' गठित की गयी। उसी के परचम के साथ राहुल-समारोह हुआ। यह एक अनोखा आयोजन था। नागार्जुन जी पहले से आकर पटना में जमे थे। उन्होंने कहा, ''कहीं बीमार पड़ जाने के कारण समारोह में भाग न ले सकूँ इसलिए पहले आ गया।'' वे दरभंगा से आये थे। डॉ. शिवमंगल सिंह सुमन ने भी विशेष रुचि ली थी और बहुत पहले से आने की स्वीकृति दे रखी थी और आये भी। कमला सांकृत्यायन और उनके पुत्र जेता, पुत्री जया भी आयीं। सुमन जी 25 अक्टूबर को ही लौटने का आरक्षण करा कर आये थे। नामवर जी ने उनसे कहा—25 तक राहुल समारोह है, और संगठन का सम्मेलन तो 26 अक्टूबर को है। उसमें भी रहना चाहिए। सुमन

जी ने सहर्ष इसे स्वीकारा और रेलवे आरक्षण बदलवाया। पटना में रहने वाले विद्वानों में डॉ. रामशरण शर्मा, डॉ. सुरेंद्र गोपाल, डॉ. विजयकुमार ठाकुर, डॉ. ओंकार प्रसाद जायसवाल आदि भी थे। डॉ. कमला प्रसाद और राजेंद्र शर्मा भी इस आयोजन में शामिल थे। हमारे इस समारोह के साथ परिमल-सम्मान समारोह भी जुड़ गया था, तो शिवकुमार सहाय जी, डॉ. अशोक त्रिपाठी आदि भी थे। पटना और बिहार के समकालीन दौर के प्रतिष्ठित और उदीयमान लेखकों का यह अभूतपूर्व सम्मेलन था। इस सम्मेलन में बिहार प्रगतिशील लेखक संघ के महासचिव पद से मुक्त हुआ और अरुण कमल नये महासचिव चुने गये। यह संगठन के लिए बहुत अच्छा हुआ।

राहुल-समारोह के बाद राहुल जी की बेटी जया ने मुझसे कहा कि दिल्ली में पहले-पहले अशोक वाजपेयी आदि की बातें सुनकर मैं बहुत निराश और उदास हो गयी थी। उन लोगों ने कहा कि राहुल जी न तो बड़े लेखक थे और न बड़े इतिहासकार, दार्शनिक वे थे ही नहीं। बस एक घुमक्कड़ थे और उन्होंने बड़ा काम यही किया तिब्बत से बौद्धसाहित्य की पांडुलिपियाँ ले आये। जया ने कहा—हम लोग समझते थे कि पिता जी बहुत बड़े आदमी थे, लेकिन दिल्ली के आयोजन ने मन छोटा कर दिया। यहाँ नामवर जी को और आप लोगों को सुनकर एक बार फिर वह विश्वास लौटा कि पिता जी सचमुच बहुत बड़े आदमी थे। राहुल जी के बारे में आपका लेख तो हमने पहले भी पढ़ा था।

तो यह रही पटना के राहुल-समारोह की भूमिका यानी राहुल जी का वास्तविक मूल्यांकन, समाज और इतिहास में उनकी भूमिका की यथार्थवादी समझ। इस मूल्यांकन में नामवर जी ने प्रमुख भूमिका अदा की। मैं जया की प्रतिक्रिया को बहुत महत्त्व देता हूँ। डॉ. रामशरण शर्मा खास तौर से इसलिए खुश थे कि व्याख्यानों के समय विद्यापति-भवन का विशाल सभाकक्ष भरा रहता था। श्रोताओं में नौजवान ज्यादा रहते थे। उन्होंने अपने बोलने के प्रसंग में कहा भी कि इस दौर का सांस्कृतिक इतिहास जब कोई लिखेगा तो ऐसे आयोजनों की प्रगतिशील लेखक संघ की प्रशंसात्मक चर्चा उसे करनी पड़ेगी। इस पर मैंने कहा कि और उन सबके बीच डॉ. नामवर सिंह के व्याख्यानों का योगदान महत्त्व के साथ कबूल करना पड़ेगा।

डॉ. नामवर सिंह ने राहुल-समारोह में बोलते हुए कहा कि राहुल जी क्रांतिकारी बुद्धिजीवी थे, इसलिए उनका सारा लेखन समाज को बदलने की चेतना को विकसित करने तथा जनता में फैलाने के प्रयत्न को समर्पित है। वे रचनात्मक विचारक थे और अक्सर बुद्ध का यह कथन दुहराते थे कि मैंने तुम्हें विचारधारा दी है नाव की तरह नदी पार करने के लिए, नदी पार करने के बाद कंधे पर ढोने के लिए नहीं। नामवर जी ने इस प्रसंग में विचारधारा की भूमिका और उसकी सीमा दोनों को स्पष्ट किया। लेकिन विचारधारा की सीमा सामाजिक परिवर्तन और नवनिर्माण के क्रांतिकारी उद्देश्य की दृष्टि से निर्धारित होती है। कहने का निहितार्थ यह है कि विचारधारा

रूढ़ि का रूप न ले। रूढ़ियाँ परिवर्तन की प्रक्रिया में और पुनर्निर्माण में बाधा पहुँचाती हैं। राहुल जी रूढ़ियों को तोड़ कर प्रगति का रास्ता बनाने वाले विचारक, इतिहासकार और रचनाकार थे। नामवर जी ने बताया कि राहुल जी अक्सर क्रांतिकारी उद्देश्य और नये भविष्य के निर्माण की दृष्टि से अपनी परम्परा और विरासत की खोज करने और पहचानने पर जोर देते थे। दोहा कोश के साथ, हिंदी काव्य धारा, संस्कृत काव्य धारा आदि उनके काम अपनी क्रांतिकारी परम्परा की पहचान करने के उद्देश्य से ही प्रेरित हैं। पटना में एक सज्जन ने नामवर जी से पूछा कि यदि आपको निर्वासन दे दिया जाए और कहा जाए कि अपनी पसंद की दस किताबें साथ ले जा सकते हैं, तो किन किताबों को साथ ले जाना चाहेंगे? नामवर जी ने बहुत सोच कर उत्तर दिया। पूरा उत्तर मुझे याद नहीं है, लेकिन इतना याद है कि दस किताबों में महाभारत और राहुलकृत बुद्धचर्या के नाम तो थे ही। नामवर जी के व्याख्यान केवल ज्ञान नहीं बढ़ाते, केवल सोचने-समझने की प्रेरणा नहीं देते, बल्कि अपने व्यक्तित्व के प्रति और मनुष्यता के भविष्य के प्रति विश्वास यानी भरोसा भी पैदा करते हैं। पटना में एक बड़ा बौद्धिक समुदाय है, जो इस बात को कृतज्ञ भाव से स्वीकार करता है। एक जागरूक आदमी के मन में जितने तरह के प्रश्न उठते हैं, उठ सकते हैं, प्रायः उन सभी विषयों पर पटना में प्रगतिशील लेखक संघ ने गोष्ठियों का आयोजन किया और नामवर जी ने यहाँ आकर उन विषयों पर व्याख्यान दिये। परम्परा के मूल्यांकन की समस्या, विरासत की पहचान करने की समस्या अथवा कविता के मूल्यांकन की समस्या हो, इन सबकी चर्चा वे करते रहे और लोगों को शिक्षित करते रहे। एक बार हिंदी आलोचना के बारे में बोलते हुए उन्होंने कहा था कि आलोचना केवल साहित्यिक मामला नहीं है, वह वास्तव में सामाजिक-राजनीतिक मामला है। वह एक महत्तर दायित्व है। इस दायित्व का पालन करने के लिए नामवर अंतर्राष्ट्रीय स्तर पर चल रही बहस के भी संपर्क में बराबर रहते हैं और तब अपने देश के लोगों को अपनी जरूरत के मुताबिक वैचारिक शक्ति पाने में मदद करते रहे हैं। वे अक्सर कहते हैं--आराधन का दृढ़ आराधन से दो उत्तर। नामवर जी वैचारिक शक्ति अर्जित करने के लिए दृढ़ साधना करते रहे हैं। वे कहते हैं कोई मूल्य तो ऐसा होना चाहिए जिसके लिए आलोचक अपने को न्योछावर कर सकता है।

एक प्रसंग का जिक्र करके मैं अभी यह कथा समाप्त करना चाहता हूँ। सन् 1985 में पटना प्रगतिशील लेखक संघ ने अपनी बुलेटिन धारा का एक अंक छापकर प्रसारित किया, पूरे अंक में एक लेख नागार्जुन की राजनीति था, जिसे अपूर्वानंद ने लिखा था और उसके साथ डॉ. नंदकिशोर नवल की भूमिका अथवा सम्पादकीय था। उसके कुछ दिनों के बाद जमशेदपुर में प्रगतिशील लेखक संघ का राज्य सम्मेलन हुआ। नामवर जी उद्‌घाटन करने पहुँचे थे। अन्य विशिष्ट अतिथि थे गुलाम रब्बानी ताबां, कैफी आजमी, डॉ. अजमल अजमली। जब नामवर जी जमशेदपुर पहुँच गये,

तो मैं उनसे मिलने होटल में गया। मिलते ही उन्होंने पूछा, "खगेन जी यह सब क्या हो रहा है?" पहले मैंने समझा नहीं, इसलिए पूछा, क्या हो रहा है? अरे यह 'नागार्जुन की राजनीति' का मामला! "ओह, वह, मैंने भी छपने पर उसे देखा और पढ़ा।" "ऐसा है?" मैंने कहा जी हाँ? वे बोले समझ गया। फिर मैं उनसे विदा होकर सम्मेलन स्थल की ओर चला गया। उस दिन उद्‌घाटन सत्र सम्पन्न हुआ। आमबगान के मैदान में कई हजार लोग जुटे थे। यह किसी साहित्य-सभा के लिए अनहोनी बात थी। दूसरे दिन प्रातः दस बजे से एक विचार-सत्र शुरू हुआ, जिसके अध्यक्ष नामवर जी थे। अरुण कमल, डॉ. जगदीश विकल, डॉ. अजमली आदि ने विचार-विमर्श में भाग लिया। मुझसे नामवर जी ने कहा, आज आप मत बोलिए। मैं नहीं बोला। नामवर जी का अध्यक्षीय भाषण मेरे जानते अद्‌भुत था। उन्होंने समकालीन कविता और उसके मूल्यांकन की समस्या पर बोलते हुए उग्र स्वर में कहा, आज नागार्जुन की राजनीति पर संदेह किया जा रहा है, उन पर प्रश्न उठाया जा रहा है। मुझे भी कुछ लोगों ने पिछले बीस-पच्चीस वर्षों से संशोधनवादी घोषित कर रखा है। लेकिन मैं जो काम तब कर रहा था, वही आज भी कर रहा हूँ। कुछ लोग लगे हैं प्रगतिशील लेखक संघ को झाड़ू से बुहार साफ कर देने को, गोया यह लेखक संघ न हुआ मेहतरों का संघ हो गया। ...हमारे बीच कुछ लोग हैं जिनके हाथ में खून की प्यासी तलवार है, उन्हें जब दुश्मन नहीं मिलता तो अपने घर में ही तलवार भांजने लगते हैं। यह कविता का कौन कहे, किसी तरह का मूल्यांकन नहीं है।...आदि आदि। स्तब्ध भाव से लोग सुनते रहे। मैंने भाषण को टेप कराया था, लेकिन अफसोस कि वह टेप अपूर्वानंद ने वहीं ले लिया और आज तक मुझे वापस नहीं मिला। वह अनोखा भाषण छपने से रह गया। उस प्रसंग का जिक्र करना आवश्यक हो गया, क्योंकि उपर्युक्त पुस्तिका के प्रगतिशील लेखक संघ के द्वारा छापे जाने का मैंने तो विरोध किया ही था, जमशेदपुर सम्मेलन ने भी इसी तरह का एक प्रस्ताव पारित किया। पटना में इस बात को लेकर काफी उथल-पुथल मचाने की कोशिश की गयी। नामवर जी के इस भाषण ने मेरी बड़ी मदद की। लेकिन यह मेरी मदद नहीं असल में एक संकीर्णतावादी आलोचना के हमले से सही मायने में यथार्थवादी आलोचना के बचाव का मामला था। यह एक क्रांतिकारी कवि की रचनात्मकता को सही ढंग से समझने का मामला था। जमशेदपुर-सम्मेलन और वहाँ नामवर जी के भाषण का पटना ही नहीं पूरे हिंदी जगत् पर बहुत अच्छा असर पड़ा।

एक छोटी-सी घटना और एक बार नामवर जी जब पटना आये हुए थे, तो मैंने उन्हें दैनिक जनशक्ति में आमंत्रित किया, सम्पादकीय विभाग के साथियों के बीच 'पत्रकारिता के दायित्व' पर बोलने के लिए। वे आये। नागार्जुन जी भी थे। वह जनशक्ति का उत्कर्ष काल था। सम्पादकीय विभाग के बड़े कमरे में पत्रकार साथी ही नहीं प्रेसकर्मी और प्रबंधन के साथी भी एकत्र हुए। का. गंगाधर दास और

का. रामदेव शर्मा भी उपस्थित थे। नामवर जी पत्रकारिता के दायित्व पर बोले और केवल अवधारणात्मक भाषण नहीं था वह, कम्युनिस्ट पार्टी के पुराने दिनों के पत्र नेशनल फ्रंट, फिर न्यू एज, जनयुग आदि की पत्रकारिता और उतनी नयी भूमिका का जिक्र करते हुए उन्होंने अज्ञेय जी के सम्पादन के दिनों के 'दिनमान' और फिर 'नवभारत टाइम्स' का भी जिक्र किया। नामवर जी ने बताया कि कम्युनिस्ट पार्टी के पत्रों का आकर्षण यह था कि वे विकल्प के मुखपत्र थे। फिर उन्होंने कहा कि अज्ञेय जी के व्यक्तित्व के साथ दिनमान तो परवान चढ़ा, लेकिन नवभारत टाइम्स का वे कुछ बना-बिगाड़ नहीं सके। ब्रिटिश कम्युनिस्ट पार्टी के अखबार 'मार्निंग स्टार' का जिक्र करते हुए उन्होंने कहा कि 'मार्निंग स्टार' लोकप्रिय था केवल राजनीतिक समाचारों के लिए नहीं, बल्कि खेल-कूद के समाचारों के लिए भी। खैर, असल बात यह है कि जब नामवर जी बोल रहे थे, तभी दोनों में मगही पान आया और कई पान प्रेमी श्रोता बीड़े उठा-उठा कर खाने लगे, तो नामवर जी ने कहा—लाइए दोना इधर मैं पान खाते हुए भी बोल सकता हूँ। और सचमुच गिलौरी मुँह में दाबकर वे देर तक बोलते रहे। भाषण समाप्त हुआ। चाय-वाय चली और वहाँ मैं, बाबा और नामवर जी विधायक क्लब वाले आवास पर आये। बाद में 'जनशक्ति' के मित्रों ने कहा कि ऐसा भाषण तो बार-बार कराइए। मजे की बात यह कि यह बात गैर-पत्रकार मित्रों ने ज्यादा कही।

नामवर जी की बनारसी आदत को मगही पान से बहुत संतोष मिलता है। और उन्हें पान खिलाने वाले को तो कुछ ज्यादा ही संतोष मिलता है। एक बार मेरे आग्रह पर वे भागलपुर गये थे। डॉ. बेचन ने मारवाड़ी कॉलेज में आयोजित पुनश्चर्या कार्यक्रम के उद्घाटन के लिए उन्हें आमंत्रित किया था। भागलपुर जाते-जाते नामवर जी का पेट गड़बड़ हो गया। डॉक्टर ने दिन भर अन्न खाने से मना कर दिया और शाम को व्याख्यान देना था। डॉक्टर ने सेब खाने को कहा। पाँच बजे से व्याख्यान था। चार बजे मैंने उनसे पूछा, "कैसी तबीयत है?" बोले, "ठीक तो है।" मैंने उन्हें कहा, "चलिए तैयार होइए।" कहाँ ले चलेंगे? मैंने कहा, "चलिए न, अब मैं आपका इलाज करूँगा।" और हम लोग गाड़ी में बैठकर सूजागंज पीपल चौक के पास पहुँचे। मैं उन्हें लस्सी की दुकान में ले गया और कहा—देखिए यह यहाँ बनारसी लस्सी के नाम से मशहूर है। ग्रहण कीजिए। उन्होंने एक गिलास लस्सी पी ली। आँखों में चमक आयी। उनकी आँखों की चमक मशहूर है। बोले—एक गिलास और चल सकता है। वह भी चला फिर बगल में ही उन्हें बनारसी पान की प्रसिद्ध गिलौरी दिखायी। खाकर बहुत प्रसन्न हुए और बोले, "यह बड़ा अच्छा किया आपने। चलिए अब ठीक से भाषण होगा।" और हम लोग सीधे सभाकक्ष में गये। अध्यापन पद्धति पर उनका वह व्याख्यान भी उसी तरह अनोखा था जैसा बी. एच. यू. के सेवाकाल में रहा होगा। अब खतम करता हूँ। नामवर जी से मेरे सम्पर्क की यादें एक पूरी पुस्तक

का रूप ले सकती हैं। सिर्फ एक प्रसंग की और चर्चा करके बंद करूँगा। पटना में नामवर जी अक्सर मेरे साथ यानी मेरे प्रबंध के अनुसार ठहरते रहे, कार्यक्रम चाहे जिसका रहा हो। लेकिन एक बार वे विश्वविद्यालय सेवा आयोग में अंतर्वीक्षा के लिए विशेषज्ञ के रूप में आमंत्रित किये गये और वे आये। इस बार उनको जन-जीवन से दूर राजभवन में ठहराया गया। प्रायः पंद्रह दिनों तक उन्हें रहना था। पहले ही दिन उन्होंने राजभवन से मुझे फोन किया, "मैं आ गया हूँ और राजभवन में मुझे ठहरा दिया गया है।" उनके स्वर से ऐसा लगा जैसे उनको पिंजड़े में बंद कर दिया गया है। मैंने कहा—"यह अच्छा है। आप इंटरव्यू लेने आये हैं तो वहीं ठहरना चाहिए।" इस पर उन्होंने कहा, "देखिए ठहर तो गया ही हूँ यहाँ, लेकिन आप शाम को रहिएगा, मैं वहाँ आऊँगा।" मैंने कहा, "ठीक है।" वे करीब छह बजे राजभवन की गाड़ी पर आये। तत्कालीन राज्यपाल श्री अखलाकुर्रहमान किदवई उनके मित्र थे। उन्हीं की सिफारिश पर वे एक्सपर्ट बनाये गये थे और उन्हीं के आग्रह पर राजभवन में ठहरे थे। तो शाम को वे आये तो बोले, "चलिए कहीं घूमें, फिरें, गप-शप करें।" चाय पी कर उनके साथ गाड़ी में बैठकर चक्कर मारने निकले, जिसमें डाकबंगला चौक पर पान खाना और फिर कुछ बीड़े बँधवा कर ले जाना भी शामिल था। यह बात तब तक रोज होती रही बिना किसी व्यतिक्रम के जब तक नामवर जी पटना में रहे। रात आठ-नौ बजे तक हम लोग बैठकी करते और घूमते-फिरते बिताते और नौ बजे के बाद उन्हें राजभवन में दाखिल करके हम उसी गाड़ी से लौटते थे।

2

प्रगतिशील आंदोलन का सम्बन्ध यदि हिंदी नवजागरण से है, (और बेशक यह सम्बन्ध है) तो यह कहा जा सकता है कि हिंदी नवजागरण को इस दौर में प्रगतिशील लेखक संघ तथा अन्य सहयोगी मंचों से जनजागरण का स्वरूप देनेवालों में डॉ. नामवर सिंह अग्रणी रहे हैं। मैं कहना चाहता हूँ कि वे हमारे दौर में हिंदी-जनता के वैचारिक सेनानी की भूमिका निभाते रहे हैं। हिंदी-जनता का उल्लेख मैं यहाँ केवल हिंदीभाषी जनता के अर्थ में नहीं, बल्कि डॉ. इकबाल की पंक्ति "हिंदी हैं हम, वतन है हिंदोस्ताँ हमारा" में प्रयुक्त हिंदी के अर्थ में भी कर रहा हूँ। मैंने खुद नामवर जी को चंडीगढ़, कोलकाता, मुम्बई, हैदराबाद जैसे शहरों में प्रगतिशील लेखक संघ के अलावा दूसरे मंचों से भी सुना है और एक बार तमिलनाडु के कुछ मित्र चेन्नई में दिए गये उनके व्याख्यान के प्रभाव का जिक्र प्रसन्न भाव से कर रहे थे। पंजाबी खिलाड़ी सभा के अधिवेशन में उनके उद्घाटन भाषण का जिक्र पंजाबी के लेखक मित्र बहुत दिनों तक करते रहे। इन सबके पीछे बात यह है कि नामवर जी के व्याख्यान शिक्षित करते हैं, वैचारिक रूप से समृद्ध करते हैं और उद्विग्न एवं उद्वेलित करते हैं। कोई उनकी तारीफ कर सकता है, विरोध कर सकता है, लेकिन किसी के लिए भी उनकी

उपेक्षा करना या स्वयं तटस्थ एवं निर्विकार रह पाना संभव नहीं है।

नामवर जी के व्याख्यानों का वैचारिक महत्त्व यह भी बता रहा है कि प्रगतिशील लेखक संघ ने अपने आयोजनों के माध्यम से और नामवर जी की मदद से कितना महत्त्वपूर्ण काम किया है, वह भी उस दौर में जब हमारे ही अनेक मित्र और सहयात्री हमें विसर्जनवादी कहते रहे हैं और प्रगतिशील लेखक संघ को विघटित करार देते रहे। हम यह भी सोच रहे हैं कि प्रगतिशील लेखक संघ ने अपने प्रारम्भिक दौर में जो ऐतिहासिक भूमिका अदा की और जिसका महत्त्व इतिहास में स्वीकृत है, जिस पर हम गर्व करते हैं, हमारे इस दौर की सक्रियता की भूमिका क्या उस दौर को विकसित और समृद्ध नहीं करती? डॉ. रामशरण शर्मा ने एक बार पटना में कहा कि इस दौर का सांस्कृतिक इतिहास कोई लिखने की कोशिश करेगा, तो वह प्रगतिशील लेखक संघ की गतिविधियों का जिक्र अवश्य करेगा, इसके बिना वह इतिहास पूरा नहीं होगा।

डॉ. नामवर सिंह हिंदी आलोचना की वाचिक परंपरा के आचार्य कहे जाते हैं। कुछ लोग तो व्यंग्यात्मक लहजे में यह बात कहते हैं, लेकिन भारत में वाचिक परम्परा की जरूरत और महत्त्व को समझनेवाले पूरी गम्भीरता से नामवर जी को वाचिक परंपरा का आचार्य मानते हैं और समझते हैं कि नामवर जी ने एक बड़ा काम किया है। व्यंग्य से बोलनेवाले यह धारणा फैलाना चाहते हैं कि नामवर जी लिखते नहीं, बोलते ही रहे हैं। यहाँ मैं नामवर जी की प्रकाशित पुस्तकों की चर्चा करके व्यंग्य का जवाब नहीं देना चाहता, लेकिन इतना तय है कि व्यंग्य करनेवालों के रिकार्ड में उतना लेखन नहीं है, जितना नामवर जी ने लिखा है और जब लिखा तो इतिहास और आलोचना में नया मानदंड प्रस्तुत करने जैसी हलचल पैदा की इसलिए व्यंग्य तो बनता ही नहीं है। वाचिक परंपरा की आवश्यकता और गम्भीरता को महसूस करनेवालों का जैसे प्रतिनिधि बनकर नागार्जुन जी ने एक महत्त्वपूर्ण बात कही। अवसर था नामवर जी के साठ वर्ष पूरे करने पर वाराणसी में प्रगतिशील लेखक संघ की ओर से आयोजित समारोह और संगोष्ठी। 28 मई, 1988 को समारोह के अध्यक्ष मंडल में नागार्जुन और त्रिलोचन शास्त्री दोनों थे। सबसे अंत में बोलते हुए नागार्जुन जी ने कहा, ''अपने देश में आम जनता तक बातों को ले जाने की दृष्टि से, पुस्तकों से दूर कर दिए गये लोगों तक विचारों को पहुँचाने के लिए लिखना जितना जरूरी है, उससे ज्यादा जरूरी है बोलना। स्थापित (और स्थावर भी) विश्वविद्यालयों की तुलना में यह जंगम विद्यापीठ ज्यादा जरूरी है। नामवर इस जंगम विद्यापीठ के कुलपति हैं। इस विद्यापीठ का कोई मुख्यालय नहीं होता। यह जगह-जगह जाकर ज्ञान का वितरण सत्र आयोजित करता है। यह है ''सुरसति के भंडार की अपूरब बात। इसे किसी की नजर न लगे।'' (लेखक के नोट बुक से) जैसे बाबा घूम-घूमकर किसानों और मजदूरों की सभाओं से लेकर छात्र, नौजवानों, बुद्धिजीवियों और विद्वानों तक की गोष्ठियों में अपनी कविताएँ बेहिचक सुनाकर जनतांत्रिक संवेदना जगाने का काम

करते रहे, वैसे ही नामवर जी घूम-घूमकर वैचारिक लड़ाई लड़ते रहे हैं, रूढ़िवादिता, अंधविश्वास, कलावाद, व्यक्तिवाद आदि के खिलाफ चिंतन को प्रेरित करते रहे हैं, नयी चेतना का प्रसार करते रहे हैं। वे विचारों के बीज बोते रहे हैं। इस वैचारिक, सांस्कृतिक अभियान में नामवर जी एक तो विचारधाराहीनता की व्यावहारिक काट करते रहे हैं, दूसरे वैकल्पिक विचारधारा की ओर से लोक शिक्षण भी करते रहे हैं। ध्यान देने की बात यह है कि लोक शिक्षण की यह भूमिका सार्थक एवं समर्थ ढंग से अदा करने के लिए आज की परिस्थिति में पूँजीवाद और साम्राज्यवाद की वैचारिक और सांस्कृतिक स्थितियों और अभियानों के अद्यतन स्वरूप का उन्होंने अध्ययन किया है। उन्हें समझ-बूझकर उन्होंने लोगों को न केवल सावधान किया है, बल्कि उनके प्रत्युत्तर के लिए भी तैयार करने की कोशिश की है। मेरे कहने का अर्थ यह है कि अंतरराष्ट्रीय स्तर पर आज का साम्राज्यवाद राष्ट्रों के खिलाफ, सांस्कृतिक स्वायत्तता के खिलाफ, जनता और जनतंत्र की चेतना को कुंद करने के लिए जो कुछ हो रहा है, उसका अद्यतन ज्ञान हिंदी में सबसे अधिक नामवर जी को है, ऐसा उनके व्याख्यानों से स्पष्टतः पता चलता है। कुल मिलाकर आज की परिस्थिति में भारत की देशभक्त और मेहनतकश जनता की वैचारिक जरूरतों की पूर्ति करने में प्रगतिशील लेखक संघ और नामवर जी के माध्यम से चलनेवाले वैचारिक अभियान ने उल्लेखनीय योगदान किया है। इस योगदान का एक महत्त्वपूर्ण पहलू यह भी है कि प्रगतिशील आंदोलन में नामवर जी के संपर्क से जनपक्ष की ओर से वैचारिक संघर्ष में भाग लेनेवालों, उसे व्यापक रूप से विकसित और प्रसारित करनेवालों की अच्छी-खासी टीम हिंदी-क्षेत्र में बनी है। यह जरूरी नहीं है कि उस टीम के सदस्य नामवर जी को अपना ऐसा नायक मानते हों, जिसके पीछे वे आँख मूँदकर या हाथ जोड़कर चलें। वे नामवर जी से मतभेद व्यक्त करते हैं, उनकी आलोचना करते हैं, कभी-कभी विरोध भी करते हैं। और नामवर जी इन सबको पसंद करते हैं। वे अक्सर कहते हैं कि विवाद करनेवाला, विचारों के क्षेत्र में पंजा लड़ानेवाला दुर्लभ होता जा रहा है। विवाद छिड़ने पर नामवर जी के विचार सान पर चढ़ते हैं और व्याख्यान की भाषा भी धारदार हो जाती है। इसलिए वे वाचिक परंपरा के ही नहीं, वाद, विवाद-संवाद के भी आचार्य माने जाते हैं। इस वैचारिक पद्धति में वे प्रतिपक्ष को हमेशा ध्यान में रखते हैं। इससे उनकी अपनी वैचारिक प्रक्रिया जुझारू और जनतांत्रिक बनी रहती है।

नामवर जी मार्क्सवादी हैं। वे मार्क्सवाद को अध्ययन की पद्धति के रूप में, चिंतन की पद्धति के रूप में समाज में क्रांतिकारी परिवर्तन लाने वाले मार्गदर्शक सिद्धांत के रूप में, जीवन और समाज को मानवीय बनानेवाले सौंदर्य सिद्धांत के रूप में स्वीकार करते हैं। यों यह सर्वविदित है कि आज हमारे देश में और दुनिया भर में मार्क्सवाद की कम-से-कम डेढ़ दर्जन व्याख्याएँ और टीकाएँ दिखाई पड़ रही हैं। उनमें कई ऐसी टीकाएँ भी हैं, जिनके प्रवक्ता नामवर जी को संशोधनवादी कहते रहे हैं। आज तो

मार्क्सवाद के दायरे में, कट्टरतावाद, संशोधनवाद, जैसे शब्द प्रायः निरर्थक हो गये हैं, लेकिन नामवर जी यों भी इस तरह के हमले से बेअसर रहकर अपना काम करते रहे हैं। एक मार्क्सवादी होने के नाते वे आत्मालोचन को भी स्वीकार करके चलते रहे हैं। वे आत्मालोचन करते भी रहे हैं। आत्मालोचन मार्क्सवादी अध्ययन पद्धति और उसकी रचनात्मकता का आवश्यक अंग है! नामवर जी के व्याख्यानों में और लेखन में भी इसके उदाहरण मिलते हैं। ध्यान देने की बात यह है कि जो आत्मालोचन की रचनात्मकता का इजहार कर सकता है, वही दूसरों की आलोचना को भी स्वीकार करने की धीरता का परिचय दे सकता है। आलोचना को स्वीकार करने में तो नामवर जी का जवाब नहीं। यही कारण है कि हिंदी क्षेत्र की शिक्षित जनता के बीच मार्क्सवाद और वामपंथ के बहुत लोकप्रिय नहीं होने के बावजूद नामवर जी उनके बीच प्रतिष्ठित और लोकप्रिय हैं। नामवर जी पटना में बोलें या भोपाल में, उनकी आवाज पूरे हिंदी क्षेत्र में संचार माध्यमों के जरिए गूँजती है। इसलिए हिंदी जनता की जनचेतना का प्रतिनिधित्व करने या प्रवक्ता बनने की क्षमता जितनी आज नामवर सिंह में है, उतनी किसी दूसरे लेखक या विद्वान में नहीं है। नामवर जी की इस विशिष्टता की परम्परा की ऐतिहासिक पहचान यदि की जाए तो आधुनिक युग में इस परम्परा में भारतेंदु, आचार्य महावीर प्रसाद द्विवेदी, आचार्य रामचंद्र शुक्ल, प्रेमचन्द, आचार्य हजारी प्रसाद द्विवेदी, डॉ. रामविलास शर्मा, डॉ. भगवतशरण उपाध्याय जैसे लेखक और विद्वान ही दीखते हैं। इन विद्वानों ने जनचेतना की जरूरत से जुड़े प्रश्नों से सम्बन्धित ज्ञान की जितनी शाखाओं में व्यापकता और गहराई के साथ विभिन्न विषयों पर लिखा है, उतने बड़े पैमाने पर नामवर जी ने लिखा भले ही न हो, लेकिन प्रतिक्रियावादी शक्तियों से वैचारिक संघर्ष करने तथा आज की जरूरत के मुताबिक सकारात्मक विचारधारा विकसित करने की उनकी तैयारी उन्हीं विद्वानों की तरह गहन और व्यापक है। इसीलिए कहीं भी, किसी समय, किसी भी विषय पर बोलने के लिए नामवर जी आमंत्रण स्वीकार कर लेते हैं। सरजमीन पर वैचारिक राजनीतिक संघर्ष के काम में लगे लोगों को नामवर जी की इस तत्परता से कितनी सहूलियत होती है, यह मैं अच्छी तरह समझता हूँ, क्योंकि मैं उनके दर्जनों व्याख्यानों का आयोजक रहा हूँ। वांछित अवसर पर नहीं पहुँचने की परेशानी उन्होंने कभी नहीं दी। नामवर जी की इस तत्परता का सही कारण बहुत लोग नहीं समझ पाते। असल में वे स्वयं वैचारिक संघर्ष के एक योद्धा हैं, इसलिए किसी मोर्चे से पुकार होने पर तत्परता से पहुँचते हैं। नामवर जी के मन में हिंदी नवजागरण के बारे में अनेक शंकाएँ रही हैं, लेकिन मैं कहना चाहता हूँ कि सांस्कृतिक एवं वैचारिक दृष्टि से नामवर जी के माध्यम से विकसित वाचिक परंपरा हिंदी नवजागरण का अद्यतन रूप है। स्वभावतः उनके व्यक्तित्व का यह रूप नवजागरण के पहले दूसरे दौर के व्यक्तित्वों जैसा ही है। यों नामवर जी ने इतिहास को कभी दुहराया नहीं है, उसे विकास की नयी अवस्था में,

नये धरातल पर आगे बढ़ाया है। इतिहास को आगे बढ़ाने से इतिहास की उपलब्धियाँ काम देती हैं, अन्यथा वे रूढ़ियाँ बन जाती हैं।

'आलोचक के मुख से' नामक पुस्तक में संकलित नामवर जी के पाँच व्याख्यान पटना में प्रगतिशील लेखक संघ के मंच से विभिन्न अवसरों पर दिए गये हैं। व्याख्यान तो नामवर जी के और भी हुए हैं लेकिन टेप से लिपिबद्ध और सम्पादित करके बिहार प्रगतिशील लेखक संघ की मेरे सम्पादन में प्रकाशित पत्रिका 'उत्तरशती' में ये व्याख्यान छपे थे। इन व्याख्यानों से 'उत्तरशती' की भूमिका भी स्पष्ट होती है। नामवर जी अभी हिंदी के सर्वोत्तम वक्ता हैं और माने भी जाते हैं। लेकिन उनके वक्तव्य की विशेषता जितनी भाषा की सहजता एवं प्रवाहपूर्णता, शैली की प्रभावपूर्णता और ध्वनि की बेधकता में निहित है, उससे अधिक विचारों के ओज, चिंतन को प्रेरित करने की क्षमता और परिस्थिति के अनुसार विचारों के स्फुलिंग छिटकाने में है। इन बातों के अतिरिक्त उनके व्याख्यानों में विचारों की लय मिलती है, जिस पर श्रोता झूमते हैं। विचारों की लय 'नयी कविता' की तथाकथित अर्थ की लय से बहुत भिन्न है। अर्थ की लय का तर्क तो भाषा की लय का निषेध करने के लिए दिया गया था। नामवर जी के व्याख्यान में भाषा के प्रवाह के साथ विचारों की लय होती है। इस लय का निर्माण विचारों के तारतम्य और क्रमबद्धता से होता है। अनावश्यक तथ्यों और प्रसंगों से वे बचते हैं और रोचकता का भी ध्यान हमेशा रखते हैं। वे विचारों की संगति और युक्ति से असंगत विचारों की धुंध काटने की कुशलता से व्याख्यान में मुख्य आकर्षण पैदा करते हैं। नामवर जी के व्याख्यान की विशेषता का जिक्र करते हुए एक बार डॉ. भगवतशरण उपाध्याय ने दिल्ली में प्रगतिशील लेखक संघ की गोष्ठी में भीष्म साहनी के महासचिव-काल में अध्यक्ष पद से बोलते हुए कहा, "नामवर जी गणित शैली में बोलते हैं। बिल्कुल क्रमबद्ध ढंग से एक-दो-तीन करके अपने विचार-बिन्दु श्रोताओं की चेतना में उतार देते हैं।" भगवतशरण जी स्वयं बहुत अच्छे और प्रभावशाली वक्ता थे। लेकिन वे भी नामवर जी की वक्तृत्व कला के कायल थे। ऐसे व्याख्यान किसी आयोजन में दिए जाने वाले व्याख्यान के समय की तैयारी के अलावा जीवन भर की तैयारी पर आधारित होते हैं। इन व्याख्यानों को मुखर निबंध कहा जा सकता है। यों इन व्याख्यानों के प्रकाशित रूप पर गौर करने पर मुझे लगता रहा है कि नामवर जी के माध्यम से हिंदी में व्याख्यान एक विधा के रूप में प्रस्तुत हुआ है। यहाँ इन व्याख्यानों की समीक्षा या विश्लेषण करने की आवश्यकता नहीं है, लेकिन इतना जरूर कहना चाहता हूँ कि उनके व्याख्यान हिंदी-आलोचना की ऊँचाई के साथ ही आलोचना में वस्तुगत एवं गहन विश्लेषण पद्धति के उदाहरण प्रस्तुत करते हैं। आज के साहित्य, विचारधारा, सौंदर्य, राजनीति और आलोचना से जुड़े तथा उनके अन्तःसम्बन्धों के बारे में महत्त्वपूर्ण बातें वे कहते रहे हैं।

7

एक हमराही की कथा

प्रगतिशील लेखक संघ और उसके महान आंदोलन से मेरा सम्बन्ध वैसा ही है, जैसा इस धरती से। हम पैदा हुए धरती पर, उस पर घुड़के, खड़े हुए, डेगा-डेगी दी और फिर ताकत पाकर चलने लगे, दौड़ने की कोशिश की, फिर इस धरती पर खेती की, पेड़-पौधे लगाए उन्हें सींचा और रखवाली भी की। साहित्य में मेरा जन्म प्रगतिशील लेखक आंदोलन में ही हुआ। इसलिए यह मेरे लिए पुरानी बात हो गयी, जब मेरे पास साहित्य के खाते में जमा करने को कुछ नहीं था। यों स्कूल में पढ़ते समय जो कुछ लिखने की कोशिश करता, उसकी भाषा संस्कृतनिष्ठ होती थी। स्कूल के दिनों में ही थोड़ी संस्कृत पढ़ी थी और धारणा यह बनी थी कि अच्छी हिंदी का मतलब है संस्कृतनिष्ठ हिंदी। मेरी इस धारणा को एक झटका लगा सन् 1953 में। बात यह हुई कि नागार्जुन भागलपुर आये थे और भगवान पुस्तकालय में ठहरे थे। भगवान पुस्तकालय भागलपुर का एक साहित्यिक-सांस्कृतिक केंद्र था। इस पुस्तकालय से मेरा सम्बन्ध विष्णु किशोर झा बेचन के जरिये कायम हुआ, जो उन दिनों एम.ए. प्रथम वर्ष के छात्र थे और बहुत लिख रहे थे। मैं सन् 53 में इंटर प्रथम वर्ष का छात्र था। बेचन जी के पिता जी पं. चंद्रमोहन झा पुस्तकाध्यक्ष थे और उनके बड़े भाई श्यामल किशोर झा बिहार में कम्युनिस्ट पार्टी के संस्थापकों में एक थे। तो इसी भगवान पुस्तकालय में मैं नागार्जुन से मिलने गया। उन दिनों उनके उपन्यास 'बलचनमा' की बहुत चर्चा थी। मैं वह उपन्यास पढ़ चुका था। बलचनमा के चरित्र, संघर्ष, और कथा के साथ ही उसकी भाषा की भी चर्चा थी। एकदम बोलचाल की भाषा थी उसमें।

मैं जब नागार्जुन से मिला तो उन्होंने पूछा क्या लिखते हो? मैंने कहा—अभी तो लिखना सीख रहा हूँ। इस पर बाबा बोले—बहुत अच्छा, एक बात याद रखना—भाषा को एकदम आम फहम बना दो, उसे सड़क पर बिछा दो, जीवन में ओढ़ना-बिछौना बना डालो। इस भाषा में बड़ी रचनात्मक शक्ति होती है। मैं सुनता रहा और बाद

में सोचता भी रहा। मैं बेहिचक कह सकता हूँ कि यह साहित्य के क्षेत्र में मेरा दीक्षा-ग्रहण था, दीक्षान्त नहीं।

स्कूल में ही फुटबाल का अच्छा खिलाड़ी हो गया था। कॉलेज आने के बाद भी शाम को खेल के मैदान में हाजिर हो जाता था। लेकिन जब बेचन जी और भगवान पुस्तकालय से सम्पर्क हो गया तो शाम पुस्तकालय में बीतने लगी और खेल का मैदान छूट गया। बेचन जी से बातचीत करते हुए और पुस्तकालय से लेकर किताबें पढ़ते हुए प्रगतिशील लेखक संघ और आंदोलन तथा लेखन की समस्याओं से कुछ परिचय हो गया। यों इस परिचय से पहले अपने अनुभव और अल्प अध्ययन की रोशनी में महसूस करने लगा था कि जीवन का यथार्थ ही साहित्य के लिए उपयोगी है। अपने दिमाग को कुरेदते हुए, मैं यह कह सकता हूँ कि उस समय मैं यथार्थ का सही अर्थ नहीं जानता था, फिर भी मेरा मन कहता था कि यथार्थ माने सच। सच यानी लौकिक अनुभव।

भगवान पुस्तकालय से किताबें लेकर मैं पढ़ता था, यों टी. एन. बी. कॉलेज (जहाँ मैं पढ़ता था) उसका पुस्तकालय भी समृद्ध था। यहाँ अपने उन दिनों के अध्ययन का विवरण देना मैं जरूरी नहीं समझता, लेकिन इतना कहना अप्रासंगिक नहीं होगा कि नागार्जुन का कविता-संग्रह युगधारा पढ़ा और कविता में युग की मुख्य धारा क्या है यह समझने की कोशिश करने लगा। समझने की इसी कोशिश में मैंने धर्मवीर भारती का 'ठंडा लोहा' पढ़ा और यह समझा कि फिरोजी होठों पर जिंदगी बर्बाद करना क्या? रघुवीर सहाय बाद में जीवन और राजनीति की असंगतियों पर व्यंग्य करके लोकप्रिय और चर्चित हुए, लेकिन मैं जिन दिनों की चर्चा कर रहा हूँ उन दिनों अजब किस्म की निरर्थकता की कविताएँ लिख रहे थे। यों उस समय भागलपुर का साहित्यिक वातावरण छायावादमय था और एक पुराने कवि रामेश्वर झा 'द्विजेन्द्र' नगर के सबसे अच्छे कवि थे। उनकी एक कविता 'ये शूल-फूल रह गये, अभिरामा रजनी चली गयीं', बहुत लोकप्रिय थी। छायावाद को बीते बहुत दिन हो गये थे फिर भी लोग शूल-फूल (सूखा हुआ ही सही) के राग पर झूम रहे थे। भगवान पुस्तकालय में बेचन जी के सम्पर्क से नये लोग जुटते थे। इन्हीं लोगों को लेकर बेचन जी की पहल पर 1955 में प्रगतिशील लेखक संघ की स्थापना की गयी। हमें पता नहीं कि बिहार में उन दिनों प्रगतिशील लेखक संघ था या नहीं? इतना पता था कि राष्ट्रीय स्तर पर है, लेकिन वह निष्क्रिय है। भागलपुर में प्रगतिशील लेखक संघ सक्रिय हो गया। उपेंद्र नारायण चौधरी अध्यक्ष, बेचन जी सचिव और मैं संयुक्त सचिव था। साप्ताहिक गोष्ठियाँ होतीं, लोग रचनाएँ सुनते-सुनाते, रचनाओं की समीक्षा की जाती। कई बार समारोहों में नागार्जुन आये, प्रो. संतलाल सिंह आये। शिवबालक राय, डॉ. धर्मेन्द्र ब्रह्मचारी आदि के व्याख्यान हुए। उन दिनों लखनऊ से 'नया पथ' नाम से एक साहित्यिक मासिक पत्र प्रकाशित होता था, 22 कैसरबाग, उसका पता था। उसके

सम्पादक थे यशपाल और शिववर्मा, पहाड़ी राजीव सक्सेना आदि सहयोगी सम्पादक थे। हम लोग इस पत्रिका के इंतजार में रहते थे। उसे पढ़कर उस पर चर्चा करते थे। इसी प्रक्रिया में डॉ. रामविलास शर्मा, प्रकाशचंद्र गुप्त आदि से संपर्क हुआ। रामविलास जी ने एक पत्र में लिखा था--भागलपुर का साहित्यिक वातावरण कितना सरस और जीवंत होगा, जहाँ आठ-दस तरुण आपस में मिलते हैं और साहित्य-चर्चा करते हैं।

1955 में ही प्रगतिशील लेखक संघ की ओर से भागलपुर के दस एकदम नये कवियों की कविताओं का एक संकलन 'नयी प्रतिभाएँ' नाम से प्रकाशित किया गया, जिसका सम्पादन बेचन जी ने किया। असल में ऐसा प्रकाशन करने का विचार उन्हीं का था। कवियों के सहयोग से मुद्रण, प्रकाशन का खर्च जुटाया गया था। इस संकलन के दस कवियों में एक मैं भी था, बेचन जी स्वयं भी थे। दस में एक उपेंद्र नारायण चौधरी थे, जो कालेजिएट स्कूल में शिक्षक थे। वे अच्छे गीतकार थे। मधुसूदन साहा भी थे, जो अभी राउरकेला में रहते हैं। बेचन जी ने तो उसमें श्याम सुंदर घोष और लक्ष्मीनारायण शर्मा 'मुकुर' को भी शामिल होने का निमंत्रण दिया था, लेकिन उन दोनों ने एकदम नये लोगों के साथ संकलन में शामिल होने से इनकार कर दिया। संकलन प्रकाशित हुआ, तो उसकी अच्छी चर्चा हुई। महत्त्व के साथ उल्लेखनीय बात यह है कि डॉ. रामविलास शर्मा, डॉ. प्रकाशचंद्र गुप्त और नागार्जुन से संकलन की भूमिका लिखने का आग्रह किया गया और तीनों ने भूमिका लिखकर तत्परता से भेज दी। तीनों भूमिकाएँ संकलन में छपीं। इससे यह समझा जा सकता है कि भागलपुर में सक्रिय प्रगतिशील लेखक संघ को वे लोग कितना महत्त्व दे रहे थे। उन दिनों प्रगतिशील लेखक संघ के राष्ट्रीय महासचिव थे--कृशन चंदर, लेकिन उनसे हम लोगों का कोई संपर्क नहीं था या उन्होंने भी इस सक्रिय इकाई की कोई खबर नहीं ली। यों कृशन चंदर को हम लोग खूब पढ़ रहे थे। मुझे याद है उन्हीं दिनों हमने कृशन चंदर की रिपोर्ताज 'सुबह होती है' पढ़ी थी जो तेलंगाना संघर्ष पर लिखी गयी थी। वह अत्यंत ही जोरदार और प्रभावशाली रिपोर्ताज है। संगठनकर्त्ता के रूप में कृशन चंदर भले ही शिथिल रहे हों, लेकिन कलम तो चला ही रहे थे। राजीव सक्सेना ने 1957 में इलाहाबाद साहित्यकार सम्मेलन के समय बताया कि 1953 में प्रगतिशील लेखक संघ के दिल्ली सम्मेलन में कृशन चंदर को प्रभार देते हुए डॉ. रामविलास शर्मा ने एक कलम दी और कहा कि लेखक संगठन में कलम से बेहतर प्रभार और क्या हो सकता है।

बी.ए. में पढ़ते समय ही मैंने 'नया पथ' में एक टिप्पणी भेजी थी, जो छपी भी थी। वह जासूसी उपन्यासों के बारे में अमृतलाल नागर के विचारों के खिलाफ लिखी गयी थी। यह टिप्पणी मेरे आलोचना कर्म के विषय-प्रवेश की तरह थी।

भागलपुर का प्रगतिशील लेखक संघ बिहार के पूर्वांचल में ही नहीं, बिहार भर

में चर्चित था और बिहार से बाहर भी उसको लोग जानते थे। डॉ. महादेव साहा एक बार अचानक भागलपुर पहुँच गये थे। मैं जब एम. ए. में पढ़ने पटना पहुँचा तो महसूस हुआ कि पटना के नयी पीढ़ी के रचनाकार 'नयी प्रतिभाएँ' को जानते थे। हम लोग जब भागलपुर को केंद्र बनाकर प्रगतिशील लेखक संघ के जरिये साहित्यिक वातावरण को बदलने की कोशिश कर रहे थे, तब प्रगतिशील आंदोलन के पुरस्कर्ता सज्जाद ज़हीर पाकिस्तान में, वह भी जेल में बंद थे, अन्यथा वे तो अवश्य हम लोगों की पीठ ठोंकते। यों नागार्जुन, रामविलास शर्मा, प्रकाशचंद्र गुप्त और डॉ. महादेव साहा तो हम लोगों का उत्साहवर्द्धन कर ही चुके थे। 1955, 56 और 57 तीन वर्ष तक भागलपुर में खूब काम हुआ। उन दिनों भागलपुर कमिश्नरी में दिनेशचंद्र झा प्रवासी काम करते थे। एक दिन उन्होंने बताया कि बिहार सरकार का एक परिपत्र आया है, जिसमें कहा गया है कि प्रगतिशील लेखक संघ पर नजर रखनी है। भागलपुर में छायावाद का जो अवशेष था, और टी. एन. बी. कॉलेज में एक 'परिमलवादी' (प्रगतिशीलता विरोधी इलाहाबादी संस्करण) अध्यापक थे, उनका जो थोड़ा बहुत घेरा था, उन सब पर प्रगतिशील लेखक संघ की रचनात्मक चेतना चढ़ बैठी। एक विचारधारात्मक वातावरण भी उसने बनाया। लेकिन मेरे पटना चले जाने और बेचन जी के अध्यापन, अनुसंधान और भगवान पुस्तकालय में व्यस्त हो जाने के कारण भागलपुर का प्रगतिशील लेखक संघ 1956 के बाद शिथिल हो गया।

पटना में प्रगतिशील लेखक संघ नहीं था, हालाँकि बाबा पटना में ही रहते थे। उनके इर्द-गिर्द नये लेखकों की जमात थी। मैं पटना पहुँचा और बेगूसराय से मुरली मनोहर प्रसाद सिंह आ गये थे। हम लोग पढ़ने में एक साथ थे और विचार में भी। हम लोग साथ-साथ बाबा के नेतृत्व में इलाहाबाद साहित्यकार-सम्मेलन में गये थे। वहाँ सज्जाद ज़हीर से मिलने और बातचीत करने का मौका भी मिला।

1958 में हम लोगों ने (मैं, मुरली बाबू आदि) एक नवलेखक सम्मेलन किया था, जिसके जरिये नये लेखकों को एकजुट करने की कोशिश की गयी। 'सीमांत' नाम से एक पत्रिका निकालने का उद्यम भी हम लोगों ने किया, जिसका एक ही अंक निकल सका। पटना में उन दिनों 'तितिक्षा' के नाम से अज्ञेयवादी संगठित और सक्रिय थे। हम लोगों ने उनके प्रभाव को सीमित करने की कोशिश की। बल्कि कुछ सफलता भी पायी। भागलपुर प्रगतिशील लेखक संघ की साख पटना तक फैली थी। अतः हम लोग जब पटना में सक्रिय हुए तो कई लोगों का सहयोग हम लोगों को मिला। नयी कविता के उस दौर में प्रत्यक्षतः लगता था कि अज्ञेय का आतंक था, लेकिन हकीकत यह है कि छठे दशक के उत्तरार्द्ध में ही अज्ञेय का प्रभाव कविता और कवियों पर क्षीण होने लगा। एक कवि ने तो अपनी एक कविता में कहा—"यह पथ यहाँ से अलग होता है।"

एक रोचक घटना है। अज्ञेय ने नये कवियों को ध्यान में रखकर एक कविता

'कल्पना' में लिखी, जिसमें कहा गया था–"आ तू, आ, आतू आ" यह स्वर नयी पीढ़ी के लिए इतना आपत्तिजनक था कि पटना में अज्ञेय के पक्के समर्थक राजेंद्र किशोर ने उनके खिलाफ कल्पना में ही एक कविता लिख मारी। नये कवि आम तौर से शमशेर जी की कविता याद करने लगे–"जो नहीं है, जैसे कि सुरुचि/उसका गम क्या/जो है उसे ही क्यों न सँजोना/ उसी के क्यों नहीं होना।" इसी तरह नागार्जुन की यह कविता लोकप्रिय हुई–"भिंचा-भिंचा, सिकुड़ा-सिकुड़ा है हृदय तुम्हारा/आओ उस पर लोहा कर दें।" यह व्यक्तिवाद के खिलाफ विवेकशील रचनात्मक स्वर था। सातवें दशक का मध्य आते-आते वह स्वप्न टूटने लगा, जो राष्ट्रीय स्वाधीनता-संग्राम के दौर में गाँधी-जवाहर जैसे नेताओं के वादों से और स्वाधीनता की चेतना से पैदा हुआ था। इस दौर की विशेषता है, स्वप्न-भंग (मोहभंग नहीं) और जन आंदोलनों के ज़रिये नये विकल्प की चेतना का पैदा होना। इस दौर में 1966 में दिल्ली में प्रगतिशील लेखक संघ का नया सम्मेलन हुआ और फिर एक बार सज्जाद ज़हीर को प्रगतिशील लेखक संघ का महासचिव बनाया गया। इस दौर में अंतर्राष्ट्रीय स्तर पर अफ्रो-एशियाई लेखक संघ काफी सक्रिय था। सज्जाद ज़हीर उससे भी जुड़े हुए थे।

1966 में कन्हैया जी ने पटना में लेखकों की एक बैठक बुलायी, जिसमें मैं आया था, सुलतानगंज से, जहाँ मैं 1960 से ही मुरारका कॉलेज में हिंदी का अध्यापक था। यहाँ पर एक बात याद आ गयी, जिसका जिक्र करने का लोभ मैं रोक नहीं पा रहा। 1965 में डॉ. नामवर सिंह बिहार के दौरे पर आये थे, जब वे राजकमल प्रकाशन के साहित्य-सलाहकार थे, साथ ही जनयुग साप्ताहिक के सम्पादक भी। मुझे अचानक उनका पत्र मिला–"मुंगेर और भागलपुर आ रहा हूँ, इस बीच कहीं आपसे भेंट होगी।" मेरी प्रसन्नता का क्या ठिकाना। मैंने यह समझा कि प्रगतिशील लेखक-आंदोलन में मेरे काम करने का ही यह सबूत है कि नामवर जी ने अपने कार्यक्रम की सूचना मुझे दी और मिलने का अवसर भी। 20 नवंबर 1965 को नामवर जी का व्याख्यान मेरे कॉलेज में आधुनिकता पर हुआ था। फिर भागलपुर में भी उसी दिन संध्या लेखकों की एक बैठक में वे शामिल हुए, जिसमें भागलपुर प्रगतिशील लेखक संघ से जुड़े लेखक मौजूद थे, बेचन जी उसके संयोजक थे। नामवर जी की यह यात्रा और उनका व्याख्यान भागलपुर विश्वविद्यालय के स्तर पर बहुत दिनों तक चर्चा का विषय बना रहा। तो 1966 में पटना में जो बैठक हुई, उसमें राज्य स्तर पर प्रगतिशील लेखक संघ को पुनर्गठित करने का फैसला हुआ। 1960 में पटना में एक सम्मेलन किया गया, जिसमें सज्जाद ज़हीर और त्रिलोचन शास्त्री शामिल हुए और राज्य के विभिन्न जिलों से लेखक शामिल हुए। सुरेंद्र चौधरी, चंद्रभूषण तिवारी, मधुकर सिंह, चंद्रेश्वर कर्ण, राजेंद्र कमल, चित्तरंजन आदि। आलोक धन्वा ने पहले-पहल यहीं अपनी कविता 'जनता का आदमी' सुनायी थी। नागार्जुन अध्यक्ष और कन्हैया जी महासचिव चुने गये। मैं सह-सचिव बनाया गया था।

1973 के 30-31 दिसम्बर को हमने सुलतानगंज में बिहार प्रगतिशील लेखक संघ का राज्य सम्मेलन कराया। लोको-हड़ताल के बावजूद इस सम्मेलन में नये लेखक बड़ी संख्या में शामिल हुए। इस सम्मेलन से राज्य में प्रगतिशील आंदोलन को नयी गति और ऊर्जा मिली, ऐसा कहा जा सकता है। इस सम्मेलन में मैं राज्य का महासचिव चुना गया। बाबा अध्यक्ष हुए और कन्हैया जी कार्यकारी अध्यक्ष। राजेंद्र कमल सह-सचिव थे। डॉ. ब्रजकुमार पांडेय यहीं से प्रगतिशील लेखक संघ की गतिविधियों से जुड़े। बिहार में प्रगतिशील लेखक संघ का कामकाज चल निकला।

1975 आते-आते पटना में प्रगतिशील लेखक संघ की बहुत अच्छी इकाई बन गयी। रामकृष्ण पांडेय इसके सचिव थे उस समय। अरुण कमल इससे शुरू से ही जुड़े रहे। जुड़े और भी अनेक लेखक जिन्होंने प्रगतिशील लेखक संघ में शामिल होकर अपनी बुद्धि, अध्ययन, लेखन सबको माँजा। उनमें से कुछ आगे चलकर वे 'पुनश्च' करने लगे। इस 'पुनश्च' के प्रसंग में एक बात बताऊँ, उसके जो फ्रेंड, फिलॉसफर, गाइड थे, वे जब प्रगतिशील लेखक संघ में नहीं थे, तब कहा करते थे--'रामविलास शर्मा को क्या आता है, उनको अज्ञेय से पढ़ना चाहिए।' बाद में जब वे प्रगतिशील लेखक संघ में आ गये तो कहने लगे--मैं कितनी मूर्खतापूर्ण बात बोलता था, रामविलास शर्मा की ऊँचाई को अज्ञेय कभी छू नहीं सकते। फिर आगे चलकर वे प्रगतिशील लेखक संघ से अलग हो गये तो कहने लगे और लिखा भी 'रामविलास शर्मा की आलोचना संकीर्णतावादी आलोचना का सर्वोत्तम उदाहरण है। उन्हें अज्ञेय से सीखना चाहिए।' पुनश्च यह हुआ इस 'पुनश्च' का सम्बन्ध अज्ञेय के बाद के अज्ञेयवादियों से जुड़ गया, तो स्वाभाविक ही है। पटना प्रगतिशील लेखक संघ ने अपनी बुलेटिन 'धारा' का पहला मुद्रित अंक निकाला, जिसमें एक ही लेख 'नागार्जुन की राजनीति' छापा गया। मुझे छपने के बाद इसे पढ़ने का मौका मिला। इस लेख में नागार्जुन को सोवियत-विरोधी और भारतीय कम्युनिस्ट पार्टी का विरोधी साबित किया गया। इसके लिए उनकी ऐसी कुछ कविताओं की पंक्तियाँ उद्धृत करके उपर्युक्त निष्कर्ष निकाला गया था। मैंने पढ़ने के तुरंत बाद कहा कि इस आलोचना का नजरिया गलत है। भारतीय कम्युनिस्ट पार्टी की राजनीति या किसी भी दल की राजनीति काव्य के मूल्यांकन का आधार नहीं बन सकती। उसके लेखन की भाषा और स्वर भी गलत है, शालीनता रहित है। इसके बाद आपस में विवाद छिड़ गया। 'धारा' के प्रस्तावना-लेखक नवल जी ने कहा कि सबने तो स्वागत किया था, खगेंद्र जी के बोलने के बाद सब बदल गये। मैं यहाँ सबके नामों का जिक्र नहीं करना चाहता, लेकिन यह सच है कि जिन लोगों ने पहले उस पुस्तिका का स्वागत किया था, वे बाद में मेरी राय से सहमत हो गये। कहा गया सारे हिंदी साहित्य ने खगेंद्र जी की राय मान ली। यदि ऐसा हो गया, तो मैं क्या कर सकता था? क्या मैं अपनी राय नहीं देता? यह तो किसी कवि को समझने के मानदण्ड का सवाल था। यों उल्लेखनीय

है नामवर जी ने उस लेख का कभी स्वागत नहीं किया, बल्कि उसके प्रकाशन के तुरंत बाद जमशेदपुर में प्रगतिशील लेखक संघ के राज्य सम्मेलन में समकालीन कविता पर हुई संगोष्ठी में उन्होंने कहा—आलोचक हैं, जो हाथ में खून की प्यासी नंगी तलवार लिये फिरते रहते हैं और दुश्मन नहीं नजर आता है, तो अपने ही लोगों पर प्रहार करने लगते हैं। आज लोग नागार्जुन की राजनीति पर शक कर रहे हैं, मुझे भी कुछ लोगों ने बीस साल से संशोधनवादी घोषित कर रखा है, फिर भी मैं काम कर रहा हूँ।...नामवर जी का यह ऐतिहासिक भाषण टेप भी किया गया था, लेकिन मेरे हाथ नहीं आ सका, उसे 'धारा' वालों ने ही रख लिया, ताकि वह छप नहीं सके। यह हिंदी-आलोचना के साथ एक तरह से घात किया गया। मुझे खुशी हुई कि नामवर जी के इस व्याख्यान से मेरे सिद्धांतनिष्ठ रुख को बल मिला। कन्हैया जी ने मुझसे कहा, "मुझे उम्मीद नहीं थी कि आप ऐसा रुख लेंगे।"

एक बड़े कम्युनिस्ट नेता का. जगन्नाथ सरकार ने मुझसे कहा, "मैं नहीं जानता था कि नागार्जुन ने सोवियत संघ के खिलाफ इतना लिखा है?" मैंने कहा, "मैं तो जानता था लेकिन प्रश्न यह है कि नागार्जुन के सोवियत-विरोध का चरित्र क्या है? एक सोवियत विरोधी सीपीएम है, और एक सोवियत विरोधी भाजपा और पूरा संघ परिवार है। क्या दोनों का सोवियत विरोध एक है?" इस पर का. सरकार ने कहा—"दोनों में बहुत फर्क है। सीपीएम का सोवियत विरोध रचनात्मक है, कामरेड जैसा है, संघ परिवार का सोवियत विरोध वास्तव में समाजवाद-विरोधी है, साम्राज्यवाद के अनुकूल है।" इस पर मैंने कहा, "तो नागार्जुन का सोवियत-विरोध भी मित्रतापूर्ण आलोचना है।" इस बातचीत का असर यह हुआ कि कम्युनिस्ट पार्टी में जो लोग उपर्युक्त लेख को बड़ा अच्छा मान रहे थे, वे सब शांत हो गये। मेरी बात वहाँ भी मान ली गयी। उक्त संकीर्णतावादी आलोचना का निहित उद्देश्य ध्वस्त हो गया और प्रगतिशील लेखक संघ में जो संकट पनप रहा था, वह भी खत्म हो गया। जब इतना लिख गया हूँ तो यह भी बता देना चाहता हूँ कि कुछ ही दिनों के बाद विलासपुर में मध्यप्रदेश प्रगतिशील लेखक संघ का सम्मेलन हुआ था, वहाँ भी इस सम्बन्ध में मेरे विचार को लोगों ने मान लिया। उन दिनों मध्य प्रदेश प्रगतिशील लेखक संघ और भारत भवन में सैद्धांतिक विवाद था। मध्य प्रदेश प्रगतिशील लेखक संघ ने फैसला कर लिया था कि प्रतिशील लेखक संघ का कोई सदस्य भारत भवन के आयोजन में नहीं जाएगा, जो जाएगा वह संघ से स्वतः निष्कासित हो जाएगा। भारत भवन उन दिनों सेमिनारवादियों के लिए बड़ा आकर्षक-केंद्र था। कुछ लोग तो वहाँ बुलाये जाने को लेखकीय मान्यता का पर्याय भी समझते थे। खगेंद्र ठाकुर और कमला प्रसाद वहाँ कभी नहीं बुलाये गये। इस पर प्रगतिशील लेखक संघ के ही एक प्रमुख लेखक ने कहा—अशोक वाजपेयी तो आप लोगों को (खगेंद्र ठाकुर और कमला प्रसाद) लेखक ही नहीं मानते। मैंने कहा—"प्रगतिशील लेखकों के लिए तो आम पाठकों की मान्यता

का महत्त्व है, किसी पूँजीवादी प्रतिष्ठान की मान्यता पर क्यों खुश होना? ऐसे प्रतिष्ठावान की मान्यता का अभाव मेरे लिए प्रसन्नता का विषय है।" खैर, मैं कहना यह चाह रहा था कि विलासपुर सम्मेलन में मैंने मध्य प्रदेश के साथियों को सलाह दी कि स्वतः निष्कासन का फैसला ठीक नहीं है, प्राकृतिक न्याय के खिलाफ है। अतः उसे बदल कर कहना चाहिए भारत भवन जाने वालों पर कार्रवाई की जा सकती है। ऐसा संशोधन उन्होंने स्वीकार कर लिया। मध्य प्रदेश प्रगतिशील लेखक संघ के विलासपुर सम्मेलन में भीष्म साहनी, ए. के. हंगल, काशीनाथ सिंह, परमानंद श्रीवास्तव, अरुण कमल आदि उपस्थित थे। यहाँ यह कह देना उचित समझता हूँ कि मैं मध्यप्रदेश प्रगतिशील लेखक संघ में जबलपुर (बस्तर) के सम्मेलन से ही भाग लेता रहा हूँ और अब तक उसके हर सम्मेलन में शामिल होने का अवसर मुझे मिलता रहा है।

1980 में मैं जयपुर गया। राजस्थान प्रगतिशील लेखक संघ की ओर से आयोजित प्रेमचन्द जन्मशती में मुझे बुलाया गया था। आयोजन में नागार्जुन, भीष्म साहनी, राजेंद्र यादव, जस्टिस कृष्ण अय्यर आदि भी शामिल थे। उसके बाद से मैं अनेक बार राजस्थान बुलाया जाता रहा हूँ। राजस्थान के सचिव वेद व्यास प्रसन्नता और ताकत अनुभव करते थे। पटना प्रगतिशील लेखक संघ की गतिविधियों में कैफी आजमी, गुलाम रब्बानी ताबां, नागार्जुन, शमशेर बहादुर सिंह, अमृतलाल नागर, केदारनाथ अग्रवाल, डॉ. नामवर सिंह, अमृत राय, भीष्म साहनी, शिवमंगल सिंह सुमन, त्रिलोचन शास्त्री, विश्वनाथ त्रिपाठी, मैनेजर पांडेय, कमला प्रसाद, अमरकांत, केदारनाथ सिंह, राजीव सक्सेना, कामतानाथ आदि शरीक होते रहे। बिहार प्रगतिशील लेखक संघ लेखकों का आकर्षण केंद्र हो गया था। मैं कह सकता हूँ कि आज बिहार और झारखंड में दो-चार लेखकों को छोड़कर शेष सबकी रचनात्मक चेतना का विकास प्रगतिशील लेखक संघ के द्वारा निर्मित वातावरण में हुआ है। उन्हीं दिनों खुद मैं राजस्थान, मध्य प्रदेश, उत्तर प्रदेश, पश्चिम बंगाल आदि के आयोजनों में बुलाया जाता रहा और मैं जाता रहा। जब जनवादी लेखक संघ बन गया, तो उसके एक प्रमुख लेखक ने जो मेरे बड़े अच्छे मित्र हैं, मुझसे कहा—"आप बिहार में जनवादी लेखक संघ नहीं बनने दे रहे हैं" इस पर मैंने कहा—"मैं कहाँ रोक रहा हूँ भाई तो," उन्होंने कहा—आप इतना काम करते हैं, कि सारे लेखक आपके साथ हैं। इस पर मैंने कहा, "मैं काम करना छोड़ कैसे सकता हूँ?" मैं अन्य लेखक संगठनों का सहयोग लेने और देने की कोशिश करता रहा। एक प्रसंग याद आता है। 1983 का वर्ष था। आर्य कुमार रोड में संयोग से दिनकर जी के मकान के सामने चंद्रभूषण तिवारी मिल गये। उनके साथ सीपीएम के एक नेता थे। मैंने कहा, "तिवारी जी मार्क्स की निधन शती का वर्ष है, हम लोग मिलजुल कर कुछ करें।" वे बोले, जरूर। मैं आपसे बात करूँगा। बाद में मिले तो बोले, उस दिन आपके जाने के बाद हमारे उस नेता ने कहा, प्रगतिशील लेखक संघ और जनवादी लेखक संघ में मार्क्स के जन्म दिन और

मृत्यु-दिवस के अलावा और किसी बात पर एकता है? जब प्रेमचन्द जन्मशती का दौर चल रहा था, तब प्रगतिशील लेखक संघ ने बड़े पैमाने पर आयोजन किये। प्रेमचन्द आंदोलन के विषय बन गये। बिहार में तो हर आयोजन में मुझे जाना ही पड़ता था, बिहार से बाहर भी अनेक आयोजनों में गया। प्रेमचन्द आंदोलन से बहुत लोग चकित थे। कांग्रेस के एक बड़े नेता सत्येंद्र नारायण अग्रवाल, जो साहित्य-संस्कृति के अच्छे जानकार थे, विनीता अग्रवाल के पिता थे, उन्होंने एक दिन अचानक मुझे फोन किया, भाई, आपको बधाई, प्रेमचन्द अभियान चलाकर आपने सांस्कृतिक दृष्टि से महत्त्वपूर्ण काम किया है। एक रोचक प्रसंग है—मुजफ्फरपुर के महेश प्रसाद सिंह, साइंस कॉलेज के कुछ अध्यापक गये आचार्य जानकी बल्लभ शास्त्री के पास और कहा कि हम लोग प्रेमचन्द जन्मशती मनाना चाहते हैं, आप कृपया समय दीजिए। इस पर आचार्य जी ने कहा, अरे भाई, प्रेमचन्द जयंती खगेंद्र ठाकुर के बिना हो नहीं रही है, उनको बुला रहे हैं या नहीं? यह प्रसंग मुझे आचार्य जी ने ही बताया, जब मुजफ्फरपुर के उक्त कॉलेज के प्रेमचन्द समारोह में हम लोग मिले। उन दिनों डॉ. जगदीश विकल उस कॉलेज में अध्यापक थे और वे समारोह के मुख्य आयोजक थे।

जनवादी सांस्कृतिक मोर्चा (बिहार में जनवादी लेखक संघ का पूर्ण रूप) ने पटना, आरा, बोकारो, मोतिहारी आदि स्थानों में प्रेमचन्द जन्मशती का आयोजन किया, और उन्होंने मुझे दूर जगह बुलाया और मैं गया भी। प्रेमचन्द जन्मशती समारोहों के सिलसिले का जिक्र मैंने इस तरह से इसलिए किया कि यह स्पष्ट कर सकूँ कि अपनी महान परंपरा और विरासत को समझने और समझाने का महत्त्वपूर्ण अभियान था वह केवल श्रद्धांजलि पर्व नहीं था। यहाँ यह भी कहना चाहता हूँ कि इसके बाद लोगों का मुँह बंद हो गया, जो कहा करते थे कि मार्क्सवादियों को अपनी परंपरा से प्रेमचन्द लगाव नहीं है।

बिहार प्रगतिशील लेखक संघ की ओर से हमने 'उत्तरशती' नाम से एक पत्रिका निकाली। हमने समझा था कि संगठन की मदद से हम मासिक प्रकाशन कर लेंगे। मैं कॉलेज से वेतनरहित छुट्टी लेकर पटना आ गया था। जनशक्ति भवन में बैठकर मैं कई प्रकार के बौद्धिक और रचनात्मक लेखन के कार्य कर रहा था। उन्हीं में एक काम था, उत्तरशती का सम्पादन और प्रकाशन। जनवरी 1978 से पत्रिका का प्रकाशन शुरू हुआ। प्रायः नियमित रूप से चौदह अंक निकले, फिर एक अंतराल के बाद त्रैमासिक प्रकाशन शुरू हुआ, लेकिन वह भी ज्यादा दिन नहीं चल पाया। जिनसे उम्मीद थी, उनका बहुत सहयोग नहीं मिला या मैं नहीं ले पाया। उत्तरशती का आचार्य शुक्ल विशेषांक हिंदी में अद्वितीय समझा गया। उसमें प्रगतिशील लेखक संघ के द्वारा शुक्ल जी पर आयोजित राष्ट्रीय सेमिनार की सामग्री प्रकाशित थी। इस प्रसंग में मुझे कई प्रकार के रोचक अनुभव हुए। एक साहित्यकार मित्र ने

कहा–इतने अंक आपने निकाल दिये, फिर भी कोई हलचल साहित्य में नहीं पैदा कर सके, किसी नये कवि या लेखक को सामने नहीं ला सके। ऐसे और भी प्रश्न मुझसे पूछे जाते या कहे जाते। मैं सोचता रहा उन पर। असल में पत्रिका निकालने या उसका संपादन करने के पीछे मेरा वैसा उद्देश्य ही नहीं था। मैं आज यह सब लिखते हुए कहना चाहता हूँ कि मैं साहित्य में नहीं, जन चेतना में कुछ हलचल जरूर पैदा करना चाहता था, आज भी चाह रहा हूँ। जब उत्तरशती का प्रकाशन बंद हो गया, तब मेरे पास ग्रामीण क्षेत्रों से ढेर सारी चिट्ठियाँ आती रहीं, जिनमें अक्सर यह पूछा जाता कि 'उत्तरशती' क्यों नहीं मिल रही है? उसमें प्रकाशित कई लेखों को पुस्तिका के रूप में छपाने का प्रस्ताव लेकर एक बार एक साथी आये, जो पटना उच्च न्यायालय में वकील हैं। उनमें एक लेख था–भारतीय नवजागरण की बद्ध और मुक्त कक्षाएँ इसके लेखक थे महाराष्ट्र के मशहूर इतिहासज्ञ रानाडे। भोगेन्द्र झा का लेख भारतीय चिंतन छपा था, उसके बारे में भी अनेक शिक्षकों ने पत्र लिखे थे। इसी कड़ी में प्रभु नारायण राय का लेख 'कस्मै देवाय ह्रविषा विधेम्' भी है। केदारनाथ अग्रवाल और सुभाष मुखोपाध्याय की भेंटवार्ता छपी थीं, जिनमें रचनात्मक दृष्टि से इन दो श्रेष्ठ कवियों के महत्त्वपूर्ण विचार व्यक्त किये गये थे। नयी पीढ़ी के लिए आज भी अत्यन्त उपयोगी हैं। किसी एक रचनाकार को उठाना या उछालना मेरे उद्देश्य में कभी रहा ही नहीं।

प्रगतिशील लेखक संघ और उत्तरशती ने जो काम किया, उसका एक सबूत है। मेरे संपादन में प्रकाशित पुस्तक 'आलोचक के मुख से', जिसकी पिछले दिनों सबसे अधिक चर्चा हुई है। एक लेखक ने मुझे बताया–वैसे इस पुस्तक के लिए नामवर जी को बधाई दी तो वे बोले खगेंद्र जी को बधाई दीजिए। मैंने उन्हें कहा, प्रगतिशील लेखक संघ को बधाई दीजिए।

1976 में प्रगतिशील लेखक संघ का राज्य सम्मेलन 24-25 दिसम्बर को मढ़ौरा (सारण जिला) में हुआ। यह हमारे साथी राजनंदन सिंह का गृह अंचल था। राजनंदन सिंह गम्भीर बीमारी के शिकार होकर अनेक वर्ष पहले दिवंगत हो चुके हैं। मढ़ौरा-सम्मेलन उन्हीं के आमंत्रण पर हुआ था, वही स्वागत समिति के सचिव थे। वहाँ तैयारी कराने और तैयारी की समीक्षा करने मैं कई बार गया था। यह आपात् काल का समय था। राजनंदन ने जिनको स्वागताध्यक्ष बनाया था, वह डर से लापता हो गये थे। सम्मेलन भर कहीं दिखायी नहीं पड़े। बड़ी विकट परिस्थिति में यह सम्मेलन हुआ। एक कथाकार, जो सरकारी अधिकारी थे और उस समय मोतिहारी में पदस्थापित थे, सम्मेलन के पहले दिन आये, मुझसे मिले, बड़ी खुशी हुई। लेकिन थोड़ी ही देर बाद फिर मेरे पास आये और बोले–भाई, मैं तो जा रहा हूँ, आपके सम्मेलन के इर्द-गिर्द इंटेलिजेंस वाले भरे पड़े हैं। मेरा इस सम्मेलन में भाग लेना खतरे से खाली नहीं। यह कहकर वे चले गये। जाहिर है, प्रगतिशील आंदोलन कोई आराम का आंदोलन

तो है नहीं। खतरा नहीं तो प्रगतिशीलता कैसी? सम्मेलन में दिल्ली से आने वाले मित्र फिर नहीं पहुँच सके। बाबा पटना से हमारे साथ गये थे। यहाँ उल्लेखनीय है कि बाबा संपूर्ण क्रांति आंदोलन में शामिल होकर तथाकथित जनता सरकार का उद्घाटन करने के समय आपात् काल लागू होने के कई माह पहले ही गिरफ्तार कर जेल भेज दिये गये थे और आपात् काल समाप्त होने के पूर्व ही पटना उच्च न्यायालय के निर्देश पर जेल से मुक्त कर दिये गये थे। जेल से मुक्त होकर वे सीधे मेरे पटना आवास पर आये थे और कहा, देखो, मैंने जेल में ये कविताएँ लिखी हैं। बाद में वे कविताएँ, 'खिचड़ी विप्लव देखा हमने' नाम से संग्रह में प्रकाशित हुईं। मढ़ौरा सम्मेलन में बहुत बड़ी तादाद में नये लेखक आये थे। बंगला के लेखक दीपेंद्र बन्द्योपाध्याय ने सम्मेलन का उद्घाटन किया था। उद्घाटन सभा में कई हजार लोग उपस्थित थे। बाबा ने सम्मेलन को सम्बोधित करते हुए आपात् काल को चुनौती देते हुए कहा था कि हो सकता है कि प्रगतिशील लेखक संघ का अगला सम्मेलन जंगल में करना पड़े। उन्होंने अपनी आलोचना करते हुए कहा, मैं भटककर संपूर्ण क्रांति के साथ हो गया था, असल में जनता से लगाव कमजोर पड़ जाने के कारण मेरा 'मनोद्रव्य' भी कमजोर पड़ गया था। हमें कहीं पता नहीं चला कि इंटेलिजेंस वाले कहाँ हैं, हमने उनकी चिंता भी नहीं की। सम्मेलन को आशातीत सफलता मिली—यह सभी कह रहे थे।

मढ़ौरा-सम्मेलन के बाद प्रगतिशील लेखक संघ की गतिविधियों में बाबा की शिरकत बढ़ी। यहाँ पर यह कह देना अप्रासंगिक नहीं होगा कि सन् 76 में जो संपूर्ण क्रांति का आंदोलन चल रहा था, उसका हमारे जैसे लोगों ने जो मूल्यांकन किया था, उसके अनुसार वह न जनांदोलन था और न जनवादी या जनतांत्रिक उसकी रीढ़ था तत्कालीन जनसंघ और राष्ट्रीय स्वयंसेवक संघ। मैंने उस समय एक पुस्तिका लिखी थी जो बिहार प्रगतिशील लेखक संघ की ओर से छपी थी। अनेक लेखकों ने उसे जनांदोलन ही नहीं, सचमुच क्रांतिकारी आंदोलन समझ लिया था। यह गलती बाबा से भी हुई थी। जब यह समाचार फैला कि बाबा समेत कुछ लेखक आंदोलन के समर्थन में अनशन पर बैठने वाले हैं, तो मैं कन्हैया जी के साथ बाबा से मिलने गया और उन्हें यह समझाने की कोशिश की कि वह आंदोलन अपने नारे, विचारधारा और तौर-तरीकों के कारण तथा उसमें शामिल राजनीतिक शक्तियों के कारण प्रतिगामी था। जयप्रकाश नारायण दल विहीन जनतंत्र और विचारधाराहीनता की बात कर रहे थे, भारत की गुटनिरपेक्ष विदेश नीति और राष्ट्रीयकरण की अर्थनीति के खिलाफ बोल रहे थे, साथ ही अपने आंदोलन का कोई स्पष्ट कार्यक्रम नहीं बता रहे थे। इन बातों पर सहमति जताते हुए भी बाबा बाद में अनशन पर बैठ ही गये, और जनता सरकार का उद्घाटन भी करने लगे। मैं बता चुका हूँ कि जेल जाकर ही उन्हें आंदोलन के प्रतिगामी चरित्र का बोध हुआ। जेल से वे जमानत लेकर छूटे।

जेल में उन्होंने 'खिचड़ी विप्लव देखा हमने' की कविताएँ तो लिखीं ही, जेल से निकलने के बाद 'जनयुग' और 'जनशक्ति' में उनकी भेंटवार्ताएँ भी छपीं। वे जेल में प्राप्त अपने नये चिंतन को उसी जनता तक पहुँचाने के लिए बेचैन थे। भेंटवार्ता में उन्होंने कहा, "मुझे लगता है कि मैं वेश्याओं और भडुओं की गली से निकल आया हूँ।" मैंने कहा, "यह भाषा ठीक नहीं, इसे काट दीजिए, तो उन्होंने कहा—रहने दो, मैं संपूर्ण क्रांतिकारियों से सम्बन्ध विच्छेद करना चाहता हूँ—इसलिए यह भाषा जरूरी है।" इस पूरे प्रसंग के जरिये मैं यह कहना चाहता हूँ कि प्रगतिशील लेखक संघ ने जो समझ उस समय बनायी थी, जो वैचारिक संघर्ष किया था, जिसे बाबा जैसे जनकवि ने पहले गलत कहा था, वह इतिहास के अनुभव से स्वयं बाबा के अनुभव से सही साबित हुआ। जब सन् सतहत्तर में जनता पार्टी के माध्यम से संपूर्ण क्रांतिकारियों की सरकार बन गयी, तब तो उस आंदोलन में कार्यकर्त्ता की तरह काम करने वाले अनेक कवि मेरे और प्रगतिशील लेखक संघ के पास आने लगे। उन दिनों पटना प्रगतिशील लेखक संघ के सचिव रामकृष्ण पांडेय थे और उनके बाद अरुण कमल सचिव थे। हृषिकेश सुलभ, प्रेम कुमार मणि, बसंत कुमार, हरिहर प्रसाद आदि उन दिनों प्रगतिशील लेखक संघ में सक्रिय थे। पटना के अलावा बिहार के दूसरे शहरों में जैसे डेहरी ऑन सोन, सासाराम, गया, मुंगेर, लखीसराय, छपरा, जमालपुर, सीवान, समस्तीपुर, जमशेदपुर, राँची, आरा, बक्सर, बिहारशरीफ, गिरिडीह आदि में प्रगतिशील लेखक संघ अत्यधिक सक्रिय था। प्रगतिशील लेखक संघ के कार्यक्रम के जरिये जनपक्ष का वैचारिक, सांस्कृतिक अभियान चल रहा था। उन दिनों नयी पीढ़ी के रूप में सामने आये अनेक कवि-कथाकार आज हिंदी के शीर्ष लेखकों में गिने जा रहे हैं। बिहार-झारखण्ड के प्रमुख लेखकों में शायद ही कोई होगा, जो कभी बिहार प्रगतिशील लेखक संघ से जुड़ा हुआ नहीं रहा। यह दौर ऐतिहासिक प्रगतिशील आंदोलन का नया अध्याय है, जो सज्जाद ज़हीर के बाद उनके बिना चला और विकसित हुआ और उनके अवदान को निरंतरता देता है।

1975 में हरेकृष्ण व्यास ने मुझसे कहा, "बिहार में प्रगतिशील लेखक संघ का राष्ट्रीय सम्मेलन करा दो।" उन दिनों भीष्म साहनी राष्ट्रीय महासचिव थे, यह कार्यभार उन्होंने 1973 में सज्जाद ज़हीर के निधन के बाद ही सम्हाला था। उन्होंने दिल्ली में लेखकों की एक बैठक बुलायी थी, 1975 के प्रारंभ में ही। मैं और कन्हैया जी बिहार से गये थे। वहीं व्यास जी ने राष्ट्रीय सम्मेलन की बात चलायी। मैं सोचने लगा। संयोग से उन्हीं दिनों त्रिवेणी शर्मा सुधाकर ने मुझसे कहा, हम गया में कोई राष्ट्रीय सम्मेलन कराना चाहते हैं। वे पहले किसान-सम्मेलन कराना चाहते थे, जिसकी अनुमति उन्हें नहीं मिली। जब मुझसे उन्होंने कहा तो मुझे बेहद खुशी हुई और मैंने कहा, "प्रगतिशील लेखक संघ का राष्ट्रीय सम्मेलन करा दीजिए।" वे राजी हो गये। उन्होंने गया के साथियों—जलालुद्दीन अंसारी, मणिभूषण प्रकाश, सुरेंद्र चौधरी आदि

से विचार-विमर्श करके सहमति प्राप्त की और मुझे सूचित किया। मैंने भीष्म जी और व्यासजी को सूचित कर दिया। मुझे राज्य के अपने नेताओं से सहमति पाने में कुछ दिक्कत हुई, लेकिन अंततः सहमति मिल गयी। 6 से 9 मई (1975) तक प्रगतिशील लेखक संघ का राष्ट्रीय पुनर्गठन सम्मेलन गया में हुआ। इस सम्मेलन में नया घोषणा-पत्र जारी किया गया। यह घोषणा-पत्र अली सरदार जाफरी ने तैयार किया था, हालाँकि वे सम्मेलन में आ नहीं सके। घोषणा-पत्र का मसविदा लेकर जब वे व्यासजी के हौज खास वाले आवास में पहुँचे थे, तब मैं भी वहाँ था। उसे पढ़ा गया और लेखकों की दिल्ली-बैठक में पेश कर स्वीकृत किया गया तब फिर देश भर में लेखकों के बीच वितरित किया गया। अली सरदार जाफरी के सुझाव पर ही प्रगतिशील लेखक संघ का नाम गया में राष्ट्रीय प्रगतिशील लेखक महासंघ कर दियां गया। मेरे महासचिवत्व काल में चंडीगढ़ में 1999 में हुए सम्मेलन में मैंने यह प्रस्ताव रखा कि संगठन का नाम फिर से प्रगतिशील लेखक संघ कर दिया जाए। नामवर जी ने इस प्रस्ताव का समर्थन किया और वह सम्मेलन में स्वीकृत हो गया।

गया सम्मेलन की तैयारी के लिए गया में स्वागत समिति बनी थी, जिसके अध्यक्ष थे गया के सम्भ्रांत नागरिक और मगध विश्वविद्यालय के पूर्व कुलपति गोपाल प्रसाद। मैं और सुरेंद्र चौधरी संयुक्त रूप से उसके सचिव थे। उस समय डॉ. नर्मदेश्वर प्रसाद वहाँ कुलपति थे, जो प्रसिद्ध लेखक और कवि भी थे, पटना से 'अपरंपरा' नाम की पत्रिका निकाल चुके थे, सोशलिस्ट पृष्ठभूमि के थे, फिर भी वे संपूर्ण क्रांति आंदोलन के खिलाफ थे। उन्होंने मुझसे कहा, "मैंने अपने को आपके हवाले किया, अब आप जैसे मुझसे काम लें।"

एक-दो बात और। अनेक मित्र आज भी प्रचारित करते हैं कि आपात् काल के समर्थन में गया में प्रगतिशील लेखकों का सम्मेलन किया गया। यह गलत है। आपात् काल 24 जून की रात में लागू किया गया था और गया-सम्मेलन 6 से 9 मई तक हुआ था। बल्कि मैं यह कहूँ कि संपूर्ण क्रांति के रंगरूटों ने एक बार सम्मेलन पर हमला करके उसे भंग करने की कोशिश की थी, लेकिन छात्र-संघ के लड़कों ने उन्हें नाकाम कर दिया था। दूसरी बात यह कि सम्मेलन में देश की सभी भाषाओं के एक सौ से अधिक लेखक आये थे। नयी परिस्थिति में नये उत्साह से प्रगतिशील आंदोलन को आगे ले चलने का दायित्व लेकर लोग गये। स्थापना सम्मेलन (सन् 36) के भागीदार डॉ. अब्दुल अलीम ने उद्घाटन किया था। भीष्म जी बजाब्ता महासचिव चुने गये थे और विष्णु देव अध्यक्ष। चार या पाँच सचिवों में एक मैं था बाद में सम्मेलन की समीक्षा करके यह निष्कर्ष निकाला गया कि उस समय यदि सम्मेलन नहीं होता तो फिर बहुत दिनों तक वह नहीं हो पाता और वह नुकसानदेह होता। मेरे लिए यह निष्कर्ष सुखद था। मैं प्रायः इक्कीस वर्षों तक बिहार प्रगतिशील लेखक संघ का महासचिव रहा। कई बार मैंने मुक्त होने की कोशिश की, लेकिन

मुझे मुक्ति नहीं दी गयी। 1984 में पटना में राहुल जन्मशती का शानदार आयोजन किया गया, उसी के साथ प्रगतिशील लेखक संघ का राज्य सम्मेलन भी हुआ। यह आयोजन अद्‌भुत था–नागार्जुन, शिवमंगल सिंह सुमन, डॉ. नामवर सिंह, जया जेता सहित कमला सांकृत्यायन, डॉ. रामशरण शर्मा आदि शामिल थे। डॉ. कमला प्रसाद, राजेंद्र शर्मा, गोविंद माथुर, दिनकर कुमार आदि भी इसमें शामिल हुए थे। परिमल सम्मान समारोह भी उस साल पटना में ही सम्पन्न हुआ। इसी सम्मेलन से कन्हैया जी के नाम पर एक कविता पुरस्कार शुरू किया गया। पहला पुरस्कार प्रेमरंजन अनिमेष को नागार्जुन के हाथों दिलवाया गया। वह पुरस्कार बहुत दिनों तक चलता रहा। इस सम्मेलन की विशेषता यह भी थी कि अरुण कमल ने कुछ हीला हवाला करने के बाद राज्य का महासचिव बनना स्वीकार किया और वे बनाये गये। दूसरी बात यह कि इस सम्मेलन में विनय सौरभ, रमेश ऋतम्भर आदि एकदम नये और ताजा रचनाकार प्रगतिशील लेखक संघ में साथ आये। मुझे खुशी हो रही थी कि प्रगतिशील लेखक संघ की परंपरा को आगे बढ़ाने के लिए सशक्त रचनाकारों की पीढ़ी सामने आयी।

प्रगतिशील लेखक संघ ने बिहार में साहित्य और रचनाशीलता के अनुकूल वातावरण बनाया, प्रगतिशील वैचारिक मूल्यों के अनुकूल जमीन तैयार की। अनेक नये रचनाकारों को प्रगतिशील लेखक संघ ने आगे बढ़ाया। मैं यहाँ उनका नाम गिनाकर उनपर बोझ नहीं डालना चाहता और न स्वयं श्रेय लेना चाहता हूँ, हमारे लिए यह सर्जनात्मकता, वैचारिक मूल्य और सांस्कृतिक जीवन-दृष्टि के संघर्ष का प्रश्न रहा है। इससे ऊपर कुछ भी नहीं। एक प्रसंग याद आ रहा है। प्रगतिशील लेखक संघ की ओर से आचार्य शुक्ल जन्मशती का आयोजन करना था। यह सन् चौरासी की बात है। उस समय बिहार में बिन्देश्वरी दुबे जी मुख्यमंत्री थे। मैं चंदा करने के लिए अपने लगाव के लोगों के पास जा रहा था। कांग्रेस के एक विधायक मेरे घनिष्ठ मित्र थे। उनसे जब मैंने कहा तो बोले, "सरकार से अगर अनुदान मिले तो कोई हर्ज है?" मैंने कहा, "कोई हर्ज नहीं, सरकार का पैसा तो जनता का पैसा है।" मेरे विधायक मित्र मुझे मुख्यमंत्री के पास ले गये। उन्होंने मेरा परिचय कराया। मैंने आने का उद्देश्य बताते हुए आवेदन उनकी ओर बढ़ाया। उन्होंने आवेदन पढ़े बिना अपने निजी सचिव से कहा, "देखो तो अमुक तारीख को मेरा क्या कार्यक्रम है।" मैंने देखा कि मामला गड़बड़ा रहा है, तो तुरंत मैंने कहा, "मैं कार्यक्रम के लिए नहीं आया हूँ।" मुख्यमंत्री ने भी तपाक से पूछा–तो? इस पर मैंने कहा, "अनुदान के लिए।" मुख्यमंत्री के चेहरे की चमक गायब हो गयी। उन्होंने कहा, "तो मैं इसे शिक्षा विभाग के पास भेज देता हूँ।" जैसा आप उचित समझें, कहकर मैं वहाँ से निकल आया। मैंने अपने विधायक मित्र से कहा, अनुदान नहीं मिलेगा। मैं शुक्ल जयंती में मुख्यमंत्री का कार्यक्रम लेकर क्या करूँगा। मैं बताना चाहता हूँ कि बिहार

में प्रगतिशील लेखक संघ के मंच पर किसी राजनेता को मैंने कभी नहीं बुलाया। का. सुनील मुखर्जी, का. जगन्नाथ सरकार, का. भोगेंद्र झा, का. चतुरानन मिश्र, का. कृष्णचंद्र चौधरी, का. गंगाधर दास आदि कई बार श्रोताओं के बीच बैठे रहे। एक बार का. सुनील मुखर्जी मेरे कहने पर नागार्जुन जी से मिलने मेरे आवास पर आये। पुराने कामरेड की तरह दोनों मिले, कुछ हाल-चाल और स्वास्थ्य के बारे में, दिनचर्या के बारे में दोनों ने बात की, कुछ राजनीतिक अनुभवों की भी चर्चा हुई। मुझे अच्छा लगा।

सन् 76 में मैं जमशेदपुर गया, प्रगतिशील लेखक संघ के पुनर्गठन के लिए। पुराने दौर के 'बुजुर्ग शायर' बी. जेड मायल से मिला मैं, वे बहुत खुश हुए यह जान कर कि मैं प्रगतिशील लेखक संघ को फिर खड़ा करने आया हूँ। वे मुझे शाम को एक चाय खाने में ले गये, जो करीम सिटी कॉलेज के पास था। वहाँ जकी अनवर मिले, जो उर्दू के मशहूर कथाकार थे और 1978 के जमशेदपुर के साम्प्रदायिक दंगे में इंसानियत को बचाने में शरीक हो गये। मशहूर शायर मंजर शहाब, कथाकार मंजर काजमी आदि मिले। सबने मुझे शाबाशी दी कि फिर से तरक्कीपसंद तहरीक को जगाने चले हैं। दूसरे दिन लेखकों की बैठक हुई और संगठन बना। आगे चल कर जमशेदपुर इकाई का सम्मेलन हुआ, जिसमें मैंने और अरुण कमल ने भाग लिया था। फिर तो 1985 में जमशेदपुर में प्रगतिशील लेखक संघ का बिहार राज्य का शानदार सम्मेलन भी हुआ, जिसका उद्घाटन डॉ. नामवर सिंह ने किया और गुलाम रब्बानी ताबां, कैफ़ी आजमी, शौकत आजमी, अजमल अजमली आदि ने शिरकत करके उसे महत्त्वपूर्ण बनाया था। उद्घाटन सत्र में आम लोगों से आम बगान का मैदान भरा हुआ था, प्रायः दस हजार लोग रहे होंगे। जमशेदपुर आज मंजर शहाब, जयनंदन, शंभा जी कमल आदि के कारण साहित्य में चर्चित है। राकेश और श्रीनिवास जैसे कहानीकार भविष्य के प्रति आश्वस्त करते हैं। सी. भास्कर राव जैसे प्रसिद्ध कहानीकार प्रगतिशील लेखक संघ के सहयोगी हैं। जमशेदपुर के सांस्कृतिक वातावरण में प्रगतिशील लेखक संघ की आवाज गूँज रही है। यह स्वाभाविक है कि प्रगतिशील लेखक संघ के साथियों के माध्यम से जमशेदपुर में पिछले दिनों संगठन का उल्लेखनीय आयोजन हुआ।

राँची में उर्दू प्रगतिशील लेखक संघ का बिहार राज्य सम्मेलन था शायद 1979 में या 1980 में। राँची में प्रगतिशील लेखक संघ की बहुत सक्रिय इकाई थी, अब्दुल कय्यूम अब्दाली उसके सचिव थे। यही कारण था कि वहाँ उर्दू प्रगतिशील लेखक संघ का राज्य सम्मेलन करना तय हुआ। मैं वहाँ पहुँचा तैयारी कराने के लिए। सम्मेलन में गुलाम रब्बानी ताबां, डॉ. कमर रईस और अजमल अजमली दिल्ली से विशेष अतिथि के रूप में पधारे। लेकिन राँची का माहौल बिगड़ा हुआ था। ऐसा मालूम हुआ कि कुछ कट्टरपंथी मुल्लाओं ने कहा यह सम्मेलन नहीं होने देंगे। उर्दू प्रगतिशील लेखक

संघ तो मुसलमानों को कम्युनिस्ट बनाने की साजिश है। उन्होंने भरसक कोशिश की कि कोई जगह न मिले सम्मेलन के लिए। लेकिन जगह मिल गयी जेबियर इंस्टीच्यूट में, लोग वहीं ठहरे भी। हम लोगों ने तय कर लिया था कि सम्मेलन करके रहेंगे। कम्युनिस्ट पार्टी के जिला नेताओं ने मदद की। बहुत ही सफल सम्मेलन हुआ। मुशायरा भी हुआ, जिसमें उर्दू के अदीबों, शायरों और अन्य लोगों ने शिकरत की। ताबां साहब और कमर रईस बहुत खुश थे। ताबां साहब ने कहा—देखो भाई, मैं तो पहले से कह रहा था कि हिंदी के अदीबों की मदद के बिना उर्दू प्रगतिशील लेखक संघ चलाना मुश्किल है। राँची में यह साबित हो गया। यह तजुरबा याद रखने लायक है।

सन् 88 में भागवत झा आजाद बिहार के मुख्यमंत्री थे। वे मेरे निकट के रिश्तेदार हैं। उस साल होली के अवसर पर उन्होंने मुझे मुख्यमंत्री आवास में बुलाया और मैं सपत्नीक गया भी। उन्हीं दिनों सासाराम में बिहार प्रगतिशील लेखक संघ का सम्मेलन होना था। मैंने मुख्यमंत्री कोष से अनुदान के लिए आवेदन किया। उनसे बात भी की। उन्होंने कहा, "तीन दिनों के बाद फोन पर पूछ लीजिएगा।" तीन दिनों के बाद मैंने पूछा तो बोले, "अभी तक तो मैं कोई निर्णय नहीं कर पाया हूँ। सोचना पड़ रहा है, प्रगतिशील लेखक संघ है न!" मैंने कहा, "इसमें सोचना क्या है, प्रगतिशील लेखक संघ तो है ही, दुविधा से मुक्त होकर रद्द कर दीजिए आवेदन।" और मैंने फिर कभी उन्हें नहीं कहा। सासाराम में सम्मेलन हुआ, उधर से लौटते हुए मैं विक्रमगंज से छेने की टिकिया लेता आया था। उसके बाद ही अचानक वे एक दिन संध्या मेरे पटना आवास पर आ गये। मैंने बेटी से कहा, "उन्हें सासाराम वाली छेने की टिकिया खिलाओ।" तुरंत उन्हें प्रसंग याद पड़ गया, पूछते हैं, "कैसा हुआ आपके प्रगतिशील लेखक संघ का सम्मेलन!" मैंने कहा—बहुत अच्छा हो गया, बहुत जनसहयोग मिला, बहुत लेखक जुटे थे। यह सुनते हुए छेने की टिकिया खाते रहे। मैं नहीं कह सकता कि अनुदान नहीं देने की बात ध्यान में आयी या नहीं।

इसी प्रसंग में यदि मैं यह बता दूँ तो गलत नहीं होगा कि 'नामवर के निमित्त' का आयोजन पटना में सरकारी मदद और सरकारी प्रभाव के बिना हुआ, लेखक संगठनों के सहयोग से हुआ। अरुण कमल ने कहा, देश में यह ऐसा अकेला आयोजन था। मेरे ध्यान में हमेशा यह बात रही है और आज भी है कि प्रगतिशील लेखक संघ एक संगठन के साथ ही वैकल्पिक सांस्कृतिक आंदोलन है, मौजूदा व्यवस्था और राजनीति की जो संस्कृति है, उसका विकल्प प्रस्तुत करना प्रगतिशील लेखक संघ का ऐतिहासिक ध्येय है। इस ध्येय की सिद्धि सरकारी प्रभाव में रहकर नहीं हो सकती। इस दृष्टि से आज प्रगतिशील लेखक संघ और उसके आंदोलन के सामने बड़ी समस्या और चुनौती आ खड़ी हुई है। हँसब ठठाई, फुलायब गाल—दोनों एक साथ संभव नहीं है। सांस्कृतिक-सामाजिक विकल्प के लिए वैकल्पिक जीवन-पद्धति भी अनिवार्य है। निराला ने जब लिखा, 'जला है जीवन यह, आतप में दीर्घ काल' तो यह उसी

तरह सच है, जैसे मीराबाई का यह लिखना, "विष का प्याला राणा भेज्यो मीरा पीय मगन होई।" मुक्तिबोध जब मठ और गढ़ सब तोड़ने का संकल्प व्यक्त करते हैं, तो खुद किसी मठ या गढ़ में बैठे नहीं रहते। नागार्जुन जब अपने को जन-कवि कहते हैं और जन कविता की एक विशिष्ट कोटि का सृजन करते होते हैं, तो उनके पैर जनता के बीच चलते रहते हैं और दूसरों को कहते हैं, मुझे मालूम है तुम्हारे पैर कहाँ-कहाँ जाते हैं। रचना की प्रवृत्ति और जीवन-पद्धति की एकता से प्रगति का शील प्राप्त होता है, दोनों में विभेद या अंतर्विरोध से प्रगति बिना शील के हो जाती है। प्रगतिशील लेखक संघ आज इस समस्या से जूझ रहा है और परेशान भी है। 2003 में हैदराबाद में प्रगतिशील लेखक संघ के राष्ट्रीय सम्मेलन में डॉ. नामवर सिंह ने कहा, "प्रगतिशील आंदोलन का रास्ता फूलों का नहीं है, आज भी उस पथ पर काँटे हैं, आज भी वह पथ जेल की ओर जा सकता है।" मैं अपने संस्मरण का अंत इस तरह करते हुए लेखकों को जेल ले जाने का उपाय नहीं कर रहा हूँ, हालाँकि मैं खुद कई बार जेल जा चुका हूँ। मैं इतना जरूर कहने की कोशिश कर रहा हूँ कि लेखक रचनाओं में जिन मूल्यों को व्यक्त करते हैं, वे जिस संवेदना, करुणा और मनुष्यता की बात करते हैं, उनकी रक्षा आज की पूँजीवादी सत्ता के जरिये नहीं हो सकती। लेखकों को अपनी संवेदना के लिए, अपने रचनात्मक मूल्यों के लिए वैचारिक सांस्कृतिक विकल्प के आंदोलन के साथ होना है। इतना ही कहकर अभी समाप्त कर रहा हूँ।

❑❑❑